Frances Wood
Marco Polo kam nicht bis China

Zu diesem Buch

Marco Polo, so haben wir gelernt, reiste am Ende des 13. Jahrhunderts von Italien nach China an den prunkvollen Hof des Kaisers, fuhr durch das weite Land mit seinen reichen Städten und brachte, neben der Kunde vom Märchenreich im Osten, auch die Nudeln und das Eis mit nach Hause. Frances Wood hat sich diese Erzählungen genauer angesehen, den Text und die persönliche Geschichte Marco Polos detektivisch untersucht. Warum erfährt man aus seinem Reisebericht nichts über das Weltwunder der chinesischen Mauer, über die allgegenwärtige Tee-Zeremonie, über die eingebundenen Füße der Frauen und andere »Chinoiserien«, die jedem Besucher aus dem Westen hätten ins Auge fallen müssen? Frances Wood präsentiert dem Leser eine aufregende Hypothese zum Thema »Dichtung und Wahrheit« bei Marco Polo.

Frances Wood ist Sinologin und leitet die China-Abteilung der British Library. Zahlreiche Veröffentlichungen zur Geschichte und Kultur Chinas.

Frances Wood
Marco Polo kam nicht bis China

Aus dem Englischen von
Barbara Reitz und Bernhard Jendricke

Piper München Zürich

Ungekürzte Taschenbuchausgabe
August 1998
© 1995 Frances Wood
Titel der englischen Originalausgabe:
»Did Marco Polo go to China?«,
Martin Secker & Warburg Ltd., London 1995
© der deutschsprachigen Ausgabe:
1996 Piper Verlag GmbH, München
Umschlag: Büro Hamburg
Simone Leitenberger, Susanne Schmitt, Annette Hartwig
Foto Umschlagrückseite: Francesco Guidicini
Satz: Friedrich Pustet, Regensburg
Druck und Bindung: Clausen & Bosse, Leck
Printed in Germany   ISBN 3-492-22638-8

INHALT

Einführung 7

1. Die Fakten 13
2. Wozu in die Ferne schweifen? 17
3. Missionare – und kein Ende 27
4. Priester Johannes und die drei Weisen aus dem Morgenland 36
5. Kein Reisebericht 45
6. Der Ghostwriter und der erste Bewunderer .. 58
7. Die Sprache des Textes 71
8. Auslassungen und Einschließungen 91
9. Eiscreme und Spaghetti 107
10. Mauern über Mauern 114
11. Die größte Mauer entging ihm 135
12. Nicht der einzige Europäer und gewiß kein Fachmann für Belagerungen 143
13. Wer war die Familie Polo? 155
14. War es China? 169
15. Wo man vergebens sucht 184

Schlußbetrachtungen 195

Danksagung 211
Stammtafel: Die Großkhane 212

Anmerkungen	213
Bibliographie	234
Personenregister	240
Ortsregister	245

EINFÜHRUNG

Vor 700 Jahren traten drei Männer von einer kleinen Galeere auf den gepflasterten Kai von Venedig. Sie wankten ein wenig, denn nach wochenlangem Aufenthalt auf See waren ihre Beine keinen festen Boden mehr gewohnt. Es war niemand da, der ihre Ankunft erwartete, und ihre Heimkehr wäre wohl gänzlich unbemerkt geblieben, wäre da nicht ihre auffällig abgetragene Kleidung gewesen. Sie hatten »einen gewissen, unbeschreiblichen Anflug des Tatarischen, sowohl ihrem Geruch als auch ihrer Redeweise nach; und tatsächlich hatten sie alles vergessen außer ihrer venezianischen Sprache.«[1] Sie trugen schmutzige, kniehohe Lederstiefel und bauschige Seidenroben, die in der Taille mit einem Seidengürtel zusammengehalten wurden. Durch klaffende Risse in dem einst feinen Material konnte man das Unterfutter aus zottigem Fell erkennen. Die zerlumpten Roben reichten ihnen nur bis zum Knie; über der Brust wurden sie nach Mongolenart von runden Messingknöpfen zusammengehalten.

So wurde die Rückkehr Marco Polos beschrieben – 200 Jahre nachdem dieses Ereignis stattgefunden hatte. Erzählt hat dies ein gewisser Giovanni Battista Ramusio. Er schilderte auch, wie Marco Polo, sein Onkel und sein Vater nach über 20 Jahren in das Haus ihrer Familie zurückkehrten. Dort legten sie die zerlumpten Kleider ab und zogen bodenlange venezianische Gewänder aus scharlachroter Seide an. Dann nahmen sie ihre schmutzigen, zerfetzten mongolischen Kleider und rissen das Futter heraus. Smaragde, Rubine, Karfunkel, Diamanten und Saphire purzelten aus dem Versteck im Saum zu Boden.

Auch wenn alle Welt den Namen Marco Polo schon einmal gehört hat, sind die Einzelheiten seiner Reisen vermutlich weniger bekannt als die der Fahrten des Christoph Kolumbus. Die meisten Menschen denken bei dem Namen Marco Polo wohl an seine Reise nach China, und einige haben vielleicht auch schon einmal die Geschichte von der Rückkehr der zerlumpten Reisenden gehört. Davon abgesehen aber wird Marco Polo gemeinhin fast in einem Atemzug mit so großen Entdeckungsreisenden wie Kolumbus, Vasco da Gama und Magellan genannt.

Nur sehr wenigen Menschen jedoch dürfte bekannt sein, daß die allgemeine Wertschätzung, die Marco Polo genießt, ernsthaft in Frage gestellt wird – und zwar von dem bedeutendsten Vertreter der deutschen Mongolistik.[2] Zugegeben, der Einfluß der deutschen Mongolistik mag nicht allzu groß sein, aber über ihre Forschungsergebnisse darf nicht leichtfertig hinweggesehen werden, insbesondere da ihre Vertreter auf einem wissenschaftlich recht unsicheren Gebiet die neuesten und gründlichsten Untersuchungen vorgelegt haben. Die ernsthaften Zweifel der Wissenschaft taten jedoch der Beliebtheit Marco Polos keinen Abbruch, und so werden die Legenden um ihn endlos weiterverbreitet.

Kinder- und Jugendbücher unserer Tage – mit wenig Text und vielen Bildern ausgestattet – greifen immer wieder gern das Thema Marco Polo auf und zeigen an ihm, welche Verbindungen zwischen China und Europa im Mittelalter bestanden. Es ist, als ob die riesigen Entfernungen und Unterschiede, die Gebirge, Wüsten und kulturellen Eigenheiten, die Europa von China trennen, sich am besten und schnellsten anhand der Gestalt Marco Polos überbrücken ließen. Aber nicht allein in Kinderbüchern spielt Marco Polo eine gewichtige Rolle als kultureller Vermittler. So hat er der Legende nach die Nudeln nach Italien gebracht beziehungsweise – je nach Standpunkt – die Spaghetti nach China, und ihm wird auch das Verdienst zugeschrieben, die Herstellung italienischer Eiscreme angeregt zu haben.

Fast in jedem Buch über das mittelalterliche China, ganz gleich, ob es sich um eine populärwissenschaftliche Abhandlung oder um eine gelehrte Studie handelt, wird in beträchtlichem Umfang auf das Werk Marco Polos eingegangen, auf die *Divisament dou Monde (Beschreibung der Welt)*. Als ich in Cambridge Sinologie studierte, beschäftigte ich mich in meinen Seminararbeiten pflichtschuldig mit seiner Beschreibung der Stadt Peking, und als ich an meiner Doktorarbeit über die Pekinger Wohnhausarchitektur schrieb, nahm ich vermutlich mehr auf Marco Polo Bezug als auf viele andere Autoren. Meine Dissertation beschränkte sich zwar auf die Zeit von 1860 bis 1930, aber die Art und Weise, wie in Peking die traditionellen Hinterhofhäuser in das regelmäßige Schachbrettmuster der Straßenzüge eingepaßt wurden, erinnerte noch immer an die verschwundene Hauptstadt der mongolischen Yuan-Dynastie (1279–1368), die Marco Polo in seinem Buch schildert.

Von 1975 an verbrachte ich dann ein Jahr in Peking und studierte dort am Sprachinstitut, einem staubigen Gebäudekomplex in den nordwestlichen Vorstädten. Es stellte sich heraus, daß es auch hier eine Art Verbindung zu Marco Polo gab. Meine einstündige Fahrt mit dem Rad in die Stadt führte an einem hohen, mit Büschen bewachsenen Damm vorbei. Der Weg ging damals noch durch Ackerland, vorbei an Bauern in dick gefütterten Kleidern, die sich auf nebelverhangenen Feldern über ihr Getreide beugten, und winzigen, niedrigen, grauen Bauernhäusern. Es dauerte eine Weile, bis ich begriff, daß der Damm Teil der alten Pekinger Stadtmauer während der Yuan-Dynastie war, mit der die einstmals nomadischen Mongolenherrscher auch viele Hektar fruchtbares Land umschlossen hatten. Nach der Rückeroberung der Stadt durch die (chinesischen) Ming-Herrscher im Jahre 1360 entstand weit im Süden eine neue Stadtmauer; zurück blieb nur dieser Überrest entlang einer Straße, der Xueyuan lu.

Als ich in die Historische Fakultät der Universität Peking wechselte, kam ich auf meinem Weg in die Stadt nur noch selten an diesem Damm vorbei, denn die Hochschule liegt weiter im Nordwesten. Nach wie vor fuhr ich aber nachmittags mit dem Rad los, um soviel wie möglich an traditioneller Wohnarchitektur zu fotografieren (was aufgrund des abgeschlossenen Charakters der Hinterhofhäuser und dem damals gegenüber Ausländern herrschenden enormen Mißtrauen ein schwieriges Unterfangen war). Dabei lernte ich die winzigen Gassen kennen, die zwischen den Hauptstraßen liegen, und begriff immer mehr die schachbrettartige Anlage der Stadt, die Marco Polo Ende des 13. Jahrhunderts als erster den Europäern beschrieben hatte.

Auch nach meiner Rückkehr nach London, als ich in der chinesischen Abteilung der Bibliothek der School of Oriental and African Studies arbeitete, bekam ich erneut mit Marco Polo zu tun. Denn dort gehörte ich zu jenen, die noch während der Zeit der Kulturrevolution (1966–1976) in China studiert hatten. Wir schlossen uns zu einer Gruppe zusammen, vereint durch unsere merkwürdigen Erfahrungen als »Arbeiter-Bauern-Soldaten«-Studenten: Wir hatten gelernt, auf den Reisfeldern Setzlinge zu stecken, Chinakohl haltbar einzulagern, um dann zwischen November und März nichts anderes zu essen zu bekommen, und kunstgerecht Handgranaten zu werfen – auf Kosten des British Council und als Teil unserer obligatorischen sportlichen Ertüchtigung Mittwoch nachmittags.

Craig Clunas war ein Jahr vor mir in China gewesen. Nach seiner Rückkehr beschloß er, an der School of Oriental and African Studies seine Dissertation über mongolische Fortsetzungen des *Traums der Roten Kammer* zu schreiben. Er erzählte mir von jenen Vertretern der deutschen Mongolistik, die daran zweifeln, daß Marco Polo jemals bis China kam. 1981 schrieb ich für eine Beilage der *Times* über Handelsbeziehungen einen kurzen Artikel über die ersten Reisenden, die nach China gelangten. Ich schloß meinen Beitrag mit der beiläufigen Bemerkung, daß entgegen einer weitverbreiteten Annahme Marco Polo vielleicht doch nicht einer der ersten Europäer in China war. Dieser Satz zog heftigere Reaktionen nach sich, als ich je erwartet hätte. Ein Jahr später verfaßte Craig zu diesem Thema einen längeren Artikel, der ebenfalls in der *Times* erschien, und daraufhin sprachen wir von Zeit zu Zeit darüber, gemeinsam ein Buch zu schreiben, möglichst mit Hilfe eines persischen und/oder arabischen Mediävisten – aber bei dieser Überlegung blieb es auch.

So mache ich mich nun allein an diese Aufgabe.

1.

Die Fakten

Viele Menschen kennen zwar den Namen Marco Polo, doch nur die wenigsten haben sein Buch tatsächlich gelesen. Läßt man einmal die Zweifel heutiger Wissenschaftler und die Spaghetti/Eiscreme-Problematik beiseite, dann sind Marco Polos Buch und die darin aufgestellten Behauptungen von enormer Bedeutung, denn das meiste, was wir über Marco Polo wissen (beziehungsweise was man uns erzählt), stammt aus einer oder mehreren Versionen seines Werks.

Die *Beschreibung der Welt* wurde vermutlich 1298 geschrieben und beginnt mit einem kurzen Prolog, in dem über die Reisen der Familie Polo berichtet und geschildert wird, wie dieses Buch entstand. Demnach reisten im Jahre 1260 die beiden Venezianer Maffeo und Niccolo Polo – der Vater und der Onkel von Marco Polo – als »weitsichtige Kaufherren« nach Konstantinopel.[1] Dort angekommen, beschlossen sie, »im Gedanken an gewinnbringenden Handel …, das Schwarze Meer zu überqueren …, und fuhren nach Soldadie [Sudak]«. Sudak, auf der nördlichen Halbinsel östlich von Sewastopol gelegen, war damals einer der Haupthandelsplätze am Schwarzen Meer; dort gab es Waren aus Rußland, der Türkei und Persien zu kaufen. »Während des Aufenthaltes … überlegten sie sich die Weiterreise.« Sie durchquerten das Gebiet zwischen Wolga und Kaspischem Meer, in dem (von 1257 bis 1267) der Mongolenherrscher Berke regierte, mit dessen Erlaubnis sie ertragreiche Geschäfte machten. Als Berke jedoch gegen den persischen Mongolenherrscher Hulagu (Hülegü, gest. 1265) in den Krieg zog, war ihnen der Rückweg nach Konstantinopel versperrt. Obgleich Berke und Hulagu Vettern waren – ihr gemeinsamer Großvater hieß Dschingis-Khan (auch Cinggis) –, führten ihre beiden Khanate 1261–62 aufgrund von Grenzstreitigkeiten den ersten einer Reihe von Kriegen gegeneinander, denn beide Herrscher beanspruchten Nordwestpersien und den Kaukasus für sich.

Durch die Mongolenkriege verschlug es die Brüder Polo noch weiter nach Osten, bis nach Karakorum, der Heimat und Hauptstadt der Mongolen, die bereits einen großen Teil Mittelasiens beherrschten und nun allmählich Osteuropa bedrohten.

In Karakorum begegneten die beiden Venezianer dem großen Herrscher beziehungsweise Khan Khubilai (Kubilai oder Kublai). Mit ihm erörterten sie weniger Fragen des Handels als solche des Christentums. Khubilai läßt »für den Papst ein Schriftstück in türkischer Sprache aufsetzen« und »übergibt es den Brüdern«. Er »bittet den Papst, er möge ihm etwa hundert christliche Gelehrte schicken, die ... fähig seien, gut zu disputieren. Sie sollten die Heiden und die Götzenanbeter ... über die christliche Lehre aufklären und ihnen beweisen«, daß ihre Religion völlig falsch sei. »Des weiteren beauftragte der Oberste Herrscher die zwei Polo, ihm Öl zu bringen von der Lampe, die auf dem Grabe des Herrn in Jerusalem brennt.« Dann befahl er, daß einer seiner Männer die Brüder Polo auf dem ersten Abschnitt ihrer Reise begleiten solle, und übergab ihm ein goldenes Täfelchen, »worauf vermerkt war, daß jedermann verpflichtet sei, die drei

Abgesandten zu beherbergen und ihnen Pferde und Begleiter zur Verfügung zu stellen«.

Die beiden Polo kehrten nach Venedig zurück, begaben sich aber unmittelbar darauf, im Jahre 1271, erneut auf die Reise – diesmal allerdings in Begleitung von Niccolos Sohn Marco (der damals ungefähr 17 Jahre alt war). Es war ihnen zwar gelungen, etwas von dem heiligen Öl zu erhalten, aber sie hatten keinen einzigen Gelehrten im Gefolge; auch konnten sie Khubilai kein päpstliches Schreiben überbringen, da zu jener Zeit der Papst gerade gestorben und noch kein neuer gewählt war. Wenigstens aber hatten sie einen Begleitbrief des päpstlichen Gesandten in Akka (Akkron) erhalten.

Wieder in Karakorum angekommen, wurden die Polo mit einem »Freudenfest« willkommen geheißen, und Khubilai war von dem »Jüngling« Marco sehr angetan. Der Khan bediente sich seiner in der Folgezeit als Emissär und schickte ihn in weit entfernte chinesische Provinzen, die er damals nach und nach unter seine Herrschaft brachte. (1260 hatten die Mongolen Nordchina besetzt, der Süden hingegen wurde erst 1279 vollständig erobert.) Zuerst reiste Marco in den Südwesten Chinas, in die Provinz Yunnan, wozu er sechs Monate benötigte.

Offenbar verstand Marco sich gut darauf, etwas anschaulich zu schildern, denn die sonstigen Gesandten des Khans wurden von ihrem kaiserlichen Herrscher als Tölpel und Dummköpfe verspottet, weil sie ihm nichts über »Zustände, Ereignisse und Lebensgewohnheiten« aus den Gebieten berichten konnten, die sie bereist hatten. Um nicht den gleichen Fehler zu machen, prägte sich Marco »auf seiner Botschaftstour jede Neuigkeit und jede Besonderheit gut ein, um ... nachher ausführlich darüber referieren zu können«. An den Hof zurückgekehrt, informierte er den Großkhan zunächst über die ernsthaften Angelegenheiten, um dann »alles, was er gesehen und erlebt hat auf seiner Reise«, zu schildern.

Der Prolog ist kurz – er umfaßt nur zwölf (in der deutschen Ausgabe 26) Seiten –, und er vermittelt einen äußerst knapp gefaßten Überblick über den langen Aufenthalt der Polo in China. »Ich möchte nicht lange ausschweifen, doch ihr müßt wissen: Messer Marco Polo blieb siebzehn Jahre beim Großkhan; während dieser ganzen Zeit war er meist auf Gesandtschaftsreisen.«

Aber schließlich verspürten die Polo Heimweh und baten deshalb um die Erlaubnis, nach Italien zurückkehren zu dürfen. Diese wurde ihnen gewährt, und so reisten sie heimwärts, nun aber nicht über Land, wie sie gekommen waren, sondern hauptsächlich per Schiff. In ihrer Begleitung befand sich eine junge Mongolenprinzessin, die ausersehen war, den Mongolenherrscher Argun, der verschiedentlich als Herrscher über die Levante oder Ilkhan von Persien bezeichnet wird (er regierte von 1284 bis 1291, also einige Jahre nach Hulagu), zu heiraten. Die Reise war überaus schwierig; nur 18 der ursprünglich 600 Männer überlebten die Fahrt. Als die dezimierte Gesellschaft in Persien ankam, erfuhr man, daß auch Argun inzwischen gestorben war, doch es gelang ihnen, die Prinzessin der Obhut von Arguns Sohn Gazan zu überlassen. Nachdem sich die Polo ihrer Pflicht entledigt hatten, setzten sie ihre Rückreise nach Venedig zu Pferd und per Schiff fort. 1295 trafen sie in der Lagunenstadt ein. Der Prolog schließt: »Damit ist der Prolog zu Ende, und jetzt beginnt das Buch.«

2.
Wozu in die Ferne schweifen?

Weshalb sollten sich zwei venezianische Kaufleute der Mühsal unterzogen haben, die unerforschten und menschenleeren Wüsten Zentralasiens zu durchqueren – gar nicht zu reden davon, daß sie diese Strapaze noch ein zweites Mal auf sich nahmen, begleitet von einem 17jährigen Jungen und mit heiligem Öl im Gepäck?

Einer der wichtigsten Gründe war die wachsende Bedeutung des Handels mit exotischen Waren aus Asien. Daß Marco Polo in seinem Buch kaufmännisches Interesse an solch seltenen Gütern bekundet, verwundert angesichts seines familiären Hintergrundes als Sohn und Neffe von Kaufleuten kaum. Die wirtschaftliche Bedeutung des Fernen Ostens und Südostasiens für das mittelalterliche Europa, die zu den Entdeckungsreisen von Christoph Kolumbus und Vasco da Gama führte, lag vor allem am großen Reichtum dieser Regionen an Gewürzen. Diese dienten zu Zeiten, als es noch keine Kühltechnik gab, zur Konservierung von Nahrungsmitteln und überdeckten leicht Verdorbenes zugleich mit einem intensiven Geschmack.

Als Kaufmann interessierte sich Marco Polo für die Silberminen und den feinen Buckram Armeniens, für die karmesinrote Seide aus der Türkei und Tiflis, für georgisches Öl, das sich besonders gut als Brennstoff (nicht aber zum Kochen) eignete und sehr wirksam gegen Juckreiz war, für die Perlen aus Bagdad, für die Goldgewänder aus Täbris, für die Seidenstoffe, Pistazien, Datteln und Türkise aus Persien, für die billigen Rebhühner vom Persischen Golf, für die Rubine, Lapislazuli und das Sesamöl Zentralasiens, für Baumwolle, Flachs und Hanf aus Kaschgar, für den Stahl und das Asbestgewebe aus Uiguristan, für den Moschus aus Tangut, den besten der Welt, für das Salz aus den Minen Sichuans, für Ingwer, Zimt und Lavendelöl, Galgant und Zucker aus Bengalen, für javanischen Pfeffer, Muskat und Gewürznelken, für indische Kokosnüsse, für Pfeffer, Indigo, Sandelholz und Ambra aus Sansibar und für die schönen Pferde und den Weihrauch, der aus dem Saft der Bäume bei Aden hergestellt wurde. Es waren exotische Produkte wie die hier aufgezählten, die Christoph Kolumbus magisch anzogen, wie man an den Randnotizen seiner Ausgabe des Marco-Polo-Buches (das er sich 1498 aus London besorgen ließ) ersehen kann.[1]

Einer der längeren Abschnitte über die so wichtigen Gewürze handelt von der erstaunlichen Menge Pfeffer, die täglich nach Hangzhou an der chinesischen Ostküste geliefert wurde. Marco Polo behauptet, er habe von einem Zöllner erfahren, daß jeden Tag 43 Wagenladungen Pfeffer in die Stadt gebracht würden, jede davon mit einem Gewicht von etwa 200 Pfund.[2] Selbst wenn man davon ausgeht, daß die Märkte von Hangzhou vermutlich weit mehr als eine Million Menschen – so viele Einwohner hatte die Stadt – versorgten, andererseits in dieser Region Pfeffer (sofern er tatsächlich Pfeffer meinte) als Küchengewürz kaum verwendet wurde, ist das eine beachtliche Menge.

Pfeffer und andere Gewürze wie Zimt, Gewürznelke, Ingwer und Muskatnuß zählten zu den orientalischen

Waren, die für das mittelalterliche Europa von höchster Bedeutung waren. Wie zum Beispiel auch Dufthölzer und Farbstoffe, konnten sie im gemäßigteren Klima Europas nicht gedeihen, und so blieben sie das Monopol des Fernen Ostens, von wo sie hauptsächlich auf dem Seeweg nach Westen transportiert wurden. Wenn es gelegentlich zu Störungen des Gewürzhandels kam, erzielten diese Waren so hohe Preise, daß man sie anstelle von Silber oder Gold als Zahlungsmittel verwendete.[3]

Neben den eigentlich unverzichtbaren Gewürzen schätzte man in Europa auch fernöstliche Luxusgüter, deren wichtigstes die Seide war. Schon im alten Rom hatte man diesen Stoff gepriesen, doch seine Herstellung blieb rätselhaft; so verbreitete der Dichter Vergil die Kunde, die Seide werde von den Blättern der Bäume gekämmt.[4] Obwohl Kaiser Justinian schon im Jahre 522 nach Konstantinopel geschmuggelte Seidenraupenkokons erhalten hatte, brauchte es noch einmal etwa ein Jahrhundert, bevor das Rätsel der Aufzucht von Seidenraupen und des Webens der Fäden gelöst wurde und im Vorderen Orient mit der Herstellung von Seide begonnen werden konnte.[5] Noch länger dauerte es, bis die Seidenproduktion auch in Europa heimisch wurde, und so blieb das Geheimnis sowohl um das Material als auch um seine Verarbeitung vorerst bestehen. 1608 erließ der englische König James I. ein Edikt zur Förderung der Aufzucht von Maulbeerbäumen (von deren Blättern sich Seidenraupen ernähren), doch mit nur mäßigem Erfolg. Ein Engländer versuchte sich an der Züchtung von Nachtfaltern, mußte aber schließlich entdecken, daß er die falsche Art ausgesucht hatte. Erst als sich Ende des 17. Jahrhunderts hugenottische Flüchtlinge in Spitalfields ansiedelten, erlebte die englische Seidenindustrie einen Aufschwung.[6]

Angesichts solcher Fehlschläge ist es nicht verwunderlich, daß die heimische Industrie nicht aus eigener Kraft die Nachfrage nach Seidenstoffen befriedigen konnte. Fernöstliche Seide wurde weiterhin nach Europa importiert, hauptsächlich über die von persischen Zwischenhändlern organisierte Route über Land, bis im 16. Jahrhundert die Europäer den Handel selbst besorgten und die Seide auf dem Seeweg direkt importierten. Auch die Mode änderte sich – während anscheinend die dekadenten Römer durchsichtige chinesische Seide bevorzugt haben, schätzten die Europäer des 13. Jahrhunderts vor allem die im Vorderen Orient gewebten schwereren Damaststoffe; der Handel mit der feineren chinesischen Seide lohnte sich aber noch immer, weil sich mit ihr hohe Gewinne erzielen ließen.[7] So stellte die Seide, auch wenn sie als Anreiz für Entdeckungsreisen nur an zweiter Stelle, nach den Gewürzen, stand, eine beträchtliche Verlockung dar.

Im Handel mit dem Osten und insbesondere im venezianischen Handel hatte die Familie Polo eine beachtliche Stellung inne. Marco der Ältere (der Onkel des Reisenden Marco) besaß jeweils ein Haus in Konstantinopel und in Soldaia (Sudak) an der Küste der Halbinsel Krim am Schwarzen Meer. (In seinem Testament von 1280 überließ er das Haus auf der Krim dem Franziskanerorden – »*dimitto fratribus minoribus*« –, verfügte aber zugleich, daß sein Sohn und seine Tochter weiterhin dort wohnen sollten.[8]) Gewürze und Seide wurden in Sudak nicht umgeschlagen, statt dessen wurde mit Pelzen aller Art gehandelt, die russischen Kaufleute dorthin brachten; und es war ein wichtiger Umschlagplatz für den Handel zwischen Ost und West.

Dem Prolog zur *Beschreibung der Welt* zufolge begann die erste Reise von Maffeo und Niccolo Polo in

Konstantinopel, ihrer zweiten Basis, wo sie sich reichlich mit Juwelen eindeckten. Von dort aus ging es nach Sudak und schließlich auf die »Weiterreise«. Auf der langen Fahrt in den Fernen Osten – ob über Land oder per Schiff – war der »Kettenhandel« die gängige Methode. Diese Form des Handels – Waren zum ersten Umschlagplatz zu bringen, sie dort zu verkaufen, um sich mit neuen Waren für den nächsten Halt zu versorgen – wurde ebenso von selbständigen Händlern betrieben wie von größeren Handelsfirmen, so zum Beispiel den Ostindischen Kompanien (im 16. Jahrhundert). Dies geschah teilweise – mit Ausnahme der oben genannten Waren – deshalb, weil die meisten Märkte in ihrem Sortiment eher begrenzt waren und vor allem bekannte, aus der Umgebung stammende Waren anboten.[9] Diese Handelsform hatte den Vorteil, daß die getätigte Investition tatsächlich Gewinn erbrachte. Bot man hingegen eine neue Art von Ware an einem vergleichsweise fernen Zielort an, wo sie möglicherweise keine Abnehmer fand, so konnte das bedeuten, daß das in dieses Geschäft investierte Kapital verloren war. Indem man aber ständig verkaufte und wieder neu einkaufte, konnte man einen solchen Verlust verhindern. Vor dem Problem, Menschen für ihnen bislang unbekannte Produkte zu interessieren, stand auch George Macartney, der 1792–94 als Botschafter in China war. Macartney brachte die seinerzeit modernsten wissenschaftlichen Geräte an den chinesischen Hof in der Hoffnung, damit Eindruck zu machen und einen neuen Markt zu erschließen. Statt dessen wurden sie vom chinesischen Kaiser höchstpersönlich zurückgewiesen, weil er sie für technischen Firlefanz und Kinderspielzeug hielt.[10] Die Polo, die Juwelen mit auf ihre Reise nahmen, konnten hingegen sicher sein, daß sich diese leicht zu transportierenden und überall auf der Welt begehrten Luxusgüter verkaufen ließen.

Neben dem Bericht über die Fahrten der älteren Polo in der *Beschreibung der Welt* und der Erwähnung der beiden Häuser in den Handelsfaktoreien von Sudak und Konstantinopel im Testament Marcos des Älteren sind noch einige weitere Dokumente überliefert, die die Handelsbeziehungen der Familie Polo belegen. Dabei handelt es sich hauptsächlich um Schriftstücke über Rechtsstreitigkeiten, aus denen hervorgeht, daß sie entgegen der Mär vom legendären Reichtum der Polo in Wahrheit kleine Händler waren, die bei dem örtlichen Kunsthandwerker Alberto Vasirulo einen kleinen Geldbetrag anlegten und 1316 mit Paolo Girardo in Gewürzen handelten. In einem anderen Dokument ist beschrieben, wie zwei der Polo, Stefano und Giovanni (beides Söhne Niccolos), die damals auf Kreta Handel trieben, Schiffbruch erlitten und dadurch 4000 Dukaten verloren.[11]

Abgesehen von gelegentlichen Rechtsstreitigkeiten mit anderen Kaufleuten, scheint die Familie Polo in Venedig wenig Spuren hinterlassen zu haben. Dies ist nicht unbedingt überraschend, denn die genuesischen und venezianischen Händler des 13. Jahrhunderts scheinen äußerst penibel darauf geachtet zu haben, keines ihrer geschäftlichen Vorhaben schriftlich zu dokumentieren, vermutlich aus Angst vor der Konkurrenz. Der größte Teil des Außenhandels von Venedig fand nach der *Colleganza*-Methode statt: Dabei handelt es sich um eine Art Vertrag zwischen dem auf Reisen gehenden Händler, der ein Drittel des benötigten Kapitals einbringen mußte, und einem Teilhaber, der nach außen nicht in Erscheinung trat und zwei Drittel des benötigten Geldes zur Verfügung stellte. Die erzielten Gewinne wurden im gleichen Verhältnis geteilt.[12] Diese Verträge enthielten keinerlei nähere Einzelheiten, und das später entstandene Handbuch der Kaufleute, Francesco Pegolottis *Pratica della mercatura* (um 1340), das oft mit der *Beschreibung der Welt* verglichen wird, wurde nicht von einem Händler, sondern von einem Bankier verfaßt. Pegolotti arbeitete für die florentinische Gesellschaft der Bardi in Antwerpen, London, Zypern und Ayas, gelangte jedoch nie weiter in den Osten als bis ins Heilige Land. Offensichtlich verstand er sich aber darauf, sich durch Gespräche mit Leuten, die den Fernen Osten bereist hatten, ein detailliertes Bild über die Reise dorthin zu verschaffen.[13]

In verschiedenen Berichten von Reisenden gibt es verstreut Hinweise auf italienische Kaufleute in China – die Polo werden allerdings nirgendwo erwähnt. Johannes von Montecorvino (1247–1328), Bischof von Peking, erzählte von dem Kaufmann Petrus de Lucalongo, der 1291 mit ihm zusammen von Täbris nach Peking gereist war und später den Bau der ersten Kathedrale der römischen Kirche in Peking finanzierte. Im Jahre 1305 sandte Johannes von Montecorvino von Karakorum aus seinen ersten Brief an den Papst; die Beförderung des Schreibens besorgten namentlich nicht genannte venezianische Kaufleute, die in ihr Heimatland zurückkehrten, wobei sie im Herrschaftsgebiet der Mongolen durch einen Geleitbrief in Form eines goldenen Täfelchens, einen »Paß«, geschützt waren.[14]

Einer der bewegendsten Hinweise auf die italienischen Handelsbeziehungen mit China ist der Grabstein eines jungen italienischen Mädchens, der 1951 in Yangzhou entdeckt wurde. Das Mädchen starb im Jahre 1342, und Ende des 15. Jahrhunderts wurde ihr Grabstein als Baumaterial zur Errichtung der Stadtmauer verwendet. Auf dem Marmorstein ist in gotischer Schrift zu lesen, daß ihr Name Katerina lautete, Tochter des Domenico de Vilioni. Anscheinend stammte sie aus einer Familie, die Mitte des 13. Jahrhunderts in Täbris Handel trieb. Der kunstvoll bearbeitete Stein mit dem gemeißelten Bildnis der Madonna, unter dem Szenen des Martyriums der hl. Katharina abgebildet sind, die von klingenbestückten Rädern in Stücke geschnitten wurde, läßt vermuten, daß Katerina bei ihrem Tod kein Säugling mehr war, und einige Forscher vermuten, daß ihr Vater bereits vor ihr gestorben war.[15] Daß es in den zwanziger Jahren des 14. Jahrhunderts in Yangzhou ein Franziskanerkloster gegeben hat (das Odorich von Pordenone erwähnt[16]), mag die Gestaltung des Grabsteins erklären, auch wenn die meisten Fachleute an seinem Stil zu erkennen glauben, daß er von einheimischen chinesischen Kunsthandwerkern angefertigt wurde. Dennoch ist dieser Grabstein auf seine geheimnisvolle Weise ein Zeugnis für die Reisen italienischer Seidenhändler.

Bedenkt man, daß sich im 17. und 18. Jahrhundert, als Europa mit China Handel trieb, auf dem Festland keine ausländische Frau aufhalten durfte[17], so ist es schon erstaunlich, dort den Grabstein der Tochter eines italienischen Kaufmanns zu finden.

Pegolotti, der sein Handbuch in der häuslichen Stube verfaßte und dieses vor allem für reisende Händler schrieb, empfahl seinen Lesern, Frauen mit auf die Reise zu nehmen, vermutlich, weil sie für Annehmlichkeiten sorgen könnten. Allerdings schlug er auch vor, solche Frauen als Begleiterinnen zu wählen, die die örtlichen Sprachen beherrschen, wozu wahrscheinlich Töchter, die in Latein unterrichtet worden waren, nicht unbedingt zählten.[18]

Der Familienname des jungen Mädchens, Vilioni, hat zu einiger Verwirrung geführt, denn ein möglicher Vorfahr Katerinas, ein gewisser Johannes Vilioni, wurde in einem Dokument von 1185[19] auch als »Johannes Milion« bezeichnet. Und da Marco Polo verschiedentlich mit dem Beinamen *il milione* belegt wurde[20], vermutete man, die beiden seien miteinander verwandt gewesen. Abgesehen von dieser Namensgleichheit aber scheint wohl nichts auf eine Verbindung zwischen der Genueserin und dem Venezianer hinzudeuten.

Daß der Grabstein gerade in Yangzhou aufgestellt wurde, ist auch deshalb interessant, weil Marco Polo behauptet haben soll, er habe in dieser Stadt drei Jahre lang regiert[21], etwa vierzig oder fünfzig Jahre vor Katerinas Tod. Doch in den Annalen Yangzhous ist nirgendwo von einem Marco Polo die Rede, ebensowenig von anderen dort ansässigen italienischen Kaufleuten und ihren Familien. Über die Stellung Polos innerhalb eines solchen Kreises von Händlern gibt einzig und allein der Prolog in der *Beschreibung der Welt* Auskunft. So findet sich also in Yangzhou keine einzige Spur der Polo, und fast möchte man es bedauern, daß kein Mitglied dieser Familie dort gestorben ist, denn ein stattlicher Grabstein wäre durchaus aufschlußreich gewesen.

Auch wenn die Nachweise über den Aufenthalt italienischer Kaufleute nur sehr kärglich sind, waren die Mongolen eindeutig weniger darum bemüht, Ausländer fernzuhalten, als die späteren chinesischen Herrscher. Es ist bekannt, daß die Mongolen sich häufig nicht-mongolischer und nicht-chinesischer Fachleute bedienten, und da sie mittels verschiedener Familienzweige den größten Teil Asiens kontrollierten, war das Reisen generell mit weniger Beschränkungen verbunden als zu anderen Zeiten. Daß die Mongolenkhans ausländischen Christen erlaubten, in chinesischen Städten Kathedralen zu errichten und sich dort niederzulassen (in Quanzhou residierten von 1313 an zehn Jahre lang italienische Bischöfe, in

Peking von 1307 bis 1328), ist ebenfalls ein Beleg für ihre aufgeschlossene Haltung. Davon profitierten offenbar auch die Kaufleute, die in die seidenproduzierenden Gebiete um Yangzhou reisten.

3.

MISSIONARE – UND KEIN ENDE

Aus dem Prolog der *Beschreibung der Welt* geht hervor, daß die älteren Polo als Kaufleute nach Karakorum gekommen waren – und es als christliche Botschafter wieder verließen, wobei sie einen Brief an den Papst (der nicht erhalten ist) mit sich führten. Außerdem hatten sie das Versprechen gegeben, mit diversen religiösen Unterpfanden zurückzukehren. Ihre augenscheinliche Verwandlung von Kaufleuten zu Gesandten im Dienst der Mission bezeugt, welch hohe Bedeutung dem religiösen Austausch zwischen Ost und West beigemessen wurde und wie stark im Mittelalter das Bedürfnis war, mehr über das spirituelle Leben jenseits der Grenzen Europas zu erfahren.

Eben dies war für die christlichen Herrscher in Europa von solch großer Bedeutung, daß man fast den Eindruck bekommen könnte, die mittelalterlichen Missionsreisenden seien scharenweise in Zentralasien eingefallen. Marco Polos *Beschreibung der Welt* ist sicherlich der bekannteste Bericht über die Mongolei und China, aber daneben sind erstaunlich viele weitere Dokumente zur Missionstätigkeit erhalten. Im Vatikan und im französischen Nationalarchiv befinden sich auf persisch und mongolisch geschriebene Briefe der Mongolenkhans[1], außerdem Reiseberichte aus verschiedenen Teilen der

Mongolei und schließlich auch Chinas, verfaßt von einer Vielzahl von christlichen Missionaren, die von der Mitte des 13. bis zum frühen 14. Jahrhundert ausgesandt worden waren. Der erste Europäer, der in der offiziellen Chronik der Mongolenära (*Yuan shi*) namentlich genannt wird, ist Johannes von Marignolli, von 1330 bis 1340 päpstlicher Gesandter bei den Khans. Seine Erinnerungen, die er nach seiner Rückkehr verfaßte, werden charakterisiert als »das Werk eines widersprüchlichen und nicht sehr intelligenten alten Mannes, geschrieben ... in entsetzlichem Latein«.[2]

Die Hauptgründe, weshalb die christlichen Herrscher Europas mit den Mongolen auf der anderen Seite der Weltkugel in Verbindung treten wollten, waren widersprüchlicher Natur. Die Kreuzzüge zwischen 1096 und 1270 hatten als militärische Unternehmungen zum Schutz der Pilgerrouten in die heilige Stadt Jerusalem begonnen und waren schließlich zu offenen Feldzügen geworden mit dem Ziel, Teile des Heiligen Landes zurückzuerobern, das verschiedene muslimische Herrscher fest in ihrer Hand hatten. Angesichts des machtvollen islamischen Herrschaftsbereichs erwogen die christlichen Führer Bündnisse mit den Mongolenherrschern, deren Reiche jenseits der muslimischen Bollwerke lagen. Gleichzeitig aber spielte bei dieser vorsichtigen Annäherung an die Mongolen auch eine mit Angst gepaarte Neugier eine Rolle, denn die Mongolen hatten bewiesen, daß sie als Eroberer und Reichsgründer nicht weniger Geschick besaßen als die Muslime. Im Jahre 1242 waren mongolische Armeen vor den Toren Wiens gestanden; die christlichen Herrscher erwogen demnach ein Bündnis mit Mächten, die sie in ihrer Existenz bedrohten. Als sich die Polo zu ihrer zweiten Reise in den Osten aufmachten, standen bereits drei große Gebiete unter mongolischer Herrschaft: das Khanat der Goldenen Horde im »Westen«, das einen Großteil des europäischen Rußlands einschloß, das Khanat der Levante, das vom östlichen Persien bis ans Mittelmeer reichte, und schließlich das mittelasiatische Khanat Tschagatai in Turkestan.

Bei ihrem Vorhaben, Missionare zu den Mongolen zu entsenden, ließen sich der Papst und die christlichen Herrscher gleichermaßen von dem Gerücht beeinflussen, am östlichen Rand der Welt gebe es einen »christlichen« Herrscher, den Priester-König Johannes. Man hoffte, daß dieser vielleicht gewillt wäre, denjenigen zu Hilfe zu kommen, die das Christentum gegen den Islam verteidigten. Die ersten christlichen Missionare, versehen mit päpstlichen Schreiben und beauftragt, nach christlichen Bekehrten und potentiellen Verbündeten unter den Mongolen Ausschau zu halten, gelangten nach Karakorum, noch bevor die Polo ihre erste – und weitaus berühmter gewordene – Reise in den Osten unternahmen.

Der erste ausführliche Bericht über die Mongolei und ihre Bewohner stammt von dem Franziskanermönch Johannes von Plano Carpini (oder Piano dei Carpini), der von Papst Innozenz IV. »im Jahre unseres Herrn 1246 in die nordöstlichen Teile der Welt«[3] geschickt wurde. Johannes, der nach der Beschreibung eines Freundes so beleibt war, daß er, statt auf einem Pferd zu reiten, sich eines sehr kräftigen Esels bedienen mußte[4], stammte aus der Kleinstadt Pian di Carpini nahe Perugia und war Schüler des großen Heiligen Franz von Assisi (um 1182–1226). Seine erste lange Reise führte ihn in diplomatischer Mission nach Rußland, wohin ihn Innozenz IV. mit dem Auftrag geschickt hatte, die Russische Kirche zur Anerkennung des päpstlichen Primats zu bewegen und so ein »katholisches Bündnis gegen die

Mongolen«[5] zu schaffen. Für die Russen war dies eine heikle Angelegenheit, bildete doch ein beträchtlicher Teil ihres Landes von der Wolga bis zum Dnjepr bereits Bestandteil des mongolischen Bündnisses, wodurch es für sie unmöglich war, einer anti-mongolischen Opposition beizutreten. Dschingis-Khans Enkel Batu hatte 1240 das Wolgagebiet erobert und dort das – wie die Russen es nannten – Khanat der Goldenen Horde errichtet. David Morgan erklärt, daß diese Bezeichnung »möglicherweise auf das Zelt des Khans zurückgeht« (den goldenen Teil), aber linguistisch gesehen stammt »Horde« von dem türkischen Wort »ordu« ab, was soviel wie »Lager« heißt. Die heutige Bedeutung von »Horde« erinnert nicht mehr an »Zelte«, sondern eher an riesige, unkontrollierte Menschenmassen und gibt den Eindruck wieder, den die Russen und andere Völker im Westen von der alles verheerenden Armee hatten, die unaufhaltsam ihr Land überrollte.[6] Von Batus Lager aus ritt der beleibte Bruder Johannes auf seinem Esel über das Altai-Gebirge Richtung Karakorum. Dort lagerte Güyüg vor der Stadt. Eine riesige Ansammlung von mongolischen Prinzen hatte sich kurz zuvor, im August 1246, vor Karakorum eingefunden, um Güyüg als Nachfolger seines Vaters Ögedei zum neuen Khan zu wählen. Zu diesem Anlaß war eine riesige Zeltstadt errichtet worden, in der man Mongolen und Botschafter fremder Länder gemeinsam bewirtete.

Güyüg sandte Bruder Johannes zwar mit einem abschlägigen Brief zum Papst zurück, aber wie bei vielen der frühen diplomatischen Missionen in den Fernen Osten wurde dieser Fehlschlag wettgemacht durch die eindrucksvollen und detailreichen Berichte über das Leben und die Bräuche der Mongolen. Von Johannes' Bericht gibt es zahlreiche Abschriften in Latein, und er wurde sogar in das Sammelwerk *Speculum historiae* (1244) des Vinzenz von Beauvais (1190–1264) aufgenommen. (Dabei handelt es sich um eine Weltgeschichte von der Schöpfung bis zum 13. Jahrhundert, wobei dem Autor, der als der größte aller Kompilatoren gilt, ein gewisser Mangel an kritischem Verstand bei der Verwendung des von ihm gesammelten Materials nachgesagt wurde.[7])

Einen umfassenderen Bericht lieferte der erste Missionar, dem es gelang, die Stadt Karakorum tatsächlich zu betreten. Wilhelm von Rubruck (oder Rubruk), ebenfalls Franziskanermönch, begleitete den französischen König Ludwig IX. auf seinem Kreuzzug in das Heilige Land, der 1248 begann (Wilhelm soll aber erst später dazugestoßen sein). Er reiste via Soldaia (Sudak) und Konstantinopel (also auf der gleichen Route wie die Brüder Polo einige Jahre später) und erreichte im Jahre 1254 die Stadt Karakorum (die er mit Saint Denis bei Paris verglich, wobei Karakorum sehr schlecht abschnitt). Wilhelm überbrachte dem Mongolenherrscher einen Brief des französischen Königs, doch sein Hauptinteresse bestand darin, den Mongolen das Evangelium zu predigen.[8]

Sein Reisebericht und seine Beschreibung des mongolischen Lebens sind in fünf Handschriften überliefert, und dank der darin wiedergegebenen bahnbrechenden Beobachtungen verwendete ihn Roger Bacon (um 1220–1292) teilweise für sein *Opus maius*. Bacon meinte, der Schöpfer lasse sich am besten durch exakte Vermessung und Beobachtung der Welt begreifen, und dafür liefere Wilhelm von Rubruck mit seinen Schilderungen der Mongolei ein gutes Beispiel. Trotz dieses großen Lobs von Bacon erzielte Wilhelms Bericht wohl aufgrund des inoffiziellen Charakters seiner Mission eine geringere Verbreitung als der Bericht seines Mitbruders Johannes[9], was insofern bedauerlich ist, als Wilhelm seine Erlebnisse umfassender und aus persönlicherer Sicht schildert. Er beschrieb die Stadt Karakorum, ihre Tempel und Märkte, die einzelnen Viertel der Muslime und der chinesischen Handwerker, und Details der Stadtmauer[10], während Marco Polo dazu nur lapidar meinte: »Karakorum ist eine Stadt ganz aus Holz und Erde gebaut und mißt meiner Schätzung nach drei Meilen im Umfang.«[11] Der enttäuschend kurze Bericht Marco Polos wird in einigen Versionen ergänzt durch die Schilderung einer »großen Burg« außerhalb der Stadt. Diese etwas »obskure« Passage[12] könnte auf eine Verwechslung oder Fehldeutung der Zeltstadt zurückzuführen sein, die Johannes besucht hatte – die Zeltstadt, die für kurze Zeit zu Ehren der Ernennung des neuen Khans 1246 errichtet worden war. Wilhelm von Rubrucks Bericht hingegen ist ein umfassendes Tagebuch, in dem er von den Menschen erzählt, denen er begegnete, darunter auch seinem hoffnungslos betrunkenen Dolmetscher, dem französischen Goldschmied Boucher und seinem wundervollen silbernen weinspendenden Baum, dem Beinahe-Tod des Goldschmieds durch die Einnahme von Rhabarber, den ihm ein armenischer Priester verschrieben hatte, den Mahlzeiten, die eine Frau aus Lothringen zubereitete, und von Wilhelms endlosen Streitigkeiten mit nestorianischen Priestern.

Die ersten beiden Franziskaner, die auf päpstlichen Befehl – und weniger im Auftrag des französischen Königs – gen Osten reisten, kamen zwar nur bis in die Mongolei, aber ein weiteres Mitglied dieses Ordens, Johannes von Montecorvino (1247–1328), gelangte schließlich 1291 bis nach Peking. Genau zu dieser Zeit könnten sich auch die Polo in China aufgehalten haben; vielleicht waren sie damals ebenfalls gerade in Peking.

Johannes errichtete 1299 eine erste Kirche in Peking, die sogar mit einem Glockenturm ausgestattet war, und ließ von Knabenchören Lobgesänge auf den Khan intonieren. Der Franziskaner hinterließ Briefe, in denen er von seiner Arbeit und deren Hemmnissen berichtete, doch es gibt von ihm keine Beschreibung des Landes. In seinen Briefen schildert er das Kommen und Gehen italienischer Landsleute wie zum Beispiel Petrus de Lucalongo, der den Bau der zweiten Kirche in Peking 1305 finanziell unterstützte, oder jener weniger gern gesehene »lombardische Quacksalber und Chirurg«, der 1302 in Peking Blasphemisches über die katholische Kirche und Rom verbreitete.[13]

Odorich von Pordenone, ein Franziskanermönch, dessen Name italienische Herkunft vermuten läßt, der aber – wie ich in Prag herausfand – aus Böhmen stammt und dort sehr verehrt wird, bereiste China zwischen 1320 und 1330, und viele Handschriften seines Berichts darüber sind uns erhalten geblieben. Odorich besuchte China und Indien zwar erst nach den Polo, war aber an vielen Orten, die auch sie besucht hatten. Es war eine ereignisreiche Reise: Bei seinem Aufenthalt in Indien beschaffte er sich die Gebeine von vier franziskanischen Märtyrern, die versucht hatten, an der Küste von Malabar eine Mission zu errichten. Odorich wollte sie in seine Heimat mitnehmen und dort bestatten, doch als er auf der Fahrt nach China mit seinem Schiff in eine Flaute geriet, warf er in seiner Verzweiflung die Schädel der Märtyrer ins Meer, woraufhin sich sofort ein Wind erhob und das Schiff Richtung Kanton blies. Dort sah er riesige Gänse, ähnlich den 24 Pfund schweren Tieren, die Marco Polo bei seiner Reise in die Provinz Fujian (etwas weiter im Norden gelegen) beschrieben hatte. Beide schildern die Kiefer und die Höcker auf den Köpfen dieser monströsen Vögel.[14] Außerdem berichtet Odorich von Fischfang mit Hilfe von Kormoranen und von Frauen mit geschnürten Füßen, und nach seinem Besuch in Yangzhou beschreibt er das dortige Haus der Franziskaner (dessen Mönche vermutlich für die Gestaltung des Grabsteins der Katerina de Vilioni verantwortlich waren).

Obwohl Odorich offensichtlich in seiner Schilderung sehr um Genauigkeit bemüht war, konnte er der Versuchung nicht widerstehen, über solch rätselhafte Phänomene wie Pygmäen und das »Pflanzenlamm« zu berichten:

Von einer weiteren erstaunlichen Sache ist zu erzählen, die ich zwar nicht mit eigenen Augen gesehen habe, von der mir jedoch von vertrauenswürdigen Menschen berichtet wurde.

Denn es heißt ..., es gäbe Berge ..., auf denen angeblich eine bestimmte Sorte sehr großer Melonen wächst. Und sobald diese gereift sind, brechen sie auseinander, und ein kleines Tier befindet sich darin, das wie ein junges Lamm aussieht, so daß sie sowohl Melonen als auch Fleisch haben! Und wenngleich manche dies vielleicht kaum glauben mögen, ist es doch vollkommen wahr; ebenso wahr wie die Tatsache, daß es in Irland Bäume gibt, auf denen Vögel wachsen.[15]

Obgleich Odorich selbst einräumte, daß manche Leser die Sache mit der Melone bezweifeln dürften, bemühte sich der Historiker Sir Henry Yule nachzuweisen, daß damit das Farnkraut der Gattung *Cibotium* oder *Aspidium baromez* gemeint sein könnte, dessen Wurzelstöcke mit einem weißen, seidigen Flaum bedeckt sind und die ein rötliches Inneres haben, was an ein kleines behaartes

Tier erinnern könnte. Yule geht nicht weiter auf die Frage ein, ob denn dieses Farnkraut eßbar sei (viele Gattungen sind giftig), gestand aber zu, daß die Entfernung zwischen dem ursprünglichen Verbreitungsgebiet des Farns – die Wolgaregion – und China zu denken gebe; und von Melonen ist bei ihm schon gar nicht die Rede.

Sieht man einmal von Pflanzenlämmern ab, so beweisen die erstaunliche Anzahl von Missionsreisen zu den rätselhaften Mongolen in Karakorum und der rege Briefwechsel zwischen dem Papst und den Khans, daß die Polo zwar keineswegs die ersten waren, die die Verbindung zwischen Europa und der Mongolei herstellten, daß aber ihre Rolle als christliche Botschafter durchaus der damaligen Zeit entsprach.

4.

PRIESTER JOHANNES UND DIE DREI WEISEN AUS DEM MORGENLAND

Missionare und Kaufleute, versehen mit wichtigen päpstlichen Schreiben und beauftragt, die militärische Schlagkraft der Mongolen zu erkunden und deren soziale Strukturen zu erforschen, reisten in unbekannte Fernen. Seit den Tagen des Plinius, der Shakespeare in der Vorstellung bestärkte, dort gebe es Kannibalen, die »einander schlachten, Anthropophagen, Völker, deren Kopf wächst unter ihren Schultern«[1], galten die weit entfernten Länder des Ostens nicht nur als fremdartig, sondern auch als furchterregend. Interessanterweise pflegten die Chinesen ähnliche Ansichten über die Menschen im weit entfernten Westen, die ihrer Meinung nach auf einem Bein hüpften oder Köpfe wie Hunde besaßen.[2] Neben solchen sagenhaften Ungeheuern waren es vor allem die Legenden über den Priester-König Johannes, sowie die päpstliche Mißbilligung des nestorianischen Schismas, die die christlichen Missionare in Asien beschäftigten. Letzteres war wohl mehr eine politische Frage als eine des Aberglaubens. Nestorianische Christen aus dem Libanon und aus Persien hatten beträchtlichen Einfluß, denn da sie persisch, arabisch, lateinisch und mongolisch sprachen, bedienten sich die Missionare – und möglicherweise auch die Polo – ihrer als Dolmetscher.

Das Reich des Priester-Königs Johannes wird heute,

folgt man Rider Haggard und Johannes von Marignolli, der (Mitte des 14. Jahrhunderts) Äthiopien für das gesuchte Reich hielt, in Afrika vermutet.[3] Im 13. Jahrhundert jedoch hielt man Priester Johannes für einen frommen christlichen Herrscher des Fernen Ostens. Diese Legende scheint entstanden zu sein, als 1122 ein Geistlicher aus Asien nach Rom kam. Über ihn ist nur bekannt, daß er behauptete, aus Indien zu kommen, und von den Wundern erzählte, die alljährlich beim Fest des hl. Thomas geschähen. Das führte dazu, daß viele glaubten, Priester Johannes herrsche in Indien. (Der hl. Thomas soll nach der Kreuzigung nach Indien gegangen sein, um dort zu predigen; davon wird in den apokryphen Thomasakten berichtet, die offenbar Anfang des 3. Jahrhunderts in syrischer Sprache in Edessa verfaßt wurden.[4]) Etwa zwanzig Jahre nach dem mysteriösen Besucher aus Indien wurde die Legende um Priester Johannes noch verwickelter, als sich die Nachricht verbreitete, ein nestorianischer Priester-König habe in Zentralasien eine muslimische Armee besiegt. Bischof Otto von Freising (der wahrscheinlich einen chinesischen Sieg über eine muslimische Streitmacht bei Samarkand im Jahre 1141 fehldeutete), behauptete, er habe diese Nachricht durch den Bischof von Gabala (in Syrien) erhalten, den er in Viterbo getroffen hatte.[5] Der Bischof von Gabala habe außerdem berichtet, Priester Johannes habe versucht, den Kreuzfahrern zu Hilfe zu kommen, sei aber aufgehalten worden.[6] Von Johannes wurde auch gesagt, er sei ein Abkömmling eines der drei Weisen, der »Magi«, aus dem Morgenland. Andere halten dafür, hinter ihm verberge sich in Wirklichkeit Yelu Dashi, ein Kitan-General, der 1125 aus China nach Zentralasien geflohen war, als die Jin-Dynastie Liao-Herrscher im nordchinesischen Kitan unterwarf. Wie so viele, darunter auch die späteren mongolischen Herrscher, scheint Yelu Dashi von nestorianischen Geistlichen umgeben gewesen zu sein, von christlichen Klerikern also, die das römische Papsttum als Häretiker verstoßen hatte.

Die Legendenbildung um Priester Johannes gewann neue Nahrung, als 1156 in Europa ein (erhalten gebliebener) Brief auftauchte, der, gerichtet an den byzantinischen Kaiser Manuel I. Komnenos (1143–1180), angeblich von Priester Johannes stammte. In dem Brief heißt es, Johannes herrsche über Indien, vom Turm Babel bis zu dem Land, in dem die Sonne aufgeht.[7] Dieses Schreiben, verfaßt von einem »anonymen Fälscher«, veranlaßte Papst Alexander III., seinen Arzt mit dem Auftrag auszusenden, jenen Priester-König aufzusuchen, doch die Spur des Arztes verläuft sich 1177 in Palästina. Trotz dieses Fehlschlags schöpften die Kreuzfahrer weiterhin Hoffnung aus dem festen Glauben an einen christlichen Herrscher, der sie in der Verteidigung des Heiligen Landes gegen die Muslime vielleicht unterstützen würde.

Marco Polo ging in seiner Schilderung des Priester-Königs Johannes kaum auf den christlichen Aspekt ein; er beschrieb statt dessen, wie Dschingis-Khan die Tochter des Priester-Königs heiraten wollte und, als dieser ihm den Wunsch abschlug, Johannes im Kampf tötete (in einer der handschriftlichen Fassungen der *Beschreibung der Welt* heiratet Dschingis-Khan die Tochter des Priester-Königs danach trotzdem[8]). Diese Geschichte wurde erstmals 1236 im Reisebericht des Bruders Julian, eines ungarischen Dominikaners, erzählt, der die Grenzregionen des Mongolenreiches bereist hatte; zur damaligen Zeit soll diese Geschichte in West- und Zentralasien allgemein verbreitet gewesen sein.[9]

Marco Polo behauptete, das Reich des Priesters Johannes liege am östlichen Rand der Inneren Mongolei[10] und sei das Land, das »Gog und Magog« genannt werde.[11] Dabei erwähnt er allerdings nicht, daß nach Auffassung arabischer Geographen Gog und Magog Riesen waren, die Alexander der Große einst eingemauert hatte, und daß diese Mauer häufig mit der Großen Chinesischen Mauer gleichgesetzt wurde[12]; sie wiederum führt teilweise durch jenes Gebiet, das Marco Polo als das Reich des Priester-Königs bezeichnete. Der Venezianer behauptete außerdem, im Reich des Priester-Königs herrsche dessen Enkel Georg. Hier vermischt sich auf eigentümliche Weise die Realität mit der Legende, denn Georg, eine reale Person (aber nach Marco Polo der Enkel einer legendären Gestalt), war das Oberhaupt der Ongut, eines Stammes, der lange Zeit der nestorianischen Glaubensrichtung angehörte. Georg selbst wurde in den letzten Jahren des 13. Jahrhunderts von Johannes von Montecorvino zum römisch-katholischen Glauben bekehrt.[13]

Die Bekehrung von Nestorianern (auch wenn deren ruhmreiche Vorfahren niemals existiert hatten) gehörte zu den Hauptanliegen der päpstlichen Missionare, denn die nestorianische Kirche war ihnen ein großes Ärgernis. Heutzutage ist fast unbekannt, daß die christliche Kirche der Nestorianer, die von orthodoxen Kirchenmännern wie dem Franziskaner Wilhelm von Rubruck der Ketzerei bezichtigt wurden, im Osten sehr stark war und sich zu der Zeit, als die Polo in die Mongolei reisten, in den islamischen Ländern und darüber hinaus weiter nach Osten verbreitete.

Der Nestorianismus hat seinen Ursprung in der Lehre des Nestorius, der von 428 bis 431 als Patriarch von Konstantinopel wirkte, bis er wegen Häresie abgesetzt wurde. Er geriet mit Kyrill, dem Patriarchen von Alexandria, über die Frage der Göttlichkeit Christi in Streit.

Kyrill betonte nämlich die Göttlichkeit des Erlösers, während Nestorius mit einer überraschend neuzeitlich klingenden Überlegung Maria die Göttlichkeit absprach, indem er behauptete, sie sei nur die Mutter Christi »in seinem Menschsein«, und auch die menschliche Natur Christi selbst stärker hervorhob. Die späteren Nestorianer verabscheuten die bildliche Darstellung der Kreuzigung (womöglich wegen der darin dargestellten menschlichen Leiden) und sabotierten häufig die Versuche Wilhelms von Rubruck, Kruzifixe und andere christliche Bildnisse für den Mongolenhof in Karakorum herstellen zu lassen.

Auch die Verehrung des hl. Thomas in Indien ging hauptsächlich auf nestorianische Christen zurück. Sie waren es, die seinen Schrein in der Nähe von Madras unterhielten, über den Marco Polo als erster berichtet haben soll[14]; leider hat er nichts anderes beschrieben als Kokosnüsse und Wunder – letztere in ihrer altbekannten Form (zahlreiche Wunderheilungen von Kranken und Lahmen und die Umkehr reicher Sünder zur Reue).[15] Auch Johannes von Montecorvino erzählte so gut wie nichts über diesen Schrein, obwohl er sich ungefähr zur gleichen Zeit wie die Polo 13 Monate lang in diesem Gebiet aufhielt – vermutlich wegen seines Widerwillens gegen die Nestorianer (und weil er entschlossen war, in ihrem Revier zu wildern und Bekehrungsarbeit zu leisten).[16]

Es blieb den katholischen Christen kaum eine andere Wahl, als trotz der Differenzen in Glaubensfragen ein Auskommen mit den Nestorianern zu suchen, weil diese aufgrund ihrer guten Beziehungen zu zahlreichen mittelasiatischen Herrschern eine starke Machtposition innehatten. Und auch eine Erwägung praktischer Natur mag dabei eine Rolle gespielt haben: Da die nestorianischen

Mönche mit den Sprachen des Ostens vertraut waren und die Wegverhältnisse durch Asien kannten, haben sie wohl vielen Reisenden als Dolmetscher gedient. Als etwa Ascelinus, 1248 von Papst Innozenz IV. zu den Mongolen gesandt, mit einer Eskorte zurückkehrte, befand sich darunter auch ein nestorianischer Priester, mit dem er anscheinend überhaupt nicht zurechtgekommen war.[17] Man kann sich nur schwer vorstellen, daß päpstliche Gesandte diese schwierigen Gebiete allein durchquert haben sollten, ohne auf die naheliegende Hilfe der weitgereisten und überall anzutreffenden Nestorianer zurückzugreifen; freilich dürfte es zum Beispiel für Franziskaner, die sich der unterschiedlichen Auffassungen in Glaubensfragen sehr wohl bewußt waren, äußerst ärgerlich gewesen sein, sich »Häretikern« anvertrauen zu müssen.

Hinsichtlich unserer Kenntnis über die Verbreitung des Christentums im Vorderen Orient und im Fernen Osten finden sich bei Marco Polo zwei etwas irritierende Äußerungen. Zum einen meinte er, die Heimat der Heiligen Drei Könige ausfindig gemacht zu haben. In Persien besuchte er die Stadt, von der aus angeblich die drei Weisen aufgebrochen waren. Allerdings konnten ihm die dort lebenden Menschen nichts anderes berichten, als daß sie in früherer Zeit Könige dieses Landes gewesen seien und daß sie bei ihrer Rückkehr einen feuerspeienden Stein mitgebracht hätten, auf dem sich der zoroastrische Feuerkult dieser Gegend gründe.[18] Daß diese drei Könige, die so eng mit der Geburt Christi in Zusammenhang stehen, in Persien anscheinend eine völlig neue Religion ins Leben riefen, muß für alle, die Polos Buch aufmerksam gelesen haben, doch sehr verwirrend gewesen sein.

Die zweite große Entdeckung, die Marco Polo für die

Christenheit machte, war eine Gruppe von verängstigten Gläubigen in Fuzhou, der Hauptstadt der südlichen Provinz Fujian in China. Sie beteten weder das Feuer an (waren also keine Parsen) noch Götzen (und waren demnach auch keine Buddhisten), aber sie waren – nach Auskunft eines einheimischen »Sarazenen« – auch keine Anhänger Mohammeds oder Christi. Nach einigem mühevollen Dolmetschen jedoch fanden die Polo heraus, daß ihr heiliges Buch der Psalter war, woraufhin sie den Gläubigen versicherten, daß sie tatsächlich Christen seien.[19] Heute hingegen nehmen die meisten Fachleute an, daß »Marco Polo und sein Onkel auf eine Gruppe Manichäer gestoßen sind«[20], denn man weiß, daß es diese Glaubensrichtung in der Provinz Fujian, nahe Quanzhou, gegeben hat, wenn auch nicht unbedingt in Fuzhou. Die Manichäer hatten anscheinend eine Abart des Psalters unter ihren religiösen Büchern, aber die drei Bildnisse auf dem Altar, die die Polo für drei der Apostel hielten, waren vermutlich eine in China verbreitete buddhistische Trinität (Amitabha, Avalokitesvara oder Guanyin und Mahasthama, die »drei Heiligen des westlichen Gebiets«), die die eklektischen Manichäer übernommen hatten.[21] Der Manichäismus entwickelte sich aus der Lehre des Mani (um 276–um 216 v. Chr.), der die persische, auf dem Feuerkult beruhende Religion des Zoroastrismus beziehungsweise Parsismus aufgriff, aber auch bestimmte Elemente des Buddhismus und des Christentums übernahm, woraus eine dualistische Sichtweise der Welt entstand. Der Manichäismus betont den Gegensatz zwischen Gott und der hellen, prächtigen, spirituellen Welt einerseits und dem Teufel und seiner dunklen, materiellen Welt andererseits. Dem Menschen seien beide Seiten zu eigen, doch sie könnten höhere Erleuchtung und Spiritualität gewinnen, wenn sie die Gebote der

Askese, des Vegetarismus, der Gewaltlosigkeit und des Zölibats (denn Frauen seien von Übel, weil sie den Mann an das Fleischliche bänden) befolgten. Der Manichäismus mit seinen zoroastrischen (Licht, Feuer) und buddhistischen (Askese, Gewaltlosigkeit) Elementen mutet uns heute seltsam an, doch sogar der hl. Augustinus war neun Jahre lang »Manichäer« (und hat später diesen Glauben verdammt), und sein radikaler Dualismus lebte in den späteren häretischen Lehren der Bogomilen und Albigenser beziehungsweise Katharer, jenen Dornen im Fleisch der orthodoxen europäischen Kirche des Mittelalters, fort.[22]

Marco Polos Gleichsetzung der Manichäer mit Christen wirft insofern Probleme auf, als diese Textpassagen lediglich in einem Abschnitt der sogenannten Toledo-Handschrift aus dem 15. Jahrhundert zu finden sind. Andere und konkretere Spuren von Manichäern in Fujian sind ein Grabstein, der in Quanzhou gefunden wurde, und eine nahegelegene Kultstätte, so daß kein Zweifel an ihrer Existenz besteht. Ob aber Marco Polo ihnen tatsächlich begegnete, ist schon fraglicher, da die Toledo-Handschrift noch andere Abschnitte enthält, die in keiner früheren Fassung der *Beschreibung der Welt* zu finden sind und vermutlich erst später in den Text eingefügt wurden.

Wer auch immer diese Passage über die christlichen Manichäer verfaßt haben mag, so verrät sie den im mittelalterlichen Europa weitverbreiteten Wunsch, auch im Fernen Osten auf Christen zu stoßen – der gleiche Beweggrund steht hinter der Legende vom Priester Johannes. Die Ausbreitung des Christentums und die daraus sich ergebende Möglichkeit, mit Christen (sofern sie keine Nestorianer waren) in weit entfernten Gegenden der Welt Verbindung aufzunehmen, war nicht nur ein Ansporn zu Missionsreisen in den Fernen Osten; auch für Marco Polos mittelalterliche Leserschaft war dieser Wunsch von hohem Interesse, und man hat wohl die Schilderungen in den verschiedenen Fassungen der *Beschreibung der Welt* als durchaus tröstlich empfunden.[23]

5.
KEIN REISEBERICHT

Während die religiösen Aspekte in der *Beschreibung der Welt* den Geist der Zeit widerspiegeln, nämlich eine allmähliche Öffnung der Christenheit gegenüber den Mongolen, zeigt die Beschreibung der Güter aus all den Ländern des Nahen und Fernen Osten und Südostasiens das wachsende wirtschaftliche Interesse Europas an exotischen Gewürzen und Stoffen. Im einzelnen aufgeführt werden sie nach dem Prolog, in dem der Hintergrund der Reisen der Polo abgesteckt wird, in dessen Licht die übrigen Schilderungen zu sehen sind. Doch wenngleich manche volkstümliche Ausgaben des Marco-Polo-Buchs den Titel *Die Reisen* tragen, so eröffnet ein genaues Studium des Textes, der auf den Prolog folgt, keineswegs einen in sich logischen Reisebericht. Die Blickrichtung wechselt unvermittelt von Osten nach Westen und wieder zurück, vollführt dabei geographische Sprünge – das Gegenteil dessen, was man von einem Reisetagebuch erwarten dürfte. Zwar gibt es auch heute noch Expeditionen, die sich rühmen, den »Fußstapfen Marco Polos« gefolgt zu sein, doch namhafte Forschungsreisende geben zu, daß es nicht möglich ist, über die Grenzen Persiens hinaus Marco Polos Route Schritt für Schritt nachzuvollziehen.[1]

Der Hauptteil des Textes beginnt mit einer sprunghaften Chronik des Mittleren Ostens, aus der man etwas über Waren und die dort lebenden Menschen und ihren Glauben erfährt, die aber nichts über die Fahrten Marco Polos von einer Stadt zur nächsten verrät. Diese Schilderungen erinnern tatsächlich eher an eine allgemeine geographische Abhandlung als an Reiseaufzeichnungen. Es werden Entfernungen angegeben: »Gute achtzehn Tage dauert die Reise von Baudac [Bagdad] zum Meer.«[2] »Wenn der Reisende die Stadt [Yazd] verläßt, so reitet er sieben Tage über flaches Land, wo er nur dreimal Unterkunft finden kann.«[3] Aber diese Entfernungsangaben klingen ganz so, wie man sie in einem Reiseführer erwarten würde. (Hätten die Polo zu diesem Zeitpunkt tatsächlich eine Fahrt von Bagdad ans Meer unternommen, wären sie vorzeitig wieder auf der Rückreise nach Hause gewesen.)

In den Abschnitten über Zentralasien bilden die Städtebeschreibungen zunächst eine Reihenfolge, die einem möglichen Reiseweg entspricht – Yarkand, Khotan, Pem, Charchan, Lop und Shazhou (Dunhuang) –, bis der Autor plötzlich nach Norden schwenkt – »... gehen wir weiter Richtung Nordwest zum äußersten Ende dieser Wüste«[4] –, woraufhin er wieder nach Shazhou zurückkehrt, um sich dann erneut mit dem Norden und der mongolischen Hauptstadt Karakorum zu beschäftigen, bis er schließlich seinen Blick noch weiter nach Norden und dem Ufer »des Meeres« zuwendet. (Welchen Ozean er tatsächlich meint, verrät er zwar nicht, doch aufgrund der Richtung ist zu vermuten, daß es sich um die nordsibirische Küste handelt.) Daraufhin führt er die Beschreibung von Ganzhou aus fort, diesmal in Richtung auf das nordöstlich gelegene Shangdu (Xanadu). Es folgt ein Exkurs über Khubilai Khan, in den eine Beschreibung Pekings und Schilderungen von Banketten und Jagden eingeflochten sind. Dazu gehört auch die berühmte Beschreibung des chinesischen Postwesens, wonach die Chinesen im Gebiet Turkestans Hunde als Zugtiere für ihre Postschlitten benutzten.[5]

Bei den Abschnitten über China sind die Angaben lückenhaft, auch wenn hier wie bereits in den Passagen über Vorder- und Zentralasien eine geographische Reihenfolge eingehalten wird und Einzelheiten darüber zu erfahren sind, wie lange die Fahrt von einer Stadt in die nächste dauerte: »Sieben Tage westwärts [in Wirklichkeit Richtung Süden] von Taianfu [Taiyuan] liegt die Stadt Pianfu [Pingyangfu].«[6] Die ungefähre Reiserichtung ist im allgemeinen Südwesten, über den Gelben Fluß und an Chengdu vorbei in die Provinz Sichuan, bis zum Yangtse und weiter nach Tibet. Auf Tibet folgt Yunnan und die Grenze zu Burma. Nach Burma kommt Bengalen. Marco Polos Route läßt vermuten, daß er die beschwerliche Rückreise nach Peking von Bengalen aus angetreten hat, bevor er eine neue Fahrt unternahm, die ihn entlang der östlichen Küste über Nanjing, Suzhou, Yangzhou und Hangzhou in die Provinz Fujian führte, wobei die Beschreibung dieser Reise plötzlich mit den Worten endet: »... wir segeln weiter Richtung Maabar [Indien].«[7]

Ende des 19. Jahrhunderts, als in China noch immer fast die gleichen Transportmittel benutzt wurden wie im 13. Jahrhundert (auch wenn inzwischen die Postboten keine Hunde mehr als Zugtiere verwendeten), überprüfte Sir Henry Yule die Entfernungen zwischen den angegebenen Orten, wobei er stets auf dasselbe Problem stieß. Zu Marco Polos Behauptung, er sei von Yongzhang in die burmesische Hauptstadt in siebzehneinhalb Tagen gelangt, schrieb Yule: »Ich gestehe, daß die Angaben in diesem Kapitel und zu Beginn des folgenden für mich schwer nachzuvollziehen sind.«[8] Bei der Schilderung der

Reise von Burma nach Laos kommt er zu dem Schluß: »Ich glaube nicht ..., daß Polo hier eine Route wiedergibt, auf der er selbst gereist ist.«[9] Und außerdem meint er vorsichtig: »Wir müssen in der Tat den Versuch aufgeben, über die vierundzwanzig Tage hinweg einer Linie miteinander verbundener Flüsse folgen zu wollen. Ich sehe auch nicht, wie es möglich sein könnte, diese Bedingung buchstabengetreu zu erfüllen, ohne sich gewisse grundlegende Freizügigkeiten mit dem Text zu erlauben.«[10]

Nach einem eingeschobenen Bericht über den gescheiterten Angriff der Mongolen gegen Japan über die See, der vermutlich gänzlich auf Hörensagen beruht, setzt »der Reisende« (wie er weiterhin eher unpersönlich genannt wird) seine Fahrt von Vietnam aus fort. Die Route führt ihn zunächst zur Inselgruppe der Andamanen, von dort weiter nach Ceylon, dann nach Indien (und zum hl. Thomas), wieder zurück nach Ceylon, erneut nach Indien, und schließlich in das Arabische Meer und zu den beiden rätselhaften Inseln – der Männer-Insel und der Frauen-Insel –, wo statt der Geographie folkloristische Aspekte in den Vordergrund treten. Es folgen Socotra, Madagaskar[11], Sansibar, Abessinien und schließlich Aden. Auf die Beschreibung der Städte im Süden Arabiens und Persiens (Hormuz und Kerman) erfolgt unvermittelt eine Kursänderung, wobei der weitere Weg unklar bleibt: »Aber da wir auf dem Hinweg und auf dem Reiseweg in Curmos [Hormuz] abgestiegen sind ..., genug davon; wir gehen in die Groß-Türkei [Turkestan].«[12] Hier schließen sich ausführliche Schilderungen der Tatarenkriege und ein Abschnitt über Rußland an, woraufhin das Buch unvermittelt endet.

Die Heimreise der Polo, die man als Leser zur Abrundung des Textes erwarten würde, die aber nur im Prolog angesprochen wird, erfolgte vermutlich via Sumatra über den Persischen Golf. In Begleitung jener adligen mongolischen Dame, die Argun zu heiraten beabsichtigte, gelangten sie nach Täbris. Nachdem sie sich dort von ihr getrennt hatten, reisten sie zu Pferd weiter nach Trabzon (Trapezunt) und segelten von dort nach Konstantinopel und Venedig, wo sie 1295 eintrafen.

Interessant ist, daß die in der *Beschreibung der Welt* wiedergegebene Episode über die Prinzessin, die die Polo von China nach Persien begleiteten und die dort erfuhr, daß ihr auserkorener Ehemann gestorben war, auch in der *Weltgeschichte* des Rashid al-Din zu lesen ist, die dieser 1306/7 im Auftrag des Ilkhan Gazan, der die Prinzessin schließlich ehelichte, schrieb.[13] Dieselbe Geschichte findet sich auch in einem offiziellen chinesischen Text, enthalten in der handschriftlichen kaiserlichen Enzyklopädie *Yongle dadian* (22 877 Artikel, zusammengestellt zwischen 1403 und 1408). Chinesische Historiker sehen in der Tatsache, daß die Geschichte von Argun und seiner ausersehenen Braut in offiziellen chinesischen Dokumenten nachzulesen ist, einen wichtigen Beweis für Marco Polos Glaubwürdigkeit.[14] Das einzige Problem bei diesem aufregenden Fund besteht darin, daß weder in dem chinesischen Bericht noch in Rashids Schilderung irgendwo die Rede von Europäern oder Italienern ist, die die Prinzessin begleitet hätten. Dieses Manko wird gewöhnlich folgendermaßen erklärt: Entweder habe Marco Polo seine Bedeutung als Diener des Großkhans Khubilai übertrieben, oder Rashid al-Din habe damit das gängige muslimische Vorurteil gegenüber Europäern bestätigt.[15] Genausogut könnte man jedoch argumentieren, Marco Polo habe die ganze Geschichte aus einer anderen Quelle entlehnt.

Beim Betrachten des Textes als Ganzes – abgesehen

davon, daß er eben kein Reisebericht ist – fand ich es außerdem sehr erstaunlich, daß außer im Prolog sehr wenig von den Polo selbst die Rede ist. Es klingt viel eher nach einer geographischen und historischen Abhandlung als einer persönlichen Schilderung von selbst Erlebtem und Gesehenem.

Kapitel 1 (»Der Mittlere Osten«; Nrn. 20–43)[16] beginnt mit den Worten: »Wir wollen mit Armenien beginnen.«[17] Nur an drei Stellen ist in diesem Kapitel von Marco Polo selbst die Rede. Das erstemal in einem langen Abschnitt über Persien, der von den biblischen drei Weisen handelt, die sich von Saveh aus auf den Weg machten. Dort heißt es: »Messer Marco erkundigte sich bei mehreren Leuten in der Stadt, wer diese drei Weisen eigentlich gewesen seien, doch niemand konnte ihm genaue Auskunft geben. Man wußte nur, sie seien einst Könige gewesen und vor langer Zeit hier begraben worden.«[18] Die zweite Namenserwähnung folgt auf einen Bericht über den Ursprung des Feuerkults, der auf einen Stein zurückgehen soll, den die drei Weisen vom Christuskind als Geschenk erhalten hatten: »Wahrheitsgetreu haben sie alles Messer Marco Polo erzählt.«[19] Und die dritte Erwähnung kommt nach der Schilderung der plündernd umherziehenden Kaurunas von Rudbar: »Und sogar Messer Marco Polo selbst wurde in der Dunkelheit beinahe von diesem Gesindel gepackt...«[20], woraus man schließen darf, daß damit die Gelegenheit für eine aufregende Geschichte verpaßt wurde.

Kapitel 2 (»Der Weg nach Catai«; Nrn. 44–75) enthält ebenfalls drei Erwähnungen der Polo, wovon eine den einzigen Hinweis darauf gibt, daß der Ich-Erzähler Marco Polo selbst sein könnte. Die erste bezieht sich möglicherweise auf eine Krankheit, die ihn heimsuchte, denn »Messer Marco hat erzählt, daß er ... an sich selbst erfahren habe«[21], daß die reine Luft von Balashan (wo Alexanders Hengst Bucephalus die dortigen Stuten deckte) allein genüge, um Krankheiten zu heilen, ohne auf Medikamente zurückgreifen zu müssen. Bei der zweiten Erwähnung wird ein rätselhafter Reisebegleiter vorgestellt: „Ich hatte nämlich einen sehr klugen türkischen Reisegefährten mit Namen Çurficar [Zurficar]. Im Auftrage des Großkhans hatte er sich drei Jahre in jener Provinz aufgehalten, um alles mögliche, im besonderen Salamander, Eisenerz [*ondanique*[22]] und Stahl zu fördern.«[23] Den Bestiarien des Mittelalters zufolge war der Salamander, eine molchähnliche Amphibie, resistent gegen Feuer, und in einer Erklärung, die die Begriffe Salamander und Asbest vermengt, erfahren wir nun folgendes: »Wenn die Leute das Wort Salamander hören, meinen sie immer, es handle sich um Tiere; also die Leute sind schlecht unterrichtet«, denn der Salamander sei ein »Material«, das aus den Bergen geschürft werde, und wenn man es zerbrösle und Kleidung daraus mache, bleibe man vor Feuer geschützt und unversehrt.[24] Die dritte Namenserwähnung in Kapitel 2 bezieht sich darauf, daß die Polo ein Jahr in Ganzhou verbrachten (dem heutigen Zhangye in der Provinz Gansu), aber »Wesentliches ist über ihren Aufenthalt nicht zu melden«.[25] Der Rest des Kapitels handelt von Priester Johannes und seinem tödlich endenden Aufeinandertreffen mit Dschingis-Khan. Außerdem gibt es einen Bericht über mongolische Sitten und die Zeltlager, der den Schilderungen der Missionare Wilhelm von Rubruck und Johannes von Plano Carpini sehr ähnlich ist.

Im Kapitel 3 (»Khubilai Khan«; Nrn. 76–105) ist nur einmal die Rede von den Polo, und zwar bei dem Hinweis auf die Zusammenkunft von Maffeo, Niccolo und dem Khan, die bereits im Prolog geschildert wird. Der übrige Text des Kapitels besteht aus einer Beschreibung Pekings, den Gebräuchen der Chinesen und der Staatsverwaltung.

In Kapitel 4 (»Von Peking nach Bengalen«; Nrn. 106–131) findet ein Wechsel der Erzählhaltung statt. Es wird hier nicht mehr von »dem Reisenden« gesprochen und davon, was »der Reisende« in Zentralasien sehen oder entdecken könnte, sondern das Kapitel beginnt mit der Erklärung: »Messer Marco wurde vom Großkhan mit einer Mission in den Westen betraut. Er verließ also Cambaluc [Peking] und reiste vier Monate lang westwärts. Alles, was er auf dem Hin- und auf dem Rückweg erlebt hat, sollt ihr nun hören.«[26] Nach diesem vielversprechenden Anfang aus persönlicher Perspektive kehrt jedoch die Erzählung zum gewohnten Muster »des Reisenden« zurück, der dies oder jenes entdeckt und diese oder jene Stadt besucht. Erst später, als von Bengalen die Rede ist, wird Marco Polo wieder namentlich im Text erwähnt, diesmal sogar, was sehr ungewöhnlich ist, in der ersten Person: »Im Jahre 1290 nach Christi Geburt, als ich, Marco, am Hof des Großkhans weilte, war die Provinz noch nicht in seiner Macht.«[27] Die übrige Beschreibung Bengalens erfolgt erneut aus der Perspektive der dritten Person. Anzumerken bleibt noch folgendes: Nimmt man die geographische Abfolge in diesem Kapitel als Reisebericht seiner Erkundungsmission, so hätte die Fahrt von Peking nach Bengalen und zurück wesentlich länger dauern müssen als vier Monate; allein schon die Hinreise zu Pferd und Schiff wäre damals kaum in der angegebenen Zeit zu bewältigen gewesen.

Kapitel 5 (»Von Peking nach Amoy«; Nrn. 132–158) handelt hauptsächlich von den Dingen, die zu sehen der unpersönliche »Reisende« erwarten darf. Nur an einer Stelle spricht Marco Polo von sich selbst: »Ich, Marco, habe nur diejenigen Städte beschrieben, die ich auf meiner Reise durch die Provinzen besucht habe ...«[28] In einem Abschnitt zum Thema Götzenanbetung wird eine Methode geschildert, wie sich verlorene Gegenstände wiederfinden lassen. Im Text ist von 84 Götzen die Rede – vermutlich die große Gruppe der *luohans* (buddhistische Heilige), die gewöhnlich in Tempeln, normalerweise aber in Gruppen von zwölf, 18 oder 500 Figuren ausgestellt werden. Polos Beschreibung konzentriert sich auf zwei dieser Figuren, zu denen gebetet wird, wenn man etwas verloren hat. Nachdem er geschildert hat, wie diesen Götzen Stoffe als Opfergaben dargeboten werden, fügt Polo eine entlarvende Anmerkung bei: »Und ich, Marco, ich selbst habe auf diese Weise meinen verlorenen Ring wiedergefunden, ohne daß ich aber jene Götter verehrt, noch ihnen geopfert hätte.«[29]

Kapitel 5 enthält jedoch auch einige Bemerkungen zu den Diensten, die die Polo im Verwaltungsapparat des Großkhans leisteten. Zu Yangzhou heißt es: »Messer Marco Polo, von dem dieses Buch handelt, war hier drei Jahre lang Gouverneur«[30] (was sich durch chinesische Quellen allerdings nicht belegen läßt). Über die Belagerung von Xiangyang findet sich folgendes: »Da sagten Messer Nicolas [Niccolo] Messer Maffeo und Messer Marco: ›Wir werden euch Mittel und Wege finden, die Übergabe [der Stadt] zu erreichen.‹ ... Messer Nicolas, sein Bruder und sein Sohn Marco hatten einen Deutschen und einen Nestorianer bei sich; diese zwei waren Meister im Wurfmaschinenbau. Die Polo baten die beiden, zwei oder drei Katapulte herzustellen, die dreihundert Pfund schwere Steine zu schleudern vermögen.«[31]

Bei der Beschreibung von Hangzhou, einer der schönsten Städte Chinas am Ufer des großen Westsees, die während der Song-Dynastie die zweite Hauptstadt war (von 1127 bis 1279, als sie von den Mongolen erobert wurde), ist zweimal direkt von Marco Polo die Rede. Zuerst spricht er von einem Brief, den die »Königin« dem Mongolengeneral Bajan sandte, der die Provinz erobert hatte. Dabei handelt es sich um einen ziemlich unwahrscheinlich klingenden Text, der sich – wie Marco Polo ihn zitiert – eher wie ein Handbuch zur Anordnung und Verwaltung der Stadt Hangzhou anhört. Trotz des eigenartigen Charakters dieses Briefes sehen manche darin eine Bitte an Bajan, die anmutige Stadt nicht zu zerstören. Marco Polo weist eigens auf die Genauigkeit der Angaben hin, die dieses seltsame Dokument enthält: »Alles, was ich sage, ist wahr, denn ich, Marco Polo, habe es später mit eigenen Augen gesehen.«[32] An späterer Stelle fügt er hinzu, daß er sich während einer Volkszählung in der Stadt aufgehalten und dort den Kopf eines riesenhaften Fisches, der während der Belagerung Hangzhous durch Bajan am Ufer gefunden worden war, gesehen habe; er sei 100 Fuß lang und behaart gewesen. Im Jahre 1270 fand in der Stadt tatsächlich eine Volkszählung statt, und es gibt Belege, daß 1282 ein dreißig Meter langer Wal dort gestrandet war. Aber die Einnahme Hangzhous durch die Mongolen fand 1276 statt, so daß sich die im Text angegebenen Daten und berichteten Ereignisse nur schwer in Einklang bringen lassen, sofern die Polo nicht eine beträchtliche Zeit in der Stadt zugebracht und so das ganze Martyrium ihrer Eroberung erlebt haben.[33]

Zum letztenmal werden die Polo in Kapitel 5 erwähnt, als erzählt wird, wie sie in Fuzhou eine Gruppe von Christen »entdeckten«; jene Gruppe also, die aus heutiger Sicht vermutlich Manichäer und keine Christen waren.

Kapitel 6 (»Von China nach Indien«; Nrn. 159–174) wird mit einer Bemerkung am Ende von Kapitel 5 eingeleitet: »Messer Marco ist so lange in Indien gewesen und dermaßen vertraut mit der Lebensweise und den Sitten dort, daß kein Mensch fähiger wäre als er, die tatsächlichen Zustände zu schildern.«[34] Kapitel 6 enthält nur eine einzige Erwähnung Marco Polos, des unvergleichlichen Indienkenners, und diese bezieht sich auf Sumatra: »Ich, Marco Polo, habe mich da fünf Monate lang aufgehalten, wie das Wetter uns an der Weiterreise hinderte.«[35] In zwei Fassungen schließt daran die Beschreibung seines Aufenthalts in einem mit Palisaden gesicherten Lager an.

In Kapitel 7 (»Indien«; Nrn. 175–189) ist nur einmal von Marco Polo die Rede, und zwar in Zusammenhang mit dem Königreich Maabar, wo er erlebte, wie der König gegen die von ihm selbst erlassenen Gesetze verstieß, als er seine Schulden zurückzahlen sollte.[36] Weder in Kapitel 8 (»Das Arabische Meer«; Nrn. 190–199) noch in Kapitel 9 (»Nördliche Regionen und Tatarenkriege«; Nrn. 200–234) wird Marco Polo auch nur ein einziges Mal erwähnt.

In einer toskanischen Fassung des 14. Jahrhunderts wird das Buch durch einen Epilog abgerundet, der wiederum an den Prolog anknüpft und davon berichtet, wie schwierig es für die Polo war, China zu verlassen, und welch »glücklicher Umstand« ihnen die Heimreise ermöglichte. Dieser Epilog enthält nichts Neues, ist aber vielleicht doch ein eleganterer Abschluß dieser Sammlung von Erzählungen als das übliche abrupte Ende des Textes.

Die Abwesenheit der Polo in der Erzählhandlung, außer im Prolog und an den wenigen oben zitierten Stellen, verleiht dem Text einen unpersönlichen Charakter, der sehr stark an den Tonfall eines Handbuchs erinnert. Es werden Orte beschrieben, aber nicht in der logischen Abfolge eines Reiseberichts, sondern in grober geographischer Zusammenstellung. In den Abschnitten über Persien werden die Städte gar in ganz allgemeiner Form beschrieben: »Cobinan [Kuh-banan] ist eine bedeutende Mohammedanerstadt... Große glänzende Metallspiegel werden fabriziert. Tutia, der Grundstoff für gute Augenzinksalbe, ... [wird] hergestellt.«[37]

Am zwölften Tag erreicht man die befestigte Stadt Taican [Taliqan], das ist ein wichtiger Getreideumschlagplatz. Das Land selbst ist sehr schön; im Süden erheben sich riesige Salzgebirge. Von überall her, aus Entfernungen von dreißig Tagereisen, holen sich die Leute das Salz; denn es ist das beste der Welt. Nur mit starken Eisenpickeln kann man es losschlagen, derart hart ist es... In den Bergen gedeihen Mandeln und Pistazien im Überfluß, sie werden in großen Mengen auf dem Markte feilgeboten.[38]

In Armenien, in einer Stadt namens Arcinga (Erzincan) soll es den besten Buckram (*bucheranj*) der Welt geben[39], bei Basra hingegen wachsen angeblich »die besten Datteln der Welt« (*meliores nascuntur datuli qui reperaintur in mundo*), und die meisten der Perlen, die aus Indien in die christliche Welt importiert werden, werden in Bagdad durchbohrt (*omnes peruli que de yndia in xristianitem portantur in maiori partte perforantur in baldac*).[40]

Diese Beschreibung von Luxusgütern, ihrer Herkunft und Verarbeitung war vermutlich auch die Inspirationsquelle für Italo Calvinos Roman *Die unsichtbaren Städte*, in dem ein trauriger Khubilai Khan, bedrückt vom Hereinbruch des Abends und »dem Geruch von Elefanten nach dem Regen« den Erzählungen Marco Polos von subtilen Städten, von andauernden Städten und von verborgenen Städten lauscht – wobei der Khan die »märchenhaften« Geschichten des Venezianers höherschätzt als die nüchternen Berichte anderer Reisender, die genaue Mengenangaben, Entfernungen und andere langweilige Einzelheiten aneinanderreihen.[41]

Wer die *Beschreibung der Welt* genau liest, wird leider entdecken, daß auch in Marco Polos Bericht über den Osten oft von Mengenangaben und Entfernungen die Rede ist. Selbst wenn solche Details manchmal eingebettet sind in Geschichten über Kalifen und Weise aus dem Morgenland, dienen sie doch einem grundsätzlich praktischen Zweck, und auch wenn man in dem Buch keinen in sich logischen Reisebericht zu sehen vermag, spricht aus ihm doch eher der Blick des Kaufmanns als der eines inspirierten Schriftstellers.

6.

DER GHOSTWRITER
UND DER ERSTE BEWUNDERER

Eine Erklärung, weshalb Marco Polos Buch trotz seines ansprechenden Titels einen einigermaßen unpersönlichen Eindruck macht, findet sich im Prolog. Die Autorenschaft an der *Beschreibung der Welt* wird stets Marco Polo zuerkannt; auf keiner der zahllosen Ausgaben erscheint ein anderer Name auf der Titelseite, so daß man nicht ohne weiteres erkennen kann, daß das Buch in Wirklichkeit von einem Verfasser damals beliebter Ritterromane geschrieben wurde. Im Prolog wird das verraten, denn dort steht, daß er »im Jahre 1298 nach Christi Geburt, als er zusammen mit Messer Rusticianus [Rustichello] von Pisa im selben Gefängnis zu Genua saß, bat er diesen, alles aufzuschreiben, was er ihm erzähle.«[1]

Rustichello, der – soweit damals zumindest in Frankreich bekannt – aus Pisa stammte (daher auch Rusticiano da Pisa), wurde vermutlich 1284 bei der zwischen Pisanern und Genuesen ausgetragenen Seeschlacht von La Meliora (benannt nach einer kleinen Insel vor der toskanischen Küste) gefangengenommen. Die meisten der in Genua eingekerkerten Gefangenen wurden von 1298 an freigelassen, und wahrscheinlich kam auch der Pisaner Rustichello etwa zu dieser Zeit im Zuge eines Gefangenenaustausches frei.

Leider weiß man sehr wenig über Rustichello. Sir Walter Scott hielt Rustichello für einen »imaginären« Namen[2], obschon sich doch die Literaturwissenschaft des 19. Jahrhunderts mit ihm beschäftigte. Isaac D'Israeli beschrieb ihn in seinem inzwischen vergessenen Buch *Amenities of Literature* (1840 in London erschienen) als einen Söldner, der, »angeregt durch die Freigebigkeit und die prächtigen Schlösser«[3] (in seinen Werken) das ritterliche Leben des englischen Hofes pries. Im Jahre 1284 waren Freigebigkeit und Schlösser zwar offenbar schon verschwunden, aber es blieben zwei »Ritterromane« von Rustichello erhalten, in denen er sich – wie die Titel verraten – mit der Sage um König Artus beschäftigte: *Gyron le Courteois aveque la devise des armes de tous les chevaliers de la table Ronde* (Der Höfling Gyron und all die anderen Geschichten der Ritter der Tafelrunde) und *Meliadus de Leonnoys; Ensemble plusieurs autres nobles proesses de chevalerie faictes par le Roy Artus, Palamedes et Galliot de Pré* (eine Anzahl von Geschichten um die Taten König Artus' und anderer Ritter der Tafelrunde).

Rustichello verbrachte vermutlich einen Großteil seines Lebens außerhalb Italiens, und seine beiden Artus-Epen sind in französischer Sprache verfaßt, auch wenn sein wichtigster Bezugspunkt im Ausland – wie D'Israeli meint – der englische Hof war: Rustichello war Lieblingsautor Edwards I. Man weiß, daß Rustichello Prinz Edward (den späteren Edward I.) auf dessen Kreuzzug nach Akka (1270–1273) begleitet hat. Edward I. wurde in französischer Sprache erzogen, denn dies war die Sprache des englischen Hofes; und seine Mutter, Eleonore de Provence, stammte aus Frankreich. Die Verbindungen zwischen England und Frankreich waren zu jener Zeit sehr vielschichtig. 1249, im Alter von zehn Jahren, bekam Edward die Gascogne in Südwestfrankreich (und mit 15 erhielt er Irland und verschiedene andere Länder). Eleonore de Provence besaß eine ganze Sammlung von Romanen[4], aber anscheinend gelang es ihr nicht, ihre Liebe zu Büchern auf ihren Sohn zu übertragen, denn im Jahre 1300 wird berichtet, daß Edward nur ein einziges Buch besaß, einen Ritterroman unbekannten Titels – fast möchte man hoffen, daß er von Rustichello stammte.[5]

Als Prinz Edward und Rustichello auf ihrer Fahrt in das Heilige Land 1270/71 ein Jahr lang in Sizilien festsaßen, borgte sich Rustichello – so wird vermutet – von Edward ein Buch über die Artus-Sagen und verwendete es als Grundlage für seinen *Meliadus*, aus dessen Epilog man schließen kann, daß es in königlichem Auftrag entstand.[6] Mit einem Werk über König Artus konnte Rustichello sich des Erfolges sicher sein, denn 1278 besuchte Edward I. Glastonbury, ließ dort die angeblichen Gebeine von Artus und Guinevere exhumieren und sie vor einem großen Altar neu bestatten, ganz so, als wären die beiden Heilige gewesen.[7]

Den Stil von Rustichellos Artus-Romanen findet man auch in der *Beschreibung der Welt* wieder, insbesondere im Prolog, dessen Einladungsformel an die »Kaiser, Könige und Fürsten, Ritter und Bürger ...« identisch ist mit dem Anfang der Heldenepen Rustichellos. Der italienische Wissenschaftler Benedetto verglich verschiedene Abschnitte aus der *Beschreibung der Welt* mit Passagen aus den Romanen und stellte hierbei beträchtliche Übereinstimmungen fest.[8] Es ist daher zu vermuten, daß Rustichello weitgehend den Stil des Werkes geprägt hat, was wohl teilweise den oft ausweichenden Ton des Erzählers erklären könnte.

Der Erzählstil ist einer der seltsamsten Aspekte an diesem Werk. Der Text ist ja nicht in der ersten Person geschrieben, so, als habe Marco Polo selbst berichtet beziehungsweise diktiert. Nur sehr selten gibt es persönliche Anmerkungen – »ich habe es selbst gesehen« –, statt dessen besteht der größte Teil des Textes aus reiner Beschreibung – »dort ist eine Burg«, »dort sind Berge«, »die Menschen hier sind Götzenanbeter« –, wobei gelegentlich eine dritte Person dem Leser versichert, daß Marco Polo dieses oder jenes gesehen habe. Vieles ist noch unpersönlicher und besteht aus der Beschreibung dessen, was »der Reisende« auf seinem Weg vielleicht zu sehen bekommen wird, ein Umstand, der sehr wohl auf einen Mitautor zurückzuführen sein könnte.

Doch wie hätte eine solche Zusammenarbeit zustande kommen können? Einer der ersten Verleger und Bewunderer Marco Polos, Giovanni Battista Ramusio, der 1557 starb, bekundete, daß Marco Polo ein beeindruckender Erzähler gewesen sei. Ramusio erklärte, wie es zu Polos Beinamen *il milione* gekommen war, den Marco bereits zu Lebzeiten trug (und der in der volkstümlichen Bezeichnung für das Stammhaus der Polo in Venedig – Corte de Milione – erhalten geblieben ist): Marco Polo habe die riesigen Reichtümer der Mongolenkhans immer in Millionen Goldmünzen berechnet.[9] Für Rustichello, den ersten Zuhörer Marco Polos, waren die bedrohlichen und rätselhaften Mongolen vermutlich so gut wie unbekannt und die Chinesen, die Erfinder der Seide, ebenso seltsame Wesen. Obgleich das Buch von einer Vielzahl merkwürdiger und wundersamer Begebenheiten erzählt und riesige Mengenangaben enthält, wird im Prolog der didaktische und informative Charakter des Gemeinschaftsprojekts herausgestellt, »damit ... jeder Unkundige daran teilnehmen könne«.[10] Davon aber abgesehen könnten es gerade solch fabelhafte Reichtümer und prächtige Schilderungen von weit entfernten Orten gewesen sein, die den Roman-Autor so beeindruckt haben, daß er von sich aus eine Zusammenarbeit vorschlug.

Zwar berichten Rustichello und Marco Polo übereinstimmend, daß sie beide in einem »Kerker« gefangengehalten wurden, doch der französische Mediävist Jacques Heers glaubt, Marco Polo habe zusammen mit anderen venezianischen Gefangenen »von Rang« vermutlich in den Gemächern einer Genueser Familie unter einer Art Hausarrest gestanden.[11] Diese Form der Gefangenschaft wurde zu jener Zeit offenbar häufig praktiziert, insbesondere dann, wenn ein Gefangenenaustausch bevorstand. Denn Genueser Familien mit Angehörigen in venezianischer Gefangenschaft hatten in der Hoffnung auf einen möglichen Austausch ein Interesse daran, Gefangene bei sich aufzunehmen. Diese vergleichsweise bequeme Art der Gefangenschaft hätte die gemeinsame Arbeit an einem Buch vereinfacht, auch wenn dies nicht mit manchen Legenden über Marco Polo zusammenpaßt. Die berühmteste dieser Legenden ist jene aus dem 16. Jahrhundert, nämlich Ramusios Schilderung, wonach die Polo bei ihrer Rückkehr nach Venedig in zerlumpte Tatarenkleider gehüllt, nicht wiederzuerkennen und all ihrer Besitztümer beraubt gewesen seien, abgesehen von den Rubinen und Smaragden, die sie in den Saum ihrer zerfetzten Gewänder eingenäht hatten.[12] Dieser Heimkehr in Lumpen widerspricht allerdings die Darstellung eines anderen Zeitgenossen, Jacopo da Acqui[13], der berichtete, Marco Polo habe während seiner Gefangenschaft seinen Vater darum gebeten, ihm seine Aufzeichnungen und Papiere zu schicken, damit er sein Buch schreiben könne. Diese Aufzeichnungen und Papiere geben Anlaß zu Verwunderung – denn jemand, der in Lumpen und gänzlich ohne Gepäck aus dem Fernen

Osten zurückkehrt, kann solche Schriftstücke wohl kaum bei sich getragen haben.

Von seinen Zeitgenossen wird Marco Polo immer wieder als bemerkenswerter Geschichtenerzähler charakterisiert. Jacopo da Acqui meinte hierzu, Polo habe wohl nur die Hälfte von dem berichtet, was er wußte, auch wenn er stets und gegenüber jedem, der ihm zuhören wollte, bereit war, von den erstaunlich vielen Brücken, den Bergen von Goldmünzen, den Wagenladungen voll Pfeffer und den Kriegselefanten zu erzählen. Daß in Europa das Interesse an solchen Geschichten wuchs, läßt sich aus der großen Anzahl von erhaltenen Handschriften des Textes schließen, von denen die meisten jedoch erst nach Marco Polos Tod entstanden. Diese große Zahl an Texten wiederum stellt einen der rätselhaftesten Aspekte von Marco Polos Bericht über die Welt und seine Reisen dar. Ein Fachmann formulierte es folgendermaßen: Es gebe dieses Buch »in den meisten westeuropäischen Sprachen, das Irische nicht ausgenommen«.[14] Oder anders gesagt, einschließlich des Irischen.

Es ist schwierig, die exakte Zahl der erhaltenen frühen Fassungen anzugeben: 143 verschiedene Handschriften und gedruckte Versionen des Textes wurden bisher ausfindig gemacht[15], hinzu kommen noch sieben einzelne oder verwandte Versionen. Ihr unterschiedlicher Status beruht auf den Verschiedenheiten der verwendeten Sprachen beziehungsweise Dialekte – wobei manche italienische Dialekte sehr eng miteinander verwandt sind. Zu den »Sprachen« der verschiedenen Fassungen gehören Romanisch (oder Franko-Italienisch), höfisches Französisch, Latein, Venezianisch, Toskanisch, Deutsch, Spanisch, Böhmisch, Aragonisch, Katalanisch, Portugiesisch, Irisch (eine 1460 gedruckte Ausgabe befindet sich in der Sammlung Chatsworth) und Englisch (die gedruckte Ausgabe John Framptons von 1579). Die Entstehungsdaten reichen von 1351 bis ins 19. Jahrhundert. Obwohl man all diese Ausgaben traditionellerweise zwei großen Gruppen zuordnet – die eine geht auf das Französische, die andere auf das Lateinische zurück –, weisen viele von ihnen frappierende inhaltliche Unterschiede auf.

Es wird allgemein angenommen, daß die »Original«-Handschrift nicht erhalten ist, denn keine ist vom Ghostwriter Rustichello oder von Marco Polo selbst »signiert«. Bei jeglicher Überlieferung von Handschriften stellt sich das Problem, daß den Kopisten Irrtümer unterlaufen, die womöglich weitertradiert oder in folgenden Abschriften noch verstärkt werden. Deshalb verfügt jede Schriftkultur über eine lange Tradition der paläographischen Forschung nach dem Urtext. Bei den Marco-Polo-Handschriften kommen noch die Probleme der Übertragung von einer Sprache in die andere und die der ungewöhnlichen fremdländischen Namen hinzu. Diese Schwierigkeiten und die Fehler bei der zeitlichen Einordnung der berichteten Begebenheiten, der Zusammenstellung des Werks und der frühesten erhaltenen Versionen führten zu den extremen inhaltlichen Unterschieden in den 143 beziehungsweise 150 Handschriften.

Die früheste Datierung des Polo-Textes findet sich im Anhang einer französischen Handschrift, die für Charles de Valois, Sohn des französischen Königs Philip dem Schönen, bestimmt war. Dort heißt es, Charles' Gesandter, Thibault de Chepoy, habe 1307 die Abschrift von Polo persönlich erhalten: »*Monseigneur Thybault Chevalier Seigneur de Cepoy ... il en eust la coppie a messere Marc Pol bourgeois et habitant en la cite de Venise ... Et fut fait l'an de l'incarnation nostre seigneur Jhesu Christ mit trois cent et sept au mois d'aoust*« (»Thibault de Chepoy erhielt diese Abschrift von Marco Polo, Bürger und Einwohner Venedigs, im August 1307«).[16]

Thibault scheint zahlreiche Abschriften von seinem Exemplar angefertigt zu haben. Eine davon entdeckte Benedetto in einer Sammlung von geographischen und anderen Reisetexten, darunter Sir John Mandevilles *Travels* und Odorich von Pordenones Reisebericht; diese Sammlung befindet sich heute in Bern. Benedetto kam aber zu dem Schluß, daß diese Handschrift aus dem 15. Jahrhundert stammen und deshalb die spätere Abschrift einer Abschrift sein müsse. Thibaults Fassung ist jedoch nicht die nach einhelliger Meinung der Experten »beste« Version des Textes; dieses Prädikat komme einer anderen, einer franko-italienischen Handschrift aus der ersten Hälfte des 14. Jahrhunderts, zu, die sich heute in der Bibliothèque Nationale in Paris befindet.[17]

Es gibt zwei Hauptgruppen früher Textausgaben; die frühesten Ausgaben scheinen zur franko-italienischen Gruppe zu gehören, die die Quelle für die Übersetzungen ins höfische Französisch, ins Lateinische, Venezianische und Toskanische war. Bendetto, der in seinem *Il Milione* als erster eine vollständige Übersicht über die bis 1928 bekannten Handschriften vorlegte, entwarf einen »Stammbaum«, demzufolge die erhaltenen Handschriften als dritte, vierte oder fünfte Abschriftengeneration von verschiedenen verlorenen Versionen anzusehen sind.[18]

Die erste erhaltene Version in lateinischer Sprache schuf der Mönch Francesco Pipino anhand einer Dialektversion, möglicherweise noch zu Lebzeiten Marco Polos, denn Pipino behauptete, sie sei nach 1315 entstanden, und er erklärte: »*Marchus Paulus Venetus in quondam suo libello a me in Latinum ex vulgari idiomate Lombardico translatum*« (»[So] der Venezianer Marco Polo in seinem Buch, das ich aus dem Lombardischen ins Lateinische übersetzt habe«).[19] Pipinos Übersetzung war eine der am weitesten verbreiteten Version der *Beschreibung der Welt*.

Giovanni Battista Ramusio, der 1557 starb, war der erste, der die Legendenbildung förderte. Ramusio behauptete, er habe als Grundlage für seine Arbeit eine frühe lateinische Handschrift der *Beschreibung der Welt*, die ungefähr aus dem Jahr 1438 stamme, benutzt, doch der Inhalt der von ihm veröffentlichten Version weicht an vielen Stellen von Pipinos Version ab. (Unglücklicherweise sind vermutlich viele der Aufzeichnungen Ramusios 1557 bei einem Brand zerstört worden, darunter wahrscheinlich auch sein lateinisches Original.)

Ramusios Begeisterung für Marco Polo entzündete sich, als er den Plan gefaßt hatte, eine Sammlung von Schriften über Reisen und Entdeckungen zu veröffentlichen, und nun nach dafür geeigneten Werken suchte. Seine *Navigationi et viaggi*, die auch eine Version des Marco-Polo-Buches enthalten, wurden 1559, zwei Jahre nach seinem Tod, gedruckt. Ramusios Werk erschien zu einer Zeit, als europäische Entdeckungsreisende bereits damit begannen, weit entfernte Winkel der Welt zu erkunden. 1492 war Christoph Kolumbus (der neben anderer Reiseliteratur auch eine Ausgabe des Marco-Polo-Buches mit auf seine Fahrt nahm) nach Amerika gelangt, und auch Sir John Frobisher hatte, als er 1576 die Baffin Bay erforschte, Reisebeschreibungen bei sich.[20]

Zur gleichen Zeit, als die großen Entdeckungsfahrten unternommen wurden, schien die Reiseliteratur immer mehr auch bei denjenigen Anklang zu finden, die ihr Zuhause nicht verließen. Der englische Geograph Richard Hakluyt (um 1551–1616) sammelte wie Ramusio jahrelang Reiseberichte und veröffentlichte sie 1589/90 in dem Werk *The Principal Navigations Voyages, Traffiques and Discoveries of the English Nation.*[21] Vielleicht haben Marco Polo und Rustichello, als sie ihre Zusammenarbeit begannen, mit einem breiten öffentlichen Interesse an Reisen und Entdeckungen gerechnet, aber zu ihrem Pech setzte die leidenschaftliche Begeisterung für Reisebücher 100 Jahre zu spät ein.

Etwa 400 Jahre lang zählte Ramusios Version des Marco-Polo-Buches zu den lebendigsten Fassungen, denn sie enthielt in epischer Breite Geschichten über Marco Polo wie auch die abenteuerliche Version seiner Rückkehr nach Venedig – erzählt »in bester Tausendund-eine-Nacht-Manier« –, in der die Familie Polo ihre in Lumpen gekleideten Angehörigen nicht wiedererkannte und »für die Tataren nur ein *je ne sais quoi* übrighatte«.[22] Ramusio fügte Passagen bei, die in keiner anderen der überlieferten Ausgaben zu finden sind, so zum Beispiel die Heilung bringenden Gürtel der Mönche von San Barsamo in Täbris[23], die Beschreibung der von geschäftigem Treiben erfüllten Stadt Hangzhou und die Vermählung Dschingis-Khans mit der Tochter des Priester-Königs Johannes. Letztgenannte Episode kann aber nur ein Phantasiegespinst sein, da Priester Johannes eine reine Legendengestalt ist und deshalb seine Tochter gleichfalls niemals existiert haben kann (und außerdem ist genau belegt, mit wem Dschingis-Khan verheiratet war); aber dadurch bekommt die Geschichte der endlosen Kämpfe zwischen dem Khan und Priester Johannes einen eleganten Abschluß.[24] Und auch einer der wichtigsten Abschnitte der Ramusio-Version, die ausführliche Schilderung von Dschingis-Khans Palast, seiner Konkubinen und der Art, wie sie ausgewählt werden, zeigt den auf Sensation gerichteten Charakter dieser Ausgabe.[25]

Daß Ramusios Version, basierend auf einer verlorengegangenen lateinischen Handschrift und mehr als 200 Jahre nach Marco Polos Tod veröffentlicht, umfangreicher und interessanter ist als frühere überlieferte Manuskripte, gibt Anlaß zu Verwunderung. Möglich wäre, daß Ramusio zusätzliches Material verwendet hat, um das Werk interessanter zu machen. Manches von dem, was er hinzufügte, wie zum Beispiel die romantische Geschichte über die Rückkehr nach Venedig, ist akzeptabel als Teil der »Legende« von Marco Polo selbst. Schwerwiegender aber ist die Einfügung langer Passagen über Dschingis-Khans Konkubinen und den verschwenderisch ausgestatteten Palast. Da die lateinische Handschrift, die Ramusio laut eigenem Bekunden benutzt hat, zerstört ist, läßt sich nicht mehr feststellen, von wem diese Passagen stammen; es ist aber unwahrscheinlich, daß es Marco Polo selbst war oder aber Rustichello. Vielleicht war Ramusio der Ansicht, er würde seinem Helden helfen, wenn er den Text ausschmückte und interessanter gestaltete.

Ramusios Version ist allem Anschein nach nicht die einzige, die »verbessert« wurde. 1932 wurde in der Bibliothek der Kathedrale von Toledo eine weitere lateinische, offenbar aus dem Franko-Italienischen oder Romanischen übersetzte und im 15. Jahrhundert kopierte Version entdeckt. Anhand einer vergleichenden Studie, die Sir Edward Denison Ross (1871–1940; Ross wirkte als Diplomat, Museumskurator und Universitätsdozent in Persien) durchführte, fand man heraus, daß zwischen den umfangreicheren Handschriften komplizierte Beziehungen bestehen. Denison Ross entdeckte, daß das Toledo-Manuskript 200 Passagen enthält, die in der Handschrift der Bibliothèque Nationale nicht zu finden sind; doch drei Fünftel davon tauchen in Ramusios gedruckter Version auf, und etwa 80 Passagen stimmen mit der

Toledo-Handschrift überein. Eine davon ist die lange Beschreibung Rußlands, wohin Marco Polo nach einhelliger Meinung niemals gekommen ist. Ohne nach den Gründen für diese Einbeziehung eines weit entfernten und unbedeutenden Landes zu fragen, stellte Denison Ross fest, daß »sich niemand der Faszination aufgrund der Genauigkeit und Überfülle der Details, die nicht erfunden sein können, entziehen kann«.[26]

Die besten modernen Versionen des Werkes, wie etwa die Ausgaben von Latham und Moule–Pelliot – so auch in geringerem Maße die deutsche Ausgabe von Guignard – enthalten Passagen aus verschiedenen Versionen und stützen sich zu einem großen Teil auf Ramusio sowie auf die Toledo-Handschrift. Der Grund hierfür ist einfach: Viele der »besten« Passagen scheinen nur in den späten Versionen Ramusios und der Toledo-Handschrift (aus dem 15. Jahrhundert) enthalten zu sein. Dazu zählen zum Beispiel jene über die »Krypto-Christen« beziehungsweise Manichäer von Fuzhou, die nur in der Toledo-Handschrift erwähnt werden, und Ramusios umfangreiche Beschreibung von Hangzhou.[27] Wie schwierig es ist, eine Version zu gestalten, die auch von Interesse ist, läßt sich an der Übersetzung von Moule–Pelliot ablesen, die auf eine Vielzahl von Handschriften zurückgriffen, um einen kohärenten und fesselnden Text zusammenzustellen, und pro Seite bis zu 42 verschiedene Ausgaben als Bezugsstellen benutzten.

Um herauszufinden, wie viele Autoren an der Zusammenstellung des Textes beteiligt waren, wurden verschiedene Versionen der *Beschreibung der Welt* einer Computeranalyse unterzogen.[28] Dabei stellte man extreme Unterschiede in der Verwendung des Vokabulars fest. Die Analytiker kamen deshalb zu dem Schluß, daß von einem bestimmten Punkt an ein zweiter Ghostwriter am

Werk gewesen sein müsse. Dies stichhaltig zu beweisen ist jedoch schwierig, denn keiner der analysierten Texte war ein »Original«, stammte also aus Marco Polos eigener Feder. In Anbetracht der Zeitspanne und des sich im Mittelalter rasch ausbreitenden Wissens über den Osten können wir keinen anderen Schluß ziehen, als daß die überlieferten Versionen Interpolationen enthalten, die von anderen Autoren in einen irgendwie gearteten Urtext eingefügt wurden, der – wie Benedetto gezeigt hat – bereits seit langem verloren und nur durch Kopien von Kopien bekannt ist.

In einigen bibliophilen Ausgaben der *Beschreibung der Welt* finden sich Illustrationen aus Handschriften des 14. Jahrhunderts, die die Polo, den Khan und viele der beschriebenen Orte zeigen. Die vielleicht schönsten Darstellungen sind in der »besten Textfassung« in der Bibliothèque Nationale zu sehen, die einst dem Duc de Berry gehörte[29], und in einer Handschrift aus dem späten 14. Jahrhundert, die die Bodleian Library in Oxford besitzt. Letztere ist ein Sammelwerk, das außerdem Berichte über Missionsreisen wie die des Odorich von Pordenone und eine Geschichte über Alexander den Großen enthält. Die Illustrationen sind zwar bezaubernd, aber von trügerischem Charakter, denn sie entstanden erst hundert oder mehr Jahre nach den dargestellten Ereignissen. Sie sind außergewöhnlich reizvoll, und insbesondere die Darstellung von Fabelwesen wie dem Roch, dem Greifen und dem Einhorn (womöglich ein abgewandeltes Sumatra-Rhinozeros) verrät uns mehr über spätmittelalterliche Vorstellungen und den Glauben an Fabelwesen und Länder mit kopflosen Menschen als darüber, wie die Polo vielleicht einmal ausgesehen haben mögen.[30]

7.

DIE SPRACHE DES TEXTES

Mit Ausnahme von Ramusio herrscht weitgehend die Ansicht, daß die Sprache der ursprünglichen, verlorenen Handschrift der *Beschreibung der Welt* eine mittelalterliche Form des Französischen – ein »sehr altes und primitives Französisch«, wie Murray es bezeichnete[1] – gewesen sein muß, denn dies war die Sprache, die dem Ghostwriter Rustichello am meisten entgegenkam. Ramusio betont jedoch ausdrücklich, daß die Handschrift in Latein verfaßt gewesen sei, und andere wiederum behaupteten, sie sei im toskanischen Dialekt geschrieben gewesen.[2] Bereits 1827 verglich der italienische Gelehrte Baldelli Boni die frühesten erhaltenen französischen und italienischen Handschriften miteinander und wies nach, daß die Texte der zweiten, der italienischen Gruppe entstellt sind. Die Übertragung aus dem Französischen oder Romanischen in italienische Dialekte führte zu manchen Fehlern, die zuweilen wenig Sinn ergaben: Die *tres noble cite* (hochedle Stadt) Xiangyang zum Beispiel wurde in *delle tre nobile citta* (drei Städte) umgewandelt, aus *bue* (Schmutz) wurden »Bullen«, und *feels* (treue Diener) gerieten zu *filz* (Söhne).[3]

Zu der Zeit, als Rustichello seine Epen verfaßte, war das Französische, wie wir es heute kennen, noch nicht voll entwickelt. Frühe erhaltene Handschriften zeigen, daß man es vielleicht am besten als »Franko-Italienisch« bezeichnen kann, denn es liegt irgendwo zwischen diesen beiden Sprachen. Die damaligen Übersetzer hatten Schwierigkeiten mit dieser Mischsprache, womöglich auch deswegen, weil sich Rustichello ihrer anscheinend auf recht unkonventionelle Weise bediente. Eine sehr detaillierte Studie zu Rustichellos Sprachverwendung zeigt, daß er die Endlaute »italianisiert«, was erhebliche »Mehrdeutigkeiten« hervorruft. Anhand einer Auflistung der vorgefundenen Verbformen läßt sich verdeutlichen, wie frei er mit der Sprache umging. Das Verb »kochen« beispielsweise, einschließlich seiner Infinitiv- und verschiedener Vergangenheitsformen, erscheint in folgenden Schreibweisen: *cuocere, cucire, cuet, cuittes* und *cot*. Mittels Computeranalyse wurden zahlreiche Passagen verschiedener Textfassungen untersucht. Dabei kam man zu dem Schluß, daß nicht notwendigerweise Rustichello inkonsequent vorgegangen sein muß, sondern daß an dem Werk womöglich eine ganze Reihe von Mitautoren beteiligt war, von denen jeder seine eigenen bevorzugten Verb-Endungen benutzte.[4] Geht man jedoch davon aus, daß der Text wirklich unter den Bedingungen zustande kam, wie sie im Prolog beschrieben sind, so ist nur schwer vorstellbar, daß eine größere Anzahl von Autoren daran mitgewirkt haben soll; das würde sogar den Begriff »Hausarrest« in Frage stellen. Außerdem gab es bei der Entwicklung der romanischen Sprachen erhebliche fließende Übergänge. Da die »Original«-Handschrift nicht erhalten ist und man vermuten darf, daß die überlieferten Fassungen in vielen Fällen mit Ergänzungen versehen wurden, ist es jedenfalls sehr schwierig, unterschiedliche Sprachverwendungen eindeutig nachzuweisen. Aber trotz der uneinheitlichen Verb-Formen und -Endungen ist diese Sprache sehr leicht und mit Vergnügen zu lesen und jedenfalls einfacher zu verstehen als Esperanto.

Paul Pelliot (1878–1945), einer der berühmtesten französischen Sinologen, beschäftigte sich sehr intensiv und ausführlich mit der Sprache des Textes. Als junger Wissenschaftler war Pelliot wie die Polo quer durch Zentralasien gereist. Er suchte nach Dokumenten und Überresten untergegangener Zivilisationen, die einige hundert Jahre vor dem Aufstieg der Mongolen im 12. Jahrhundert dort verbreitet waren.[5]

Pelliot arbeitete zusammen mit dem Engländer A. C. Moule an einer Neuübersetzung der *Beschreibung der Welt*. Dazu angeregt wurden sie durch die Entdeckung der lateinischen Fassung aus dem frühen 15. Jahrhundert, der »Toledo-Handschrift« mit ihren aufregenden neuen Inhalten. Pelliots Beitrag zu der gemeinsamen Aufgabe bestand aus zwei Bänden mit Anmerkungen zu den Namen der Orte und Personen, die in den verschiedenen Handschriften und gedruckten Ausgaben aufgeführt werden. Er entdeckte enorme Variationsbreiten in den Schreibweisen, die gleichermaßen zu enormer Verwirrung führten, doch seine interessanteste Schlußfolgerung war, daß der Großteil der in den Texten verwendeten Namen unabhängig von ihrer jeweiligen Schreibweise persischen Ursprungs ist.[6]

Zu den zehn bis 20 Varianten, die Pelliot in den verschiedenen handschriftlichen Fassungen fand, legte er alphabetisch geordnete Verzeichnisse an. Das Wort *facfur* zum Beispiel, das er als »korrekte Transkription des persischen Begriffs« bezeichnet und das »in muselmanischen Quellen ein gebräuchlicher Ausdruck für den chinesischen Kaiser ist«, erscheint im Französischen (oder Franko-Italienischen, wie Moule es nennt) ebenfalls als *facfur*, in einigen venezianischen Fassungen als *alefur* oder auch *fatfur*, bei Ramusio als *fanfur*, als *scafogi* in einer in Lucca erhaltenen venezianischen Version, und als *synifey* in einer deutschen Fassung, die wohl von einem unaufmerksamen Kopisten angefertigt wurde.

Diese wilden Varianten verdeutlichen das Problem der Handschriftenübertragung, denn unachtsame Abschriften können bestimmte Bedeutungen entscheidend verändern oder größte Verwirrung stiften. Die groteske Verzerrung der Eigennamen war für die Leser des 15. Jahrhunderts vermutlich kein schwerwiegendes Problem, da ihnen die Bedeutung dieser fremdländischen Namen – ob nun korrekt transkribiert oder nicht – in jedem Falle verschlossen blieb. Doch wie man an der Fassung von Lucca, die für ein und dieselbe Person die Begriffe *scafogi* und *fuschur* verwendet, zeigen kann, müssen die Leser zuweilen den Eindruck gewonnen haben, daß der chinesische Sohn des Himmels unzählige exotische und unverständliche Namen trug.

Die ausgiebige Verwendung von persischen, arabischen und türkischen Eigennamen ist eines der größten Rätsel des Marco-Polo-Buches. Deutlich wird dieses Problem zum Beispiel daran, daß für die Bezeichnung des Kaisers von China ein persischer Ausdruck benutzt wird, während man doch erwarten würde, daß Marco Polo den entsprechenden mongolischen oder chinesischen Namen verwendet, den er im Laufe seines 17jährigen Aufenthalts am Pekinger Hof gekannt haben müßte.

Eine mögliche Erklärung für das Fehlen von chinesischen und mongolischen Bezeichnungen könnte darin liegen, daß im Mittelalter bestimmte *linguae francae* gebräuchlich waren, das heißt, der Umgang mit Ausländern machte die Verwendung »allgemein bekannter« Sprachen erforderlich – so wie dies auch heute der Fall ist. Es mag die Franzosen (die angesichts der ausufernden Anglizismen in ihrer Sprache erst vor kurzem gesetzlich festgelegt haben, daß bei allen Konferenzen in Frankreich auch Französisch die Geschäftssprache sein muß) erfreuen, daß im Mittelalter in vielen Teilen Europas das Französische als *lingua franca* vorherrschte: Französisch wurde von den europäischen Pilgern und Kreuzfahrern, die ins Heilige Land zogen, gesprochen. Vermutlich hatten in den Gebieten weiter östlich bis hin zum mongolischen Kernland das Persische und das Türkische eine ähnliche Funktion, denn auf den Handelsrouten durch Zentralasien dominierten persisch- und türkischsprechende Kaufleute und Mönche.[7]

Die meisten Forscher, die sich mit Marco Polo befassen, sind der Ansicht, daß bei Eigennamen die persische Sprache vorherrscht. Leonardo Olschki meint auch, die Ausländer im Dienst der Mongolen hätten Persisch gesprochen, obgleich diese Sprache nicht den offiziellen Status des türkischen Uigur gehabt habe.[8] Ebenfalls einhellige Meinung besteht darüber, daß Marco Polo des Persischen mächtig gewesen sein müsse, denn in einer Kaufmannsfamilie, die Handelsbeziehungen bis zur Krim und darüber hinaus unterhielt, waren solche Sprachkenntnisse nützlich, um nicht zu sagen unerläßlich. So gesehen, ist es nicht unbedingt erstaunlich, daß in dem Text viele persische Begriffe auftauchen. In einer Textfassung heißt es, Marco Polo habe von einem »gebildeten Sarazenen« die Stadt Fuzhou gezeigt bekommen.[9] Man darf annehmen, daß sich die beiden auf Persisch unterhielten, und obgleich es sich bei dieser Passage um die einzige Erwähnung eines Dolmetschers und Führers handelt, wirft sie doch die Frage auf, auf welche Weise die Reisenden durch Zentralasien gelangten und wer sie dabei begleitete.

Das Problem des Übersetzens sprach bereits Johannes von Plano Carpini an, den Papst Innozenz IV. 1246 an den Hof des Mongolenkhans Güyüg (Dschingis-Khans Enkel) sandte.[10] In Innozenz' lateinisch abgefaßtem Brief, den Güyügs Hofschreiber für ihren Herrscher ins Mongolische übertrugen, äußerte der Papst seine Besorgnis über das Massaker der Mongolen an den Ungarn und anderen Christen und forderte den Mongolenkhan auf, zum Christentum überzutreten und sich taufen zu lassen.

Güyügs Antwortbrief wurde auf mongolisch geschrieben, und anscheinend wollte er wissen, ob dem Papst jemand zur Verfügung stehe, der Mongolisch, Persisch oder Russisch verstehen könne. Johannes erklärte, diese Sprachen seien in seiner Heimat nicht gebräuchlich, weshalb er darum bat, die Hofschreiber mögen ihm den Brief erklären, so daß er ihn ins Lateinische übersetzen könne. Daß es diese lateinische Version gab, ist belegt; außerdem befindet sich in den Archiven des Vatikans eine persische Version des Briefes. Das Antwortschreiben des Khans entsprach sicher nicht dem, was der Papst sich erhofft hatte. Anstatt den päpstlichen Primat anzuerkennen, forderte Güyüg den Pontifex auf, den Mongolen zu huldigen, an seinen Hof zu kommen und seine Befehle entgegenzunehmen. Güyüg meinte, der Tod der Ungarn sei der »Wille Gottes«[11] gewesen, ebenso wie die mongolische Vorherrschaft gottgewollt sei, und außerdem bezweifle er, daß der Papst das einzig wahre Christentum repräsentiere. Güyüg und seine Angehörigen sowie sein Hofstaat favorisierten nämlich die nestorianischen Christen, die vermutlich auch als Mittler in der Kette der Übersetzungen zwischen dem Lateinischen und Mongolischen fungierten; da sie überwiegend aus dem Nahen Osten stammten, dürften ihnen daher beide Sprachen vertraut gewesen sein.

Der bedauernswerte Wilhelm von Rubruck (der sich von 1253 bis 1255 im Mongolenreich aufhielt) hatte einen Dolmetscher, der so häufig betrunken war, daß Wilhelm nicht wußte, ob seine Äußerungen dem Khan auch korrekt übermittelt worden waren.[12]

Es ist durchaus möglich, daß die Polo zusammen mit nestorianischen Dolmetschern oder anderen persischen Kaufleuten gereist sind, und dies könnte die häufige Verwendung der persischen und türkischen Ausdrücke erklären. Pelliot beschäftigt sich ausführlich mit gegenstandsbezogenen Substantiven, für die es in einer europäischen Sprache einen äquivalenten Ausdruck gibt, selbst wenn dieser seinerseits häufig aus dem Persischen entlehnt ist, aber zugleich die jeweilige Sprache des Kaufmanns erkennen läßt, der diesen Gegenstand als erster nach Westeuropa brachte. *Calamanz* (Tintenfisch oder Tintenfaß) war »Lateinisch oder Persisch«; *azuro, azurro* oder *acur* werden für Lapislazuli benutzt und beziehen sich auf die Farbe des Materials; *ambra* oder *ambrum* werden für Ambra verwendet und ähneln sehr stark der entsprechenden französischen und italienischen Bezeichnung; Kampferholz wird als *canfur* oder *fansur* bezeichnet und basiert auf einem Lehnwort aus dem Arabischen, das zu jener Zeit geläufig war, wobei die Version *fansur* auch durch eine Verwechslung mit dem Herkunftsort (auf Sumatra) zustande gekommen sein könnte. Ähnlich verhält es sich mit der Farbbezeichnung *cremosi* (*carmosi, charmexini*), die im Französischen mit *cramoisie* und im Englischen mit *crimson* wiedergegeben wird; es handelt sich dabei um ein altes Lehnwort aus dem Türkischen (möglicherweise auch aus dem Arabischen), das allgemein für ein dunkles Lila verwendet wird.

Einer der faszinierendsten Begriffe des Polo-Textes ist das Wort »Porzellan« (*porcelaine, porcelane, porcellana, porzelane, porcelliane).* Daran, wie Marco Polo dieses Wort gebraucht, zeigt sich die damals übliche Vermengung von Kaurimuscheln, die in Afrika und im alten China als Zahlungsmittel kursierten (in Yunnan noch bis zum 13. Jahrhundert), und der chinesischen Keramik, die bis heute als Porzellan bekannt ist. Beides wurde in Europa mit demselben Begriff belegt, der – um die Verwirrung noch zu steigern – zugleich auch für Perlmuttgefäße und für das Portulakgewächs verwendet wurde. Marco Polo selbst verwendete das Wort sowohl für Kaurimuscheln als auch für Porzellan. Allein diesem einen Begriff widmet Pelliot fast acht eng bedruckte Seiten.[13] Er zeigt, daß die Verwendung des Begriffs »Porzellan« für Kaurimuscheln von der Ähnlichkeit dieser Muscheln mit dem Hinterteil eines Schweins (lateinisch *porcus* – Schwein) oder mit dem weiblichen Geschlechtsteil (französisch *pucelage* – Jungfernschaft) herrühren könnte. Kaurimuscheln wurden wahrscheinlich bereits nach Westeuropa importiert, bevor die *Beschreibung der Welt* entstand, da sie schon im *Consolat del mar* (Barcelona, um 1250) erwähnt werden. Und das Wort »Porzellan« zur Bezeichnung von chinesischer Keramik findet sich bereits in der Beschreibung dieser Ware des arabischen Reisenden Suleiman aus dem 9. Jahrhundert. Der verwirrende Gebrauch dieses Wortes könnte schließlich dazu beigetragen haben, daß sich in Europa lange Zeit die Vorstellung hielt, die rätselhaft feine, halb durchsichtige und tönende chinesische Keramik werde aus zerstoßenen Muschelschalen hergestellt. Daß sie in Wirklichkeit aus einem besonderen Ton geformt ist, machte erst 1712 der Jesuitenpater d'Entrecolles in Europa bekannt.[14] Um das Rätsel der Herkunft dieses Begriffs noch zu steigern, zitiert Pelliot eine wundersame, fast zur gleichen Zeit wie Polos Buch entstandene Beschreibung aus dem *Libellus de notitia orbis* (1402), in der es heißt, das Material Porzellan heiße im Lateinischen *porcellanum* (Portulak), weil graugrüne Porzellangefäße dieser Art – die man später als Seladon bezeichnete – die gleiche Farbe hätten wie das genannte Gewächs.[15]

Ein weiterer Begriff, der dem Professor Pelliot etliche Seiten verschlungener linguistischer Rekonstruktionen abverlangt, ist *camlet* (*cambelloti, chamelles, gianbellotti, zambelotti* usw.), eine Art Stoff. In Samuel Johnsons Wörterbuch wird »Camelot« beschrieben als »Seide oder Kamelhaar; auch ganz Seide oder Samt, besonders weich oder plüschig«. Pelliot neigt zu der Kamelhaar-Deutung und schreibt, daß Johannes von Marignolli (1330–1340 päpstlicher Gesandter bei den Khanen) einen Umhang aus *camalli* zurückgebracht habe, der – wie Johannes meinte – demjenigen ähnle, den Johannes der Täufer getragen hatte und vielleicht sogar der Bekleidung von Adam und Eva entsprach – wobei ich bislang annahm, daß deren Schwierigkeiten eher aus einem Mangel an Kleidung herrührten.

Ein anderer verwirrender Begriff aus dem Textilbereich ist das Wort *sendal*, mit dem in mittelalterlichen Texten normalerweise Seidentaft gemeint ist (in Pegolottis Handbuch für Kaufleute heißt dieser Begriff *zendado*). In Polos und Rustichellos Beschreibung eines Ringkampfes zwischen der riesenhaften Tochter Qaidus (eines Nachfahren Tschagatais, des Sohns von Dschingis-Khan) und einem Bewerber um ihre Hand (der sie hätte heiraten dürfen, wenn er gewonnen hätte) heißt es, beide Kämpfer hätten *sendal* getragen.[16] Der Kontext will dem Professor Pelliot, der eher mit dem Studium von Büchern als mit drallen Ringkämpfern weiblichen Geschlechts vertraut ist, nicht so recht gefallen. Also erörtert er, welche Auswirkungen die Bekleidung bei dieser besonderen

Art der Bräutigamswahl hat, und wägt die Vorzüge von Seidentaft gegenüber Leder (wie in zwei Handschriftenfassungen angegeben) ab: »Taft mag für die Beteiligten an einem Ringkampf zwar nicht als geeignete Bekleidung erscheinen, aber Leder ist es noch weniger, und wir müssen berücksichtigen, daß es sich bei dem Wettkampf um eine ernsthafte Angelegenheit handelte, da seine Teilnehmer von hohem Rang waren...«[17] Ob die Prinzessin nun leicht bekleidet in Seide angetreten ist oder ein Ledergewand trug, sie gewann jedenfalls 2:0. Sie hat nie geheiratet, sondern zog es vor, ihren Vater auf seinen Kriegszügen zu begleiten und das übliche männliche Muster von Raub und Plünderungen umzukehren, indem sie sich ihrerseits Ritter ins Lager bringen ließ.[18]

Einige der in Polos Text verwendeten Begriffe, die sich auf die Mongolen beziehen, wurden bereits vor ihm von Autoren wie Wilhelm von Rubruck und Johannes von Plano Carpini benutzt. So zum Beispiel »Kumis« – die fermentierte Stutenmilch –, die die Mongolen tranken: Dieser Begriff erscheint in den Formen *charanis, guemis, chemins* und *chenus,* und zwar als Variante des türkischen Begriffs *qimiz* (bei Rubruck steht *comos*). Der mongolische Begriff hierfür lautet *asuk* beziehungsweise *usuk,* aber die türkische Version ist bereits früh ins Persische und Arabische übernommen worden.

Pelliot fand heraus, daß in vielen Fällen das Vokabular in Reinform aus dem Nahen Osten stammt. Die Steppenhuhnart *Syrrhaptes pallassii,* ein in Wüstenregionen durchaus verbreiteter Vogel, den man im Chinesischen als *shaji* (Sandhuhn) kennt, wird als *bagherlac* (die türkische Variante) bezeichnet. Man kann sich leicht vorstellen, daß italienische Reisende, die in der Wüste einen Vogel entdecken, ihre mit der Gegend vertrauten (und, wie wir einmal annehmen, aus dem Nahen Osten stammenden) Begleiter fragen, welcher Vogel das sei und die Bezeichnung *bagherlac* akzeptieren.

Die Personennamen, vor allem diejenigen der im Text erwähnten Chinesen und Mongolen, sind hier von besonderem Interesse. Obwohl Marco Polo 17 Jahre in China im Dienst des Khans zugebracht haben will, erscheinen von 60 oder mehr Personennamen, die Pelliot untersuchte, lediglich drei in einer annähernd chinesischen Form. Die übrigen sind zumeist Namen von Mongolen, und deren Wiedergabe entspricht häufig derselben Schreibweise wie bei Johannes von Plano Carpini, Wilhelm von Rubruck und dem persischen Historiker Rashid al-Din (1247–1317). Al-Din lebte fast zur gleichen Zeit wie Marco Polo, aber er diente bei den westlichen Mongolen, und seine Geschichte der Mongolen entstand vermutlich erst 1306/7, das heißt mehr als zehn Jahre nach der *Beschreibung der Welt*. Ähnlichkeiten zwischen den Büchern von Rashid al-Din und Marco Polo sowohl in der Terminologie als auch in ihren Irrtümern sind demnach zufälliger Art, doch man könnte daraus schließen, daß die persische Version mongolischer Namen allgemein verbreitet war.

Von den drei offenbar chinesischen Personennamen werden zwei – Li Tan und Wang Zhu – in einem Kapitel erwähnt, das von China selbst handelt. Der dritte Name – Vonsamcin – taucht in einem Abschnitt auf, in dem es um Japan geht, einem Land also, das Marco Polo nach herrschender Meinung niemals besucht hat.

Li Tan (der auch als Bitan sangon, Liyacin, Liitam sangon, Lucansor und Lufa erscheint) war der Sohn von Li Quan (gest. 1231), einem Pferdehändler, der als Militär für die chinesische Song-Regierung kämpfte und dafür 1218 mit einer offiziellen Stellung belohnt wurde. Er benutzte seine Position, um sich eine Hausmacht zu schaffen, aber 1227 kapitulierte er vor den Mongolen, als diese Nordchina eroberten; später erhielt er eine andere Stellung in der Provinz Shandong. 1231 starb er während eines Angriffs der südlichen Song-Armee in Yangzhou. Sein Sohn (manche Forscher halten ihn für einen Adoptivsohn) Li Tan erbte seine Stellung in Shandong, wo er 1262 eine eigene Armee aufstellte. Mit dieser wurde er in Jinan (der Hauptstadt Shandongs) von Shi Tianze eingeschlossen und getötet.[19] In Polos Schilderung dieser Ereignisse, die in zahlreichen Handschriften wiedergegeben wird, findet man eine andere Zeitangabe (er versetzt es um zehn Jahre und spricht von 1272) und eine falsche Ortsangabe (Dongpingfu statt Jinan). Was aber die Sache noch verwirrender macht, ist Polos Behauptung, Li Tan sei zusammen mit einem gewissen Nangiatai exekutiert worden.

Die Enträtselung, wer dieser Nangiatai war, ist – wie Professor Pelliot schreibt – »ein schwieriges Problem«.[20] Im *Yuan shi* (*Geschichte der Yuan*, dem offiziellen Geschichtswerk, das von der nachfolgenden Ming-Dynastie auf der Grundlage der offiziellen Archive erstellt wurde) werden ungefähr zehn verschiedene Nangiadai (nach der korrekten mongolischen Schreibweise) aufgeführt. Einem davon wird das Verdienst zugeschrieben, sich bei der Gefangennahme und Hinrichtung Li Tans hervorgetan zu haben; es ist aber keineswegs die Rede davon, daß er zusammen mit Li Tan exekutiert worden sei. Noch komplizierter wird das Rätsel um Nangiatai/Nangiadai durch die Überlegung, daß Marco Polo den Namen womöglich mit »Mongatai« verwechselt haben könnte. Im *Yuan shi* werden 20 verschiedene Mongatai erwähnt. Falls Marco Polo in Wirklichkeit einen Mongatai gemeint haben sollte, dann – meint Professor Pelliot sorgenvoll – mit großer Wahrscheinlichkeit einen Träger dieses Namens, der mit dem Feldzug gegen Li Tan sicher nichts zu tun hatte. Professor Pelliot kommt zu dem Schluß, diese verwirrenden Namensnennung könnte dadurch entstanden sein, daß zu der besagten Zeit in Dongpingfu (nördlich von Jinan in der Provinz Shandong gelegen) zwar die Familie Yan herrschte, Mongatais Großvater jedoch, der dort der offiziell bestellte »Statthalter« gewesen war (später hatte Mongatais Onkel diese Stellung inne), theoretisch von höherem Rang war als die Familie Yan: dies könnte zu der Verwirrung in den Angaben Marco Polos geführt haben. Oder auch nicht.

Der Name Wang Zhu (Vanchu) erscheint nur bei Ramusio und gibt gleichfalls Rätsel auf. Von Wang Zhu wird gesagt, er habe gemeinsam mit einem weiteren Chinesen im Jahre 1282 Ahmad (Acmat) getötet, Khubilais mächtigsten Minister. Doch auch in diesem Fall ist es fast unmöglich, die Verwechslung von Namen, Personen und Ereignissen zu entwirren, vor allem auch weil die chinesischen Quellen darauf schließen lassen, daß Rashid al-Din genausoviel durcheinandergebracht hat wie Marco Polo selbst. Es ist belegt, daß Ahmad aus Banakat nahe Taschkent stammte, und seine Biographie ist ebenfalls im *Yuan shi* nachzulesen. In sämtlichen Quellen heißt es, daß Ahmad mittels schwarzer Magie Zugang zu Khubilai erhielt, und Marco Polo erwähnt auch seine Angewohnheit, sich schöne Frauen zuführen zu lassen. Er scheint etwa 20 Jahre sein Amt ausgeübt und Peking wirksam regiert zu haben, bis zwei »Cataier« (Chinesen) beschlossen, ihn loszuwerden, als Khubilai gerade nicht in der Stadt war. Bei diesem Aufstand wurden zahlreiche Menschen getötet, die einen Bart trugen (Mongolen, Sarazenen und Christen, aber nicht die glattrasierten

Chinesen), bevor es gelang, Ahmad zu enthaupten, indem man ihn täuschte und ihn vor dem angeblichen Sohn Khubilais niederknien ließ. Die beiden Cataier werden als Cenchu (auch dieser Name taucht nur bei Ramusio auf) und Vanchu bezeichnet. Marco Polo zufolge waren Cenchus Mutter, Tochter und Frau von Ahmad, der 1000 Mann bei sich führte, geschändet worden.[21] Da es nicht möglich ist, die Existenz eines Cenchu zu belegen, vermutet Pelliot, daß es sich bei »Cenchu« nicht um eine Person, sondern um eine Bezeichnung handelt, vergleichbar mit *qian hu* (chinesisch für 1000 Menschen oder Haushalte) oder *chiliarch* (jemand, der 1000 Soldaten befehligt).

Vanchu, den zweiten Verschwörer, wird von Moule als *myriarch* (Befehlshaber über 10 000 Soldaten beschrieben; wobei der »Name« Vanchu eine Variante von *wan hu* (chinesisch für 10 000 Menschen) sein soll. Eine kleinere Komplikation (angesichts der allgemeinen Verwirrung) ergibt sich daraus, daß Wang Zhu, falls es sich tatsächlich um diesen handelt, nach chinesischen Dokumenten kein *myriarch*, sondern ein *chiliarch* (befähigt, nicht 10 000, sondern nur 1000 Mann zu befehligen) war. Wenn wir »Vanchu« als Personennamen ansehen, dann hat Wang Zhu nachweislich an der Verschwörung und Ermordung Ahmads teilgenommen; das würde bedeuten, daß Ramusios Version zutrifft, soweit es ihren Inhalt betrifft (nicht aber hinsichtlich der Schreibweise und der Zahlenangaben).

Leider ist die Geschichte damit noch nicht abgeschlossen. Wang Zhu und der *chiliarch* wurden bei der Ausführung ihrer Mordtat von einer Palastwache getötet. Rashid al-Din nennt diesen Wächter Turgan beziehungsweise Targan, während in Ramusios Ausgabe des Polo-Textes Cogatai steht, ein mongolischer Name, den

Professor Pelliot vorsichtig als »unangemessen« bezeichnet.[22] Pelliot glaubt statt dessen, daß die genannte Person Gao Xi (der nachweislich bei dem Mord anwesend war und auch im *Yuan shi* aufgeführt wird) gewesen sein muß. Pelliot verwirft auch die Vermutung, Cogatai sei eine phonetische Umwandlung von Gao Xi und bedauert, daß Gao Xi auch noch einen reinen Mongolennamen – Sira – trug, den ihm Khubilai verliehen hatte. Weitere, aus chinesischen Quellen bekannte Kandidaten, die bei der Mordtat anwesend waren, sind der Mongole Bodun, der höchstwahrscheinlich keinen zweiten Namen hatte, und Jiang Jiusi, ein Chinese, der keinen mongolischen Namen trug.

Der dritte »chinesische« Personenname ist Vonsamcin (in einer Reihe von Handschriften auch unter den Varianten Ionsamcayn, Nonsan, Samin, Vosahim, Vansancon und Vori). Pelliot behauptet, mit diesem Namen sei Fan Wenhu (gest. 1301) gemeint, ein zu den Mongolen übergelaufener Militärführer, der auf Khubilais Befehl hin 1281 versuchte, mit einer Flotte Japan zu erobern, jedoch wegen eines Taifuns aufgeben mußte. Den großen Unterschied zwischen den beiden Namen Fan Wenhu und Vonsamcin erklärt Pelliot damit, daß es sich bei Vonsamcin um die Zusammenziehung des Familiennamens Fan und eines seiner Titel, *canzheng* (Reichsberater), handele. Marco Polo beschreibt das Scheitern des Invasionsversuchs zwar sehr eindringlich, nimmt seiner Darstellung aber fast jegliche Wirkung, indem er erneut einen falschen Namen nennt. Er sagt nämlich, Reichsberater Fan sei von »Abakan« begleitet worden.[23] Pelliot übersetzt diesen Namen mit Alaqan (1233–1281), merkt aber dazu an, daß Alaqan zu krank gewesen sei, um an der besagten Invasion teilzunehmen; statt seiner habe wahrscheinlich ein gewisser Atahai teilgenommen. Pelliot entschuldigt die Nennung »Abakans« mit dem Grundsatz »im Zweifel für den Angeklagten«: »Wie gewöhnlich gibt Marco Polo sehr korrekt die Hauptereignisse und Namen wieder, doch er irrt sich immer dann, wenn es darum geht, welche Rolle die jeweiligen Personen genau gespielt haben.«

Von den drei Chinesen, die in Marco Polos Beschreibung auch chinesische Namen tragen, können die Polo bestenfalls einen einzigen persönlich gekannt haben, sofern sie zur Zeit der Ermordung Ahmads (1282) in Peking gewesen sein sollten. Da genaue Zeitangaben fehlen und nur von Reisen nach Yunnan, Burma und in den Süden die Rede ist, läßt sich nicht feststellen, ob sie sich zu diesem Zeitpunkt in der Hauptstadt aufgehalten haben. Der von Li Tan geschürte Aufstand und sein Tod ereigneten sich, bevor die Polo – laut eigener Angabe – in China angekommen waren, und da alle Fachleute der einhelligen Meinung sind, daß die Polo niemals nach Japan reisten, können sie von Fans erfolglosem Invasionsversuch nur durch Hörensagen oder über Berichte Dritter erfahren haben.

Die Ortsnamen in der *Beschreibung der Welt* sind sowohl hinsichtlich der Übersetzung als auch der Lagebestimmung problematisch. Das Werk, das mit dem Satz beginnt: »Wir wollen mit Armenien anfangen« (was verschiedentlich übersetzt wird mit »Und als erstes über Kleinarmenien«)[24], deckt das gesamte Gebiet zwischen Konstantinopel, Sumatra, Indien und Zentralasien ab und enthält eine riesige Anzahl von Ortsnamen. Viele von ihnen werden in einer Form wiedergegeben, die den Gebildeteren und Weitgereisten unter Marco Polos Zeitgenossen wohl vertraut war. Pelliot verglich seine Versionen mit den Bezeichnungen auf zeitgenössischen Landkarten und in Berichten zeitgenössischer Reisender. Viele davon sind heute noch identifizierbar: Baudac (Bagdad), Cascar (Kaschgar), Babilonie (was Polo allerdings mit Ägypten verwechselte), Bangala (Bengalen, meint Pelliot, andere Forscher widersprechen dem aber), Trepesonde (Trabzon), Mogedaxo (möglicherweise Mogadischu) und Java. Manche Namen waren durch die Kreuzzüge bekannt geworden (Jerusalem und Akka beziehungsweise Akkon), und viele Namen stammen aufgrund der Vorherrschaft arabischer Reisender aus dem Arabischen, wie zum Beispiel Angaman (Andamanen), Basora (Basra) und Cotan (Khotan).

Die weniger bekannten Namen sind vor allem diejenigen von chinesischen Orten. Einige von ihnen stellen Pelliot vor ein Rätsel, so daß er schreibt, daß die genannte Version »in persisch sprechenden Kreisen bekannt« gewesen sei. Es handelt sich dabei um Namensformen, die erkennen lassen, daß hiermit chinesische Namen latinisiert werden sollten. Marco Polo war nicht der einzige, der diese Formen benutzte; in der Regel handelte es sich um persische Abwandlungen chinesischer Namen. Beispiele hierfür sind Chemeinfu für Kaipingfu, Pianfu für Pingyangfu, Quengianfu für Xi'anfu und Taianfu für Tiayuanfu. Eine große Zahl dieser Namen erscheint in ganz ähnlicher Form auch bei Rashid al-Din, was Pelliots These stützt, daß diese Namen auf Formen zurückgehen, die Persischsprechenden geläufig waren. Dazu gehören etwa Tundinfu für Dongpingfu, Yangiu für Yanzhou und Giogiu für Zhuozhou. Es gibt auch mehrere Übereinstimmungen zwischen Rashid al-Din und dem Bericht Odorichs von Pordenone, zum Beispiel Fugiu für Fuzhou, Singiu matu für Xinzhou matou (Xinzhou-Hafen) und Taidu für Dadu, und ebenso gibt es zwischen Rashid und Wilhelm von Rubruck in einigen Fällen Namensgleichheit, zum Beispiel Cauli für Korea (was wahrscheinlich auf den alten chinesischen Namen für Korea, Gaoli, zurückgeht).

Auch der Name »China« erscheint in mehreren Varianten. Wie viele seiner Zeitgenossen benutzte Polo die Bezeichnungen Catai (Achate, Alochayray, Anchases, Atan, Chattau und *la ducata* in verschiedenen Handschriften) – im Englischen als Cathay lange Zeit gebräuchlich – für das nördliche China. Man nimmt an, daß dieser Name auf Kitan zurückgeht, einen Stamm aus dem Altai-Gebirge, der die Liao-Dynastie hervorbrachte und von 907 bis 1125 in Nordchina herrschte. Südchina wird von Polo – genauso wie von Rashid und anderen Reisenden – häufig als Mangi oder Manzi bezeichnet, was häufig (fälschlicherweise) auf den chinesischen Begriff *manyi* zurückgeführt wird, der »Barbaren aus dem Süden« bedeutet. Polo nannte China aber auch Cin (Chuigi, Cino, Zino, Ciri) – eine der beiden Bezeichnungen, unter denen China in Europa bekannt war. Man vermutet, daß »Cin« aus einer alten indischen Bezeichnung für China abgeleitet wurde, die auf die Qin-Dynastie zurückgeht (221–206 v. Chr.). Die andere in Europa bekannte Bezeichnung ist »Seres«, die sich auf »Seide« bezieht.

Daß Polo die Stadt Peking als Cambaluc – eine Ableitung des türkischen Begriffs *han-baliq*, Königsstadt – bezeichnete, ist nicht ungewöhnlich, denn diesen Namen verwenden auch Rashid al-Din, Johannes von Montecorvino (1291/93) und Odorich von Pordenone (um 1320). Offenbar war diese Bezeichnung für Peking damals in Zentralasien üblich. Peking (eine Übertragung des Wortes Beijing – »nördliche Hauptsatdt« – von Jesuiten aus dem 16. Jahrhundert) war im Laufe ihrer Geschichte unter zahlreichen Namen bekannt, von Yanjing (Schwalbenhauptstadt) über Zhongdu (Mittlere Hauptstadt) bis zu Nanjing (Südliche Hauptstadt). Zur Zeit der Polo wurde sie von den Chinesen Dadu (Große Hauptstadt) genannt.

Eine der Sehenswürdigkeiten des heutigen Peking ist die lange Steinbrücke in Wanping, bei ausländischen Besuchern als »Marco-Polo-Brücke« bekannt, die im heutigen Chinesisch Lugouqiao beziehungsweise Lugou-Brücke heißt. Polo benutzt den Namen »Pulisanghin«, was Pelliot als persisches Wort für »Steinbrücke« oder sinopersischen Begriff für Sanggan-Brücke (Sanggan hieß damals der darunter fließende Fluß) übersetzt. Pelliot hält diese Bezeichnung für eindeutig persischen Ursprungs.

Eine Anzahl von Orten wird geographisch falsch eingeordnet: Cacionfu wird von Pelliot als Hezhongfu wiedergegeben, aber Polo hat die Stadt auf die falsche Seite des Gelben Flusses verlegt. Mit Caiciu könnte Jiezhou oder Jiangzhou gemeint sein, aber in beiden Fällen stimmt die Ortsangabe nicht. Vuguen identifiziert Pelliot als Yanping, aber die Entfernungen und Zeiten passen nicht zusammen. Und Vugiu (Wuzhou) wird mit Lanji gleichgesetzt, was zwar geographisch recht gut passen würde, aber wenig Namensähnlichkeit aufweist.

Marco Polo war nicht der einzige Autor, der falsche Ortsangaben machte. Auch in Rashid al-Dins Schilderung der südwestlichen Provinz Yunnan sind die Orte nicht korrekt wiedergegeben, und erstaunlicherweise scheinen ihm dieselben Fehler zu unterlaufen wie Polo. Daß Marco Polo auf die persischen Bezeichnungen zurückgriff, könnte darauf schließen lassen, daß er sich persischer Quellen bediente. Man weiß jedoch, daß Rashid al-Din keine Reiseerzählung, sondern eine Beschreibung des Mongolenreiches verfaßt hat, die sich ausschließlich auf Sekundärquellen stützte. Beide Autoren geben nicht nur die Wang-Zhu Episode in ähnlicher Form wieder, wobei sie von den chinesischen Quellen abweichen, auch die geographische Festlegung von Gaindu, einer Stadt irgendwo in Yunnan, ist bei beiden gleich schwierig nachzuvollziehen. Ähnlich verhält es sich mit Iaci (so Polo) beziehungsweise Yaci (so bei Rashid), von dem beide behaupten, dieser Ort liege bei Yunnanfu. Da Pelliot nichts finden konnte, was auch nur entfernt an diese beiden Namen erinnert, wagt er die Vermutung, daß damit die Hauptstadt des angrenzenden Königreichs Dali gemeint sein könnte, die an dem riesigen See namens Er hai (»Ohrenmeer«, wegen seiner Form) lag. Den Er hai nannten die Mongolen offenbar »Entensee«, was Pelliot in das Chinesische übersetzt und so das Wort *yachi* (»Ententeich«) erhält. Der Er hai ist jedoch von solchen Ausmaßen, daß die Bezeichnung »Teich« für ihn eher unpassend erscheint. Es wäre vielleicht sinnvoller, dies einfach als ein weiteres für den Augenblick unlösbares Problem einzustufen – ein fernes chinesisches Echo, das eigentlich dem Persischen entstammt.

8.

AUSLASSUNGEN UND EINSCHLIESSUNGEN

Es bleibt ein Rätsel, weshalb Marco Polo während seines 17jährigen Aufenthalts in China nicht wenigstens ein paar chinesische oder mongolische Ortsnamen übernommen hat. Seine offensichtliche Neugier auf die Städte und die Dinge, die er sah, übertrug sich anscheinend nicht auf das, was in seiner Umgebung gesprochen wurde.

Pelliots intensive Beschäftigung mit der Sprache weckte viele Zweifel an der Korrektheit von Marco Polos Schilderungen und an der Zuverlässigkeit seiner Informationsquellen. Doch so oft auch Professor Pelliot vor einem unlösbaren Rätsel stand, im Zweifelsfall räumte er Marco Polo das Recht ein, sich geirrt zu haben. Der deutsche Ostasienforscher Herbert Franke hingegen äußerte seine Zweifel am Wahrheitsgehalt von Marco Polos Buch vor allem aufgrund des Inhalts, da bei der Beschreibung Chinas wichtige Dinge fehlen.[1]

Nach allgemeiner Ansicht liegt Marco Polos Talent als Erzähler darin, daß er eine Vielzahl von wichtigen Informationen über Erfindungen und Exotika des Ostens liefert. Bei seinen Schilderungen von seltenen und kostbaren Luxusgütern aus dem Nahen und Fernen Osten bewies Marco Polo den Blick des Kaufmanns, der mit solchen Dingen eher vertraut ist als ein päpstlicher Gesandter; vor allem war er am Wert des Geldes interessiert, was zum Beispiel der Missionar Wilhelm von Rubruck nicht einmal erwähnte. Einige der von Marco Polo beschriebene Dinge wurden damals in Europa gerade bekannt, wie etwa das Porzellan, und so lohnt sich ein genauerer Blick auf das, wovon Polo erzählte, aber auch das, wovon er schwieg, denn dadurch kann man sich ein Bild von dem nach Wissen und Neuem verlangenden Publikum machen, für das er schrieb.

Seine Beschreibung des Porzellans war zwar linguistisch gesehen verwirrend, doch sie muß für seine Zeitgenossen von großem Interesse gewesen sein. Zu einer Zeit, als die Menschen in Europa schweres, massives, aber leicht zerbrechliches Geschirr aus Steingut benutzten, müssen die wenigen Teile aus Porzellan, die auf dem langen Weg durch Asien nach Europa gelangt waren, zauberhaft leicht, elegant und dennoch haltbar gewirkt haben. Porzellan wird aus sehr feinem Ton hergestellt und bei hoher Temperatur gebrannt. Seine Hauptmerkmale sind die Verschmelzung von Ton und Glasur, sein tönender Klang und – wenn das Material fein genug ist – seine Durchsichtigkeit: alles Eigenschaften, die das derbere Steingut und die Tonwaren, die zur Zeit Marco Polos in Europa hergestellt wurden, nicht bieten konnten. Das Ganze wurde um so faszinierender, weil man ja nicht wußte, wie Porzellan hergestellt wird (die europäischen Töpfer experimentierten 500 Jahre lang erfolglos – zum Teil mit zerriebenen Muschelschalen und Knochen –, um dieses Geheimnis zu lüften).[2]

Seit der Tang-Dynastie (618–907) exportierten die Araber in riesigen Mengen feines weißes Porzellan aus China, denn die haltbaren und eleganten weißen Porzellanwaren waren allem überlegen, was zu jener Zeit irgendwo sonst in der Welt hergestellt wurde. Die wenigen Stücke, die im 13. Jahrhundert bis nach Europa kamen, sind mit einiger Sicherheit über arabische Zwischenhändler dorthin gelangt.

In seiner Beschreibung scheint Marco Polo den Ursprungsort des Porzellans in die Provinz Fujian zu legen. Diese Angabe gehört aber genau zu jener Art von Problemen, die Professor Pelliot verfolgten, denn Marco Polo nannte als Herstellungsort die mysteriöse Stadt Tingiu (in verschiedenen Handschriftenfassungen auch Linigui, Tranguay, Tyunguy oder Tinguise). Er beschrieb die Vorbereitung des Tons[3] und behauptete, das Produkt sei »azur« und »glasig«. Die Schwierigkeit, die genaue Lage der Brennöfen zu bestimmen, wird durch diese Farbangabe nur noch größer. Pelliot glaubt, mit »*accuri*« oder azur sei »grün« gemeint, das heißt, das Porzellan sei grünes Seladon jener Art gewesen, wie sie zur damaligen Zeit in ganz Südchina hergestellt wurde. Doch hilft diese Schlußfolgerung auch nicht weiter, die Stadt zu identifizieren, wo das Porzellan hergestellt wurde, denn keine der bedeutenden Seladon-Produktionsstätten hatte einen Namen, der an Tingui (oder Tranguay oder Linigui) erinnert.

Eines der nachweislich frühesten Stücke chinesischen Porzellans in Europa war eine *Qingbai*-Vase, die unter dem Namen »Fonthill-Vase« bekannt ist. Sie gelangte ungefähr im Jahre 1300 nach Europa, also etwa zur gleichen Zeit, als Marco Polo zurückkehrte. Im Auftrag Ludwigs des Großen von Ungarn (1348–1382) wurde sie in Silber gefaßt; Mitte des 19. Jahrhunderts erwarb sie das Irische Nationalmuseum.[4] Es könnte sein, daß die Fonthill-Vase einen Schlüssel zu Marco Polos Ortsbestimmung der Porzellanherstellung liefert, denn die weiße *Qingbai*-Ware wurde in vielen südchinesischen Manufakturen produziert; sie hat eine durchsichtig schimmernde Glasur, die häufig grünlich-blau erscheint und die man als »*accuri*« oder azur bezeichnen könnte, insbesondere dort, wo sie dicker aufgetragen ist, also am Boden von Schüsseln oder wo sie Tropfen gebildet hat. Bei den Brennöfen von Dehua wurden *Qingbai*-Scherben aus der Song-Periode (960–1279) und der mongolischen Yuan-Periode (1279–1368) gefunden[5], die der Herstellung der kremig-weißen *Blanc de Chine* vorausgingen. Wenn man es mit der Namensähnlichkeit nicht ganz so genau nimmt, könnte als Herstellungsort Tongan in Frage kommen, das ebenfalls in Fujian liegt; dort wurde während der Song- und Yuan-Perioden[6] grünes *Qinbai*-Porzellan hergestellt, und man scheint auf die Produktion von Exportware spezialisiert gewesen zu sein – wie von Polo beschrieben.

Ein weiteres wichtiges Belegstück ist der sogenannte »Marco-Polo-Krug« in der Schatzkammer von San Marco in Venedig.[7] Dieser weiße Krug ist gelappt und verziert mit einem erhabenen Blumenmuster und einer schimmernden Glasur. Man vermutet, daß dieses Stück aus dem 13. oder 14. Jahrhundert stammt. Daß es eine Verbindung zwischen Marco Polo und diesem Krug gebe, ist reine Legende, und im übrigen kann es – wenn der Bericht über seine Rückkehr stimmt und er nichts anderes bei sich trug als seine Kleider – auch nicht sein, daß er ihn selbst mitbrachte. Interessant ist, daß es sich dabei um ein frühes Beispiel für *Blanc de Chine* handelt, um weißes Porzellan von größerer Dichte und einer kremig-weißen Oberfläche (ohne die grünen glasigen Tropfen der *Qingbai*-Ware), wie es in den Öfen von Dehua in Fujian gebrannt wurde, nicht aber in Tongan. So paßt dieses Stück weder zu dem grünen Porzellan noch – bei weiter Auslegung des Wortes »azur« – zu *Qingbai*-Porzellan, das Polo möglicherweise gemeint hat.

Obgleich bei Marco Polos Beschreibung fremdländischer Waren die Luxusgüter im Vordergrund stehen, beschäftigt er sich auch mit einigen eher häuslichen Besonderheiten wie dem Gebrauch von Kohle. Bereits 2000 Jahre vor Marco Polos Schilderungen war Kohle in China als Brennstoff gebräuchlich, in England hingegen, obwohl bereits im bronzezeitlichen Wales bekannt, erst seit dem 12. oder 13. Jahrhundert. In Italien kannte man sie damals wahrscheinlich noch nicht. In der *Beschreibung der Welt* wird sie völlig korrekt als »eine Art von großen schwarzen Steinen« beschrieben, die »aus den Bergen, wo sie Adern bilden, ausgegraben werden. Sie brennen wie Holzscheite und hinterlassen Reste wie Holzkohle.«[8] Es ist anzumerken, daß Polos Beschreibung etwas genauer ist als die ein wenig spätere des arabischen Reisenden Ibn Battuta (1304–1377/78), der meinte, Kohle sei von gleicher Farbe und Beschaffenheit wie Ton (weshalb er auch fälschlicherweise behauptete, aus Kohle würde Porzellan hergestellt), aber ebenfalls den Vergleich mit der Holzkohle zog.[9]

Eine der großen Erfindungen während der Song- (960–1279) und der Yuan-Dynastie (1279–1368) war das Papiergeld. Das Neue daran war nicht allein, daß ein Ersatzmittel für Münzen benutzt wurde, dessen Zahlungskraft auf dem aktuellen Wert des Metalls beruhte, sondern das Material selbst war ungewöhnlich, denn zur Zeit Marco Polos wurde Papier in Europa gerade erst bekannt. Irgendwann während der frühen Han-Dynastie (206 v. Chr. – 220 n. Chr.) war das Papier erfunden worden, und während der Tang-Dynastie (618–907) fand es weite Verbreitung als Material sowohl für offizielle Dokumente und gedruckte Bücher als auch für Privatbriefe und Aufzeichnungen. Vermutlich im 9. Jahrhundert hatten Araber von den Chinesen die Herstellung von Papier erlernt, und sie brachten es nach

Europa, wo es erstmals Anfang des 12. Jahrhunderts in Spanien hergestellt wurde. Anfang des 13. Jahrhunderts kannte man es auch in Italien, doch 1221 wurde die Verwendung von Papier für offizielle Dokumente untersagt, weil man es für zu brüchig und wenig haltbar hielt. Die erste Papiermühle in Italien entstand zwischen 1268 und 1279 in Fabriano; zu der Zeit also, als Marco Polo in China war, muß Papier noch etwas sehr Rares gewesen sein.[10] Da man in Europa recht wenig von der Nützlichkeit des Papiers hielt, war es sicherlich doch überraschend zu erfahren, daß es als Zahlungsmittel verwendet wurde.

Gedruckte Schuldscheine oder Wechsel (bekannt als »fliegendes Geld«) wurden in China erstmals im 9. Jahrhundert von Kaufleuten und staatlichen Agenturen benutzt. Dieses Zahlungssystem beruhte auf den wohl organisierten Gilden der Kaufleute, die auf ihren Reisen über Land in eigenen Gildehäusern wohnten, die es in allen größeren Städten für die Kaufleute jeder einzelnen Provinz gab. Das Gildehaus in Tianjin für reisende Kaufleute aus der weit entfernten südlichen Provinz Guangdong steht noch heute; und seine geschnitzten Verzierungen künden vom Wohlstand der Händlergilden. Um den Kaufleuten das Reisen über weite Entfernungen zu erleichtern, konnten sie »Schuldscheine« anstelle der schweren Bronzemünzen oder der großen Gold- und Silberbarren in Schiffchenform, die normalerweise für finanzielle Transaktionen verwendet wurden, benutzen. Zu Beginn des 11. Jahrhunderts kam das eigentliche »Papiergeld« auf und löste diese Schuldverschreibungen ab. Während der Mongolenherrschaft gab es mehrere Serien von Papiergeld. Es wurde auf schmalen Streifen dunklen Papiers gedruckt, wozu ein geschnitzter Holzstock mit spiegelverkehrter chinesischer Schrift benutzt wurde. Ein rotes Siegel mit mongolischer Schrift machte den jeweiligen Schein gültig.

In der *Beschreibung der Welt* ist ausführlich von der Austauschbarkeit und dem relativen Wert des Papiergelds die Rede.[11] Das Verfahren zur Herstellung von Papier wird ebenfalls beschrieben, doch die komplizierte Methode des Blockdrucks (über 100 Jahre vor Gutenberg) wird nicht erklärt, statt dessen heißt es nur, daß die Scheine »geprägt« werden. Dieses »Prägen« könnte sich auf das aufgeprägte Siegel beziehen oder aber auf den Holzstock selbst. Auch Wilhelm von Rubruck beschrieb das Papiergeld, das er etwa dreißig Jahre vor Marco Polo in der Mongolei sah: »Die gewöhnliche Währung in Cataia ist aus Papier der Größe und Länge eines Palmblattes, auf das Zeilen gedruckt sind wie auf das Mangu-Siegel ...«[12] Mit den Einzelheiten des Tauschwertes beschäftigte er sich nicht weiter, vielleicht deshalb, weil er kein Kaufmann war.

Im Vergleich zu anderen Berichten über die Mongolen und Chinesen, die von zeitgenössischen oder fast zeitgenössischen Besuchern aus Europa stammen, fällt auf, daß Marco Polo einige sehr bedeutsame Dinge ausgelassen hat. An Wilhelm von Rubrucks Bericht über das Papiergeld zum Beispiel (das er nur in der Mongolei gesehen hat, weil er nicht bis nach China kam) schließt sich eine Beschreibung der chinesischen Schrift an, die auch heute noch eine der exotischsten Eigenheiten dieses Landes darstellt; Marco Polo hingegen scheint sich dafür überhaupt nicht interessiert zu haben.

Wilhelm von Rubruck ließ sich zu seiner äußerst knappen Einführung in das chinesische Schriftsystem durch die auf den Banknoten aufgedruckten chinesischen Schriftzeichen anregen. »Sie schreiben mit einem Pinsel, wie ihn Maler benutzen, und durch ein einziges Schriftzeichen stellen sie mehrere Buchstaben dar, die zusammen ein Wort ergeben.«[13] Das ist eine recht gute, wenn auch äußerst knappe Darstellung des chinesischen Schriftsystems, das zwar kein Alphabet kennt, aber bis zu 40 000 Schriftzeichen umfaßt, die Wörter repräsentieren. Die aus Piktogrammen und Ideogrammen entwickelten und zu einem komplexen System phonetischer Anleihen zusammengestellten Schriftzeichen bestehen aus bis zu über 20 Einzelstrichen und werden, worauf schon Wilhelm von Rubruck hinwies, mit einem Pinsel geschrieben.

Das Fehlen jeglichen Hinweises in der *Beschreibung der Welt* auf diese außergewöhnlich eigentümliche Schrift versuchte Leonardo Olschki mit dem Argument zu rechtfertigen, daß diese Sprache für Marco Polo als »einem Ausländer, dem jeglicher literarischer oder spiritueller Impuls fehlte«, völlig unverständlich gewesen sei.[14] Doch auch jemand, dem diese Sprache unverständlich war, konnte kaum über sie hinweggehen, denn selbst die Mongolen unterwarfen sich der chinesischen Schriftsprache. Bis zum frühen 13. Jahrhundert hatten sie ein eigenes Schriftsystem entwickelt[15], verfügten aber als Nomaden über keine Staatsverwaltung, die mit Papier arbeitete. Als sie jedoch 1279 vor der Aufgabe standen, ganz China zu regieren, Steuern zu erheben und Gesetze zu erlassen, mußten sie sich der chinesischen Methode der Aufzeichnung auf Papier bedienen. Es wird geschätzt, daß während der Tang-Dynastie (618–907) die jährliche Steuerermittlung eines einzigen Ministeriums (der Steuerbehörde) eine halbe Million Blatt Papier pro Jahr erforderte[16], und die Mongolen waren gezwungen, sich dieser Praxis anzuschließen. Vermutlich haben sie den Papierberg noch erhöht, denn Dokumente wurden zuerst in der mongolischen Schrift geschrieben und dann ins Chinesische übersetzt (das allein stellte schon ein Problem dar, denn gewöhnlich war es den Chinesen verboten, Mongolisch zu lernen).[17] Es wird angenommen, daß Khubilai mit der klassischen chinesischen Schriftsprache nicht vertraut war, aber seine Nachfolger beherrschten die chinesische Kalligraphie und Komposition zunehmend besser.[18]

Die Chinesen haben die geschriebene Sprache stets in einem viel weiteren Umfang und mit größerem Erfindungsreichtum genutzt als wir. Häufig fanden sich in Felswände und auch in den Gärten von Suzhou eingeritzte Inschriften, die die Schönheit der Landschaft preisen, und in die Felsen um den See von Hangzhou ließen Kaiser und berühmte Kalligraphen poetische Inschriften meißeln. Aber nicht allein die Natur wurde durch die Hinzufügung von wohlgesetzten Worten verschönert und mit höherer Bedeutung versehen: Auf Tafeln über den Eingangstoren schrieb man die poetischen Namen der Pavillons und Tempelhallen und brachte die elegante Architektur durch die Kalligraphie noch stärker zur Geltung, gab man einer Szenerie oder einem Gebäudeensemble tiefere Bedeutung. Selbst einem Reisenden, der nichts mit der Staatsverwaltung zu tun hatte, wäre es schwergefallen, die chinesische Schrift zu übersehen. Es läßt sich kaum vorstellen, daß in dem Land, in dem das Papier erfunden und dem geschriebenen Wort mehr Ehrerbietung erwiesen wurde als je irgendwo sonst, eine Person – und sei es auch ein Ausländer – behaupten konnte, zwar in der Staatsverwaltung gewirkt zu haben, aber das mongolische und chinesische Schriftsystem nicht bemerkt oder als wenig interessant erachtet zu haben.

In der *Beschreibung der Welt* ist zwar von menschlichen Bildnissen auf Papier die Rede, von Pferden und

Kamelen, die mit Papier geschmückt wurden, und von Papiergeld, das bei Beerdigungen verbrannt wurde[19], doch über die weitverbreitete Methode des Blockdrucks (die damals in Europa noch unbekannt war) findet sich kein Wort. Die Märkte der von Marco Polo beschriebenen Städte müssen voll gewesen sein mit kleinen Bücherständen, auf denen billig gedruckte populäre Handbücher und fiktionale Werke, viele davon mit Illustrationen, feilgeboten wurden. Die südliche Küstenprovinz Fujian (über die Marco Polo ausführlich berichtet) war während der Song-Dynastie (960–1279) ein Zentrum der Buchproduktion und bekannt dafür, daß von dort aus Bücher in alle Landesteile exportiert wurden. Auf einem der 17 Märkte in Hangzhou (das bei Polo Kinsai heißt), der Hauptstadt der südlichen Song, wurden ausschließlich Bücher gehandelt, und die Buchverkäufer waren um den Orangengarten-Pavillon versammelt.[20] Marco Polo erzählte zwar von den Märkten dieser Stadt, aber er berichtete nur über die Nahrungsmittel und den Verkauf von Seide.

Vielleicht noch erstaunlicher ist, daß Marco Polo trotz seines großen Interesses an den Lebensmitteln, die auf den Märkten von Hangzhou feilgeboten wurden, und an den Getränken und Weinen, die man auf kaiserlichen Banketten kredenzte, an keiner Stelle den Tee erwähnt. Das aus den Blättern eines im südlichen China wachsenden Strauchs, der mit der Kamille verwandt ist, hergestellte Getränk wurde in Südchina seit der Han-Dynastie konsumiert, fand aber laut schriftlichen Quellen – darunter die offizielle Geschichte der Tang und Lu Yus *Cha jing (Das klassische Buch zum Tee)* – in Nordchina erst ab dem späten 8. Jahrhundert weite Verbreitung. Seit dieser Zeit war Tee ein in ganz China übliches Getränk. Viele der in der *Beschreibung der Welt* geschilderten Orte waren wegen besonderer Teesorten bekannt, zum Beispiel der Wulong aus Fujian und der grüne Longjing aus dem Gebiet von Hangzhou, der mit örtlichem Quellwasser zubereitet wurde. Sehenswürdige Städte wie Hangzhou und Suzhou, die Marco Polo besuchte, hatten eine Fülle von Teehäusern verschiedener Art, von schlichten Einrichtungen nahe dem Fleischmarkt bis hin zu eleganteren Gaststätten in den besseren Geschäftsvierteln. In einer Beschreibung Hangzhous aus dem Jahre 1275, entstanden ungefähr zu der Zeit, als Marco Polo sich dort wahrscheinlich aufhielt, werden die lackierten Teetabletts beschrieben, die Porzellantassen, die verschiedenartigen Teesorten (von Tees mit Pflaumengeschmack bis zu Sorten zur medizinischen Anwendung) und die zahlreichen Gemälde und Kalligraphien, die Blumen und Bonsai, mit denen die Teehäuser geschmückt waren.[21] Hätten die Polo so gute Beziehungen gehabt, wie Marco Polo behauptet, wären sie mit ziemlicher Sicherheit in solche Teehäuser eingeladen worden, denn die Chinesen empfingen ihre Gäste nicht zu Hause. Abgesehen von solchen Einladungen hätte man die an vielen Straßen gelegenen Teehäuser kaum übersehen können. Marco Polo beschreibt zahlreiche verschiedene Arten von Wein, die aus Trauben, Reis und Zuckerrohr hergestellt werden, und man könnte einwenden, daß trotz der Begeisterung der Araber und Perser für den Tee, die diese von den Chinesen übernommen hatten, ein Getränk aus gekochten Blättern für das europäische Publikum wenig interessant gewesen wäre. Es ist jedoch nur schwer vorstellbar, daß sich jemand 17 Jahre lang in China aufgehalten hat, ohne die Beliebtheit dieses Getränks zu registrieren.

Auch wenn man noch einwenden kann, daß die Passagen über gekochte Blätter womöglich vom Mitautor

Rustichello gestrichen wurden, weil sie ihm vielleicht zu unglaubwürdig oder zu uninteressant erschienen, kann man sich doch nur schwer vorstellen, daß ein Verfasser von Ritterromanen sämtliche Hinweise auf einen exotischen weiblichen Brauch, nämlich das Einschnüren der Füße, getilgt haben sollte.

Überhaupt ist in der *Beschreibung der Welt* nur vergleichsweise selten von Frauen die Rede, und der Brauch des Füßeeinschnürens wird nirgendwo erwähnt. Marco Polo beschreibt die Frauen von Fujian als sehr schön und spricht davon, daß die Frauen der Kaufleute von Hangzhou mit Seide und Juwelen geschmückt seien.[22] In einem Abschnitt, der nur bei Ramusio enthalten ist, werden die Kurtisanen von Hangzhou[23] und ihre Verführungskünste beschrieben, aber auch dort findet sich kein Wort darüber, daß ihre Füße – wie zu vermuten – eingeschnürt waren.

Während der Song-Dynastie (960–1279) fand das Einschnüren der Füße in den oberen gesellschaftlichen Schichten weite Verbreitung. Den jungen Mädchen wurden mit nassen Bandagen (die beim Trocknen immer enger wurden) die Zehen unter die Fußsohle geschnürt, damit sie schmale, spitze Füße bekamen.[24] Wenn es gelungen war, die Füße auf diese Weise zu deformieren, konnten die Frauen weder weite Strecken gehen noch ohne ihre Fußbandagen stehen, denn diese wurden zu einer unverzichtbaren Stütze für den hufähnlichen Fuß. Dieser Brauch verbreitete sich bis zu Beginn des 20. Jahrhunderts in praktisch allen Schichten der Bevölkerung mit Ausnahme der ärmsten Bauern, denn die benötigten für die Feldarbeit Frauen mit intakten Füßen. Die Mandschus jedoch, die von 1644 bis 1911 China regierten, und auch die Mongolen schlossen sich diesem Brauch nicht an. Man könnte demzufolge argumentieren, daß während der Mongolenherrschaft, als sich die Polo angeblich in China aufhielten, das Füßeeinschnüren nicht so weit verbreitet gewesen sei und daß ausländische Reisende Frauen mit geschnürten Füßen, die ja nicht weit laufen konnten, kaum je zu Gesicht bekommen haben dürften.

Ebenso ließe sich behaupten, daß Marco Polo nur in Ausnahmefällen eine Frau der oberen Gesellschaftsschicht gesehen haben konnte, da es üblich war, diese im Haus einzuschließen. Es ist vielleicht bezeichnend, daß er Frauen von Kaufleuten beschreibt, denn Kaufleute waren gewöhnlich schlecht angesehen, und ihren Söhnen wurde der Zugang zur Staatsverwaltung verwehrt (sofern sie nicht ihren gesellschaftlichen Status änderten und durch Kauf von Land zu Grundbesitzern wurden). So blieben die Frauen von Kaufleuten möglicherweise von der Oberklassen-Mode des Füßeeinschnürens weitgehend unberührt und konnten ihren Wohlstand eher auf den Straßen zur Schau tragen, wo sie auch einem Ausländer ins Auge fielen.

Im späteren traditionellen China bekam ein Ausländer oder Außenstehender kaum jemals eine ehrbare Frau zu Gesicht, von Dienerinnen einmal abgesehen. Obwohl bereits Konfuzius (um 500 v. Chr.) die strikte Trennung von Männern und Frauen gefordert hatte (was soweit ging, daß es zum Beispiel als unschicklich galt, wenn ein Mann seiner Schwägerin zur Hilfe eilte, um sie vor dem Ertrinken zu retten), scheint sich erst seit der Ming-Dynastie (1368–1644) das Einschließen der Frauen auf breiter Ebene durchgesetzt zu haben. Auf einem berühmten Gemälde, das Kaifeng, die Hauptstadt der frühen Song-Periode (etwa 1100–1130) zeigt, sind zwar nur wenige Frauen auf den Straßen zu sehen[25], aber doch einige. Zur Zeit der Ming-Dynastie wurde das Einschließen der Frauen viel strenger gehandhabt, was bedeutete, daß Frauen der oberen Gesellschaftsschicht sich nur in den Höfen und Gärten des Familienanwesens aufhalten durften und männliche Besucher sie nicht einmal dort zu Gesicht bekamen. Es ist jedoch sehr wohl möglich, daß Marco Polo während der moralisch nicht so strengen Zeit der Mongolenherrschaft in den Straßen chinesischer Städte Frauen gesehen hat, und zwar solche ohne geschnürte Füße.

Dennoch beschreibt Odorich von Pordenone, der China von 1320 an bereiste und seine Erinnerungen 1330 diktierte, das Füßeschnüren in Südchina, zusammen mit der damals unter Männern herrschenden Mode, sich die Fingernägel äußerst lang wachsen zu lassen.[26] Bis zur Qing-Dynastie (1644–1911) blieben lange, mit juwelenbesetztem Nagelschutz verzierte Fingernägel bei Frauen in Mode, auch wenn zu dieser Zeit sich die feineren Herren in der Regel nur mehr einen oder zwei Nägel lang wachsen ließen, um damit zu zeigen, daß sie es nicht nötig hatten, körperlich zu arbeiten. Der ganze Abschnitt bei Odorich über das Füßeeinschnüren wurde von Sir John Mandeville fast wörtlich übernommen, als er Mitte des 14. Jahrhunderts schrieb: »Zum Zeichen ihres hohen Ranges müssen Frauen kleine Füße haben; und deshalb werden ihnen gleich nach der Geburt ihre Füße so eng geschnürt, daß diese nicht auf natürliche Weise wachsen können.«[27] Es ist kaum vorstellbar, daß innerhalb von 50 Jahren die Moden so rasch gewechselt haben, daß etwa Marco Polo keine geschnürten Füße zu Gesicht bekam, während der fromme Bruder Odorich, der nicht in der hohen Gesellschaft verkehrte, wie dies Marco Polo angeblich tat, diese Praxis in allen Einzelheiten beschreibt.

Darüber hinaus gibt es eine weitere chinesische Eigenheit, die Marco Polo entweder nicht wahrgenommen hat oder der er kein Interesse schenkte – das Fischen mit Kormoranen. Noch heute können Touristen am Fluß Guilin dabei zusehen, wie mit Hilfe zahmer Kormorane Fischfang betrieben wird. Die Vögel tragen einen Ring um den Hals, damit sie keine großen Fische verschlingen können; von Bambusflößen aus tauchen sie ins Wasser und kehren dorthin mit ihrem Fang zurück. Dieser Anblick faszinierte bereits die Mitarbeiter von Lord Macartney, der von 1792 bis 1794 Botschafter in China war: »Dieser Vogel ähnelt dem Pelikan ... oder dem gemeinen Kormoran ... Diese Vögel ergreifen Fische, die kaum weniger wiegen als sie selbst, und halten sie fest ...«[28] Auch Odorich fielen sie auf, und von ihm stammt die erste in Europa bekanntgewordene Schilderung von Kormoranen, die »eine große Anzahl von Fischen fangen, und sobald sie sie gefangen haben, legen sie sie aus freien Stücken in einen Korb«.[29]

Zugunsten von Marco Polo und gegen die Einwände seitens der deutschen Mongolistik wird angeführt, daß er angesichts des zeitlichen Abstandes zwischen seiner Reise und der Niederschrift der *Beschreibung der Welt* manches vergessen haben könnte. Einzelheiten wie das Teetrinken könnten ursprünglich im Text vorhanden gewesen, von Rustichello aber später getilgt worden sein, weil er sie vielleicht als für die meisten Leser uninteressant erachtete. Und angesichts der zahlreichen Textvarianten und der Vielzahl von Kopisten könnten manche Passagen verlorengegangen sein. Auch könnte Marco Polo so wenig Interesse an der chinesischen Kultur gehabt oder eine so enge europäische Sichtweise gehabt haben, daß ihn zum Beispiel das Schriftsystem nicht interessierte – auch wenn er im Prolog behauptet, daß er zumindest Mongolisch fließend sprach und sich mit

Khubilai Khan ohne Dolmetscher unterhielt. Daß jedoch das Füßeeinschnüren mit keiner Silbe erwähnt wird, ist irritierend, denn von dieser chinesischen Eigenheit waren spätere Reisende fast immer am meisten fasziniert. Barrow schilderte geschnürte Füße, die er 1793–94, während der Ära Macartney, gesehen hatte[30], und in Stauntons Bericht über jene Botschaftsjahre gibt es Abbildungen davon.[31] Die ersten Fotografen, die nach China kamen, hielten dieses Phänomen fest, und nachdem ich die chinesischen Sammlungen des Museum of Mankind in London besichtigt hatte, hatte ich den Eindruck, daß die größte Einzelgruppe der dort ausgestellten Artefakte diejenige der mit Stickereien verzierten winzigen Schuhe ist, die zu Hunderten von europäischen Reisenden und Missionaren im 19. und frühen 20. Jahrhundert aus China mitgebracht wurden.

Und so mutet es seltsam an, daß in einem erklärtermaßen populären Werk von Tee, Schriftzeichen und geschnürten Füßen – drei Dingen also, die China nach westlicher Vorstellung symbolisieren – mit keinem Wort die Rede ist. Und in diesem Zusammenhang, da hier nur die wichtigsten Versäumnisse angesprochen wurden, sei wenigstens nachgetragen, daß dem Berichterstatter offenbar selbst der Gebrauch von Eßstäbchen entgangen ist.

9.

EISCREME UND SPAGHETTI

Da Marco Polo den Tee an keiner Stelle erwähnt, konnte er natürlich das Venedig des 13. Jahrhunderts auch nicht auf dessen Geschmack bringen (und es sollte noch weitere 400 Jahre dauern, bis Europa geradezu süchtig nach Tee wurde). Doch besagt eine der am weitesten verbreiteten Legenden über Marco Polo, daß er Spaghetti, Ravioli und Eiscreme aus China in Europa eingeführt haben soll. Die Frage aber, ob er die kulinarischen Künste Italiens (oder Chinas – je nachdem, ob aus italienischer oder chinesischer Sicht) beeinflußte, läßt sich nicht einfach dadurch klären, daß man sein Buch sorgfältig studiert.

Marco Polo beschreibt die Märkte von Hangzhou und zählt dabei Pfeffer, Birnen, Hundefleisch und alle Arten von Fisch auf, aber leider versäumt er es, mit ebensolcher Akkuratesse die Nahrungsmittel zu erwähnen, die er selbst aß. Zwar schreibt er über die Verwendung von Nudeln, den Verzehr von Reis und allen möglichen Sorten Fleisch (darunter auch Menschenfleisch in Fujian), doch nirgendwo ist zu lesen, wie die Gerichte zubereitet und serviert wurden (auch über Gemüse läßt er sich kaum aus). Darin fand er Nachahmer, denn die ersten Briten, die China bereisten, zollten diesen Dingen ebensowenig Beachtung oder befaßten sich zumindest nicht sonderlich eingehend mit ihnen. Aeneas Anderson, Diener von Lord Macartney, dem ersten britischen Botschafter in China, vermerkte lakonisch, daß »ihre Methode, Fleisch zuzubereiten, darin besteht, es in sehr kleine Stücke zu schneiden und zusammen mit Wurzeln und Kräutern in Öl zu braten. Sie haben reichlich Soja und Essig, die sie als Sauce beigeben.« Reis empfand er als »ganz ausgezeichneten Ersatz für Brot«.[1] An anderer Stelle bezeichnete Anderson die Speisen als »Mischmasch«. Selbst solche knappen Hinweise fehlen in Marco Polos Bericht völlig. Die bloße Tatsache, daß in so früher Zeit ein Italiener China besuchte, hat ausgiebige Spekulationen darüber ausgelöst, wer nun schließlich wen beeinflußte. Die Historiker des 19. Jahrhunderts, von denen viele der Diffusionstheorie anhingen, suchten nach dem notwendigen Bindeglied und stießen dabei auf Marco Polo.

Die Frage der Beeinflussung wird noch durch den Umstand kompliziert, daß rätselhafterweise Italien und China, die beide sehr stolz auf ihr kulinarisches Erbe sind, erstaunlich ähnliche Nahrungsmittel verwenden. Die in allen denkbaren Variationen erhältliche italienische Pasta hat ihr Gegenstück in den chinesischen Nudeln, die ebenfalls in einer Vielzahl von Formen erscheinen, allerdings zumeist eher lang und dünn und nur selten in Schmetterlings- oder Muschelform. So tobt ein Streit darüber, ob Marco Polo die Spaghetti und Ravioli nach China einführte, wo sie zu *jiaozi* und Nudeln umgewandelt wurden, dem Haupterzeugnis des Nordens, oder ob er vielmehr die Nudeln und *jiaozi* nach Italien brachte, wo sie zu Spaghetti und Ravioli wurden.

Die Diffusionstheorie des 19. Jahrhunderts besagt, daß jede kulturelle Leistung ihren Ursprung an einem einzigen Ort habe. Seit der Steinzeit seien die Urheber dieser Leistungen durch die Welt gereist und hätten andere

Zivilisationen mit ihren Entdeckungen erstaunt. Im Wien der Vorkriegszeit lehrte man die Anthropologiestudenten: »Das Kochen mit Wasser wurde nur einmal erfunden«[2] – als sei der Erfinder dieser Kunst stolz durch die Lande gereist, um allerorten seine Entdeckung bekanntzumachen und persönlich für ihre Weiterverbreitung von Kulturraum zu Kulturraum zu sorgen. Manchmal läßt sich der Verbreitungsweg einer Fertigkeit eindeutig nachweisen, wie zum Beispiel bei der Technik der Papierherstellung, die aus China über die arabische Welt nach Spanien und Italien gelangte, doch in anderen Fällen neigt der Diffusionismus dazu, die menschliche Erfindungsgabe zu unterschätzen.

Was die Ähnlichkeiten zwischen der italienischen Pasta und den chinesischen Nudeln betrifft, scheint dabei die arabische Welt eine Rolle zu spielen, die in der Mitte zwischen diesen beiden Ländern liegt und deren Händler einen Großteil des Warenverkehrs zwischen Italien und China kontrollierten. Claudia Roden, die sich in ihrem ersten Kochbuch mit Gerichten aus dem Mittleren Osten befaßte und später zwei Kochbuch-Preise für ihre Arbeiten über die italienische Küche gewann[3], meint: »In Persien liegt der Ursprung der Pasta.« Archäologen, die die Nahrungsmittelproduktion des frühen China erforschen, stimmen ihr zu. Demnach scheint für die Erfindung der chinesischen Nudeln wie auch der italienischen Pasta der arabische Einfluß bestimmend gewesen zu sein.

Weizen, ausgemahlen zu Mehl und ohne die Beigabe von Hefe oder einem anderen Treibmittel, führt gleichsam von selbst zur Herstellung von Pasta und Nudeln. Während der Besetzung Siziliens durch eine arabische Streitmacht im Jahre 827 gelangte Hartweizen nach Italien. Dieses leicht anzubauende, aber schwer zu mahlende Getreide bildet den Hauptbestandteil jeder Pasta. Die

Pasta aus Hartweizen verbreitete sich schrittweise bis nach Norditalien.⁴ Während in der *Beschreibung der Welt* an vielen Stellen persisches Vokabular zu finden ist, hat sich bis heute ein arabisches Wort für eine bestimmte Sorte dünner Spaghetti in Sizilien gehalten: *itriya*. Merkwürdig, daß es trotz dieser erwiesenen Einführung und Ausbreitung nach Norden eine eigenständige Genueser (leider nicht venezianische) Tradition der Pastaherstellung gegeben zu haben scheint, die ebenfalls unter arabischem Einfluß stand. Kleine, der Lasagne ähnliche Rechtecke aus Pasta werden in Genua *manili di sea*, »Seidentüchlein« genannt, wobei *mandil* die arabische Bezeichnung für Taschentuch ist; in Genua bezeichnet man Linguini auch als *tria*, gleichfalls ein arabisches Wort.⁵

Auch Nudeln und *jiaozi*, diese beiden sehr ähnlichen Nahrungsmittel, die man in Nordchina verzehrt, werden aus Hartweizenmehl hergestellt, und man vermutet, daß sie ebenfalls das Ergebnis arabischen Einflusses via Zentralasien sind. Der für chinesische Nudeln und *jiaozi* verwendete Hartweizen hat wahrscheinlich seinen Ursprung in Westasien.⁶

Zu den schwieriger herzustellenden Speisen zählen die italienischen Ravioli, die den chinesischen *jiaozi* sehr ähnlich sind (gewöhnlich werden diese mit »Klöße« übersetzt, doch sie erinnern weitaus mehr an Ravioli als die nicht gefüllten europäischen Klöße aus Sauerteig). Der älteste erhaltene *jiaozi* oder »Kloß«, eine Grabbeigabe aus dem 8. Jahrhundert aus gewürztem Fleisch in einer Pastahülle, wurde bei einer Ausgrabung in der Wüste Gobi entdeckt⁷, in einer Region Chinas also, in der zur damaligen Zeit die arabische Kultur vorherrschte; man kann diesen Fund im Turfan-Museum besichtigen. Anders als die Nudeln haben Ravioli und andere gefüllte Pastasorten ihren Ursprung nicht in Sizilien; sie sind nachweislich norditalienische Erfindungen, auch wenn sie erst durch die Einführung von Hartweizen durch die Araber entstanden. Falls wirklich die gefüllten Weizenteigtaschen, die man in Persien kennt, die Urform der *jiaozi* (und der russischen Pelmeni) sind, dann könnte es sein, daß Persien in späterer Zeit auch Einfluß auf die Herstellung von Ravioli in Genua ausübte. Doch selbst wenn es tatsächlich einen solchen späteren Einfluß gegeben hat, war es wohl kaum Marco Polo, der etwas zur Verfeinerung der Genueser Küche beitrug, es sei denn, er hat in den Diktatpausen während der Niederschrift seines Berichts durch Rustichello der Dame des Hauses, in dem er gefangengehalten wurde, beigebracht, wie man *jiaozi* füllt.

1969 und 1970 erschienen zu diesem Thema zwei Artikel; der eine stammt von Yan-shuan Lao (Taiwan), der andere von Professor Herbert Franke (Wiesbaden). Beide untersuchen das Vokabular eines kaiserlich-mongolischen Ernährungskompendiums, das den Titel *Yinshan zhengyao* trägt; Yan-shuan Lao übersetzt es mit »Eigenschaften und Bestandteile von Getränken und Speisen«. Obwohl es nicht leicht war, aus der chinesischen Übersetzung die in der Ausgangssprache benutzten Begriffe zu erschließen, weil »ein mongolisches Wort ein in der Mongolei benutztes türkisches Lehnwort oder auch eine türkische Form sein kann, die aus dem Persischen oder Arabischen entlehnt wurde oder vielleicht über Persien aus dem Arabischen kam«, gelangte Herbert Franke zu dem Schluß, es sei »festzuhalten, daß die Wörter für Nudeln, Ravioli und ähnliche Speisen aus Weizen sämtlich türkischen Ursprungs sind. Dies führt zu der Feststellung, daß diese Speisen selbst ursprünglich nicht aus China stammen. ... Dies würde bedeuten, daß selbst solche Speisen wie *jiaozi,* die zum festen Bestandteil der chinesischen Küche zählen, von den ›westlichen Barbaren‹ nach China gebracht wurden.«[8]

Eiscreme ist ein weiteres umstrittenes Thema. Der Legende nach beobachtete Marco Polo in China, wie man Eiscreme herstellte, und brachte das Rezept nach Europa.[9] Diese Legende scheint jedoch im 19. Jahrhundert entstanden zu sein, denn in der *Beschreibung der Welt* findet sich nicht der geringste Hinweis auf irgend etwas, was sich als Eiscreme deuten ließe. Als Robin Weir an seinem grundlegenden Werk über Eiscreme arbeitete und mich in diesem Zusammenhang zum Thema Marco Polo konsultierte, verschaffte er mir damit eine der vielen Inspirationen, die mir halfen, das Werk über Polo fortzusetzen. Im Gespräch mit Robin und bei den Nachforschungen zur Eiscreme-Frage wurde klar, daß wahrscheinlich die Chinesen der Tang-Dynastie (618–907) herausfanden, wie man Milchprodukte gefriert. Ein Gedicht aus dem späten 12. Jahrhundert scheint ein Loblied auf Eiscreme zu sein, die »aussieht wie Fett, doch von fester Gestalt ist, wie Jade in der Schüssel liegt, doch in der Sonne schmilzt«.[10] Nichtsdestotrotz handelt es sich bei der Herstellung von Eis und der Verringerung der Temperatur unter den Gefrierpunkt von Wasser um einen komplizierten Vorgang, der erst im 16. Jahrhundert von europäischen Gelehrten erfolgreich bewältigt wurde, also gehörige Zeit nach Marco Polos Tod. Gefrorenes Wasser und Eiscreme wurden in Europa erstmals im 17. Jahrhundert hergestellt.

Möglich ist, daß die Araber auch bei der Verbreitung der Kenntnisse, wie man Eis produziert, eine Rolle spielten, obgleich es noch weitere 300 Jahre dauerte, bis europäische Wissenschaftler das Geheimnis entschlüsselten, das bereits in einem aus dem 13. Jahrhundert stammenden arabischen Werk der Medizin nachzulesen ist.[11]

Ebenso wie im Falle der Pasta ist die Erfindung der Eiscreme mehr als 300 Jahre nach Marco Polo zu datieren. Die Verbindung zwischen ihm und diesen Speisen wurde erst lange Zeit später hergestellt und hat mit Marco Polos Buch und dem wenigen, was man über sein Leben weiß, nichts zu tun. Marco Polo dient hier erneut nur als praktisches Verbindungsglied zwischen zwei überaus unterschiedlichen und weit entfernten Zivilisationen, deren gemeinsame kulinarischen Ursprünge eher in Persien zu suchen sind.

10.

Mauern über Mauern

Marco Polos Beschreibung von Städten in China und anderswo stellt vielleicht seinen beständigsten Beitrag zu unserer Kenntnis des Orients im 13. Jahrhundert dar. Die erste als »Augenzeugen«bericht überlieferte Schilderung der großen Städte Chinas ist von besonderer Bedeutung, weil viele der Orte, die er beschrieb, entweder nicht mehr existieren – wie zum Beispiel die mongolische Sommerhauptstadt Shangdu – oder bis zur Unkenntlichkeit umgestaltet wurden, wie dies beim heutigen Peking mit seinen Hochhäusern der Fall ist. Die Niederlage der Mongolendynastie im Jahre 1368 und die Wiedereroberung Chinas durch den (chinesischen) Ming-Kaiser (dessen Herkunft noch dunkler ist als diejenige Dschingis-Khans, die jedoch beide aus ärmlichen Verhältnissen stammten) führte zur Zerstörung der mongolischen Hauptstadt Peking und vieler anderer Zentren, die Widerstand leisteten. Als 1644 die Ming-Dynastie ihrerseits unterging und die Mandschudynastie an ihre Stelle trat, wurden erneut Peking und viele andere Städte dem Erdboden gleichgemacht. Mitte des 19. Jahrhunderts kam es zu einem vom christlichen Glauben inspirierten Aufstand, der das *Taiping tianguo* (das Königreich des Himmlischen Friedens) zum Ziel hatte; während der Kämpfe wurde ein weites Gebiet im Yangtse-Delta verwüstet, darunter auch Teile von Yangzhou, Nanjing, Suzhou und Hangzhou. Noch heute werden selbst in den schönsten Städten Chinas alte Stadtviertel abgerissen, um an ihrer Stelle Bürohochhäuser zu errichten. Marco Polos Beschreibung der Pracht von Städten wie Hangzhou und Suzhou bleibt bestehen, auch wenn deren alte Gebäude und Brücken schon längst verschwunden sein werden.

Wer sich mit Chinas architektonischem Erbe beschäftigt, stößt nicht nur auf die Schwierigkeit, daß vieles absichtlich zerstört wurde; ein großes Problem liegt auch darin, daß fast sämtliche chinesischen Gebäude zum Großteil aus Holz bestanden. Und was die Armeen – ob kaiserliche oder die der Aufständischen – verschonten, fiel im Laufe der Jahrhunderte der Zerstörungskraft des Wetters zum Opfer. Wenn ein bedeutsamer Tempel einstürzte, wurde er normalerweise an gleicher Stelle und wiederum in Holz neu aufgebaut. Anders als in Japan, wo man bei bestimmten Tempeln aus dem 8. Jahrhundert eine außerordentlich hohe Wertschätzung des Originals bewies und jedes zerstörte Stückchen Holz durch eine identische Kopie ersetzte[1], wurden die chinesischen Tempel in der Regel im jeweils herrschenden Zeitstil wiedererrichtet. So kommt es, daß ein Tempel, dessen Ursprung im 3. Jahrhundert liegt und der einen recht authentischen Eindruck vermitteln mag, womöglich ein Bauwerk des 19. Jahrhunderts ist, dessen Gebälk und Dachknaufe wahrscheinlich eher dem Stil des 19. Jahrhunderts als dem des 3. entsprechen.

Einige Bauwerke aus dauerhafterem Material sind jedoch erhalten und können mit Marco Polos Beschreibung verglichen werden; und auch bei der Schilderung mancher Städte wie Hangzhou lassen sich zwischen Marco Polos Version und zeitgenössischen chinesischen

Texten Vergleiche anstellen. Zum Beispiel geht aus Marco Polos Darstellung des Grundrisses von Peking deutlich hervor, daß die Stadt im Schachbrettmuster angelegt war, was noch heute an manchen Stellen zu erkennen ist (auch wenn der Bau von drei Ringstraßen und die allgegenwärtigen Hochhausblöcke das alte Stadtbild fast gänzlich ausgelöscht haben, das noch bis Ende der achtziger Jahre unseres Jahrhunderts teilweise in traditioneller Form erhalten war).

Marco Polo beschäftigt sich mit Peking, der neu erbauten Hauptstadt des Mongolenherrschers Khubilai, sehr ausführlich. So beschreibt er die aus Erde gebauten Festungswälle, die die Stadt umgaben: »Die Anlage ist quadratisch«, und die »helle Mauer ist zinnenbekrönt«.[2] Diese Erdwälle sind im Norden der Stadt entlang der Straße Xueyuan lu noch heute zu erkennen, und mit ihrem Umfang von fast 40 Kilometern umschließen sie ein riesiges Gebiet, das sich viel weiter nach Norden ausdehnt als unter den späteren Ming- und Qing-Dynastien. Allerdings bilden diese Wälle eher ein Rechteck als ein Quadrat, wie Marco Polo behauptet. Man vermutet, daß die Umfriedung dieses Terrains, die nicht nur den bebauten Bereich, sondern eine viel größere Fläche umfaßte, auf ein fest verwurzeltes Bedürfnis der Mongolen zurückgeht, die ihre großen Herden von Pferden, Kamelen und Schafen stets in ihrer Nähe wissen wollten. Die späteren Bewohner hingegen empfanden diese Mauer eher als eine zweckmäßige Umfriedung der Stadt als etwa des Weidelandes.

Die äußeren Stadtmauern erwecken nicht den Eindruck, daß sie jemals bewehrt waren, und auch die Behauptung, sie seien »hell« beziehungsweise – in der englischen Fassung – »getüncht« gewesen, gibt Rätsel auf – doch vielleicht findet sich für diese beiden Fragen eine ganz einfache Antwort: Chinesische Stadtmauern wurden über einem Kern aus gestampfter Erde errichtet und manchmal mit grauen Ziegeln verblendet, ähnlich denjenigen, die man noch heute an den erhaltenen Stadttoren Pekings sehen kann. Der Hinweis auf Zinnen könnte eine rhetorische Ausschmückung sein, um die Pracht dieser hohen und starken Mauern aus gestampfter Erde hervorzuheben, aber abgesehen von der Schwierigkeit, Erdwälle diesen Ausmaßes weiß zu tünchen, wurde weder in China noch sonstwo jemals weiße Farbe verwendet, um Wehranlagen oder Stadtmauern anzustreichen. Die einzigen bemalten Mauern im heutigen Peking sind die dunkelroten Mauern der Verbotenen Stadt. Da sich bekanntlich die Mongolen beim Bau ihrer neuen Hauptstadt Peking an chinesische Entwürfe hielten, ist es unwahrscheinlich, daß die Mauern hell gestrichen wurden – vielleicht jedoch wurde der Erzähler auch hier, wie so oft, vom grandiosen Anblick schlicht überwältigt.

Den Grundriß Pekings beschreibt Marco Polo mit Blick von der hohen Stadtmauer: »Die Straßen der Stadt sind breit und schnurgerade; man hat immer Sicht von einem Ende zum anderen, denn jede führt von einem Tor zum anderen.« Zwischen diesen breiten Straßen »ist die ganze innere Stadt in Quadraten angelegt, wie ein Schachbrett«, mit »quadratischen und genau festgelegten« Parzellen für die Wohnhäuser; und »auf jeder Parzelle stehen große und geräumige Herrenhäuser mit weitläufigen Höfen und Gärten«.[3] In den Hauptstraßen reiht sich ein Ladengeschäft an das andere. Diese Beschreibung stimmt exakt mit der traditionellen chinesischen Stadtplanung überein und trifft auch auf die Anlage der späteren Stadt Peking zu. Die in der *Beschreibung der Welt* geschilderte Stadt wurde bei der Niederlage der Mongolen zerstört, und erst zu Beginn des

15. Jahrhunderts entschied der zweite Ming-Kaiser, an gleicher Stelle die Hauptstadt wiederaufzubauen, obgleich er von der bösen Ahnung verfolgt wurde, daß der Ort durch seine Zerstörung vom »Glück« (*fengshui*) verlassen sei. Diese spätere Ming-Stadt wurde ebenfalls im Schachbrettmuster, doch ein wenig weiter südlich als die mongolische, angelegt.

Weil die Holzkonstruktionen nicht überdauert haben und es immer wieder zu Zerstörungen durch Armeen und Aufstände kam, läßt sich nahezu die gesamte altchinesische Architektur nur indirekt erschließen – anhand dessen, was erhalten blieb, und durch Rekonstruktion des Vergangenen mittels spärlicher Hinweise. Aus Marco Polos Beschreibung geht das rekonstruierte, aber glaubwürdige Bild einer verschwundenen Stadt hervor, das durchaus in Einklang steht mit der damals von den Chinesen bevorzugten Bauweise. Seit der Shang-Dynastie (16. Jahrhundert v. Chr. – um 1066 v. Chr.) wurden die Städte möglichst rechteckig angelegt und durch Mauern geschützt, wobei der Herrscherpalast das Stadtzentrum bildete, das wiederum von einer rechteckigen Umfriedung umgeben war. Straßen und Wege verliefen geradlinig, und die Wohngebäude, errichtet auf regelmäßig angelegten Parzellen, deren Größe das Straßenmuster bestimmte, waren ihrerseits von Mauern umschlossen. Nur die Geschäfte, die sich an den Hauptstraßen befanden, hatten einen zur Straßenseite hin offenen Zugang; alles übrige war von Mauern umschlossen und dem Blick der Öffentlichkeit entzogen. Von frühester Zeit an gab es den Glauben an die »glückliche« Plazierung der Gebäude, der auf einem System beruhte, das *fengshui* (Wind und Wasser) oder Geomantik genannt wird. Die Geomantiker konsultierten obskure Handbücher mit Titeln wie *Das Geheimnis der Blauen*

Tasche (gemeint ist das Universum)[4] und benutzten spezielle Kompasse, um die günstigste Zeit und den verheißungsvollsten Ort für Gräber und für wichtige Gebäude festzulegen. Innerhalb einer Stadt waren die Parzellen durch das Straßenmuster vorgegeben; deshalb konnten die Hinterhofhäuser mit ihren hohen Mauern ohne die Hilfe eines Geomantikers gebaut werden, aber der Standort der Stadt selbst wurde stets entsprechend dem Rat eines solchen Experten gewählt. Städte und Häuser wurden nach Süden hin ausgerichtet; im Idealfall gab es vor dem Gebäude oder der Stadt ein Gewässer, aus dem man sich versorgen konnte. Auf der Ebene von Peking war die Errichtung von Städten einfach, denn vom Yongding-Fluß konnte man Wasserläufe durch die Stadt und das flache Land leiten, so daß keine geomantischen Probleme entstanden. Im Gegensatz dazu hat die südchinesische Stadt Nanjing unregelmäßige Mauern, die an Hügelketten stoßen, was den traditionellen Stadtplanern weit größere Probleme bereitete als das ebene Peking.

Die im Vergleich zu den Städten im hügeligen Süden regelmäßige Anlage des Grundrisses von Peking macht es auch heute noch sehr leicht, sich mit Hilfe eines Kompasses zu orientieren. Die Straßenrichtungen werden im allgemeinen nicht mit »links« oder »rechts« angegeben, sondern mit Norden, Süden, Osten oder Westen, so daß es geschehen kann, daß man die Auskunft erhält, man solle zuerst zwei Häuserblöcke weit nach Norden gehen, dann werde man dort das gesuchte Gebäude an der Westseite der Straße finden. (Diese Art der Richtungsangaben ist in Peking derart weit verbreitet, daß ich einmal erlebte, wie ein Pekinger auf seinen Mantel, der auf einer Hakenleiste hing, deutete und sagte: »Der ganz im Westen ist meiner.«)

Obgleich Marco Polo keinerlei Einzelheiten über die Wohnhausarchitektur mitteilte und vermutlich auch keinen Blick hinter die hohen Mauern der Hinterhofhäuser hätte werfen können, ist eine Passage besonders interessant, denn sie verrät wahrscheinlich etwas über den Baustil der Mongolen. In der Beschreibung der Gärten in Khubilai Khans Palast heißt es nämlich: »Das Gras wächst hier in Überfülle, weil sämtliche Wege gepflastert sind und ganze zwei Ellen höher liegen als der sie umgebende Boden, so daß sich auf ihnen kein Schlamm bildet und kein Wasser in Pfützen sammelt, sondern die Feuchtigkeit in den Rasen sickert ...«[5] Der Hinweis auf das Gras ist deshalb interessant, weil Gras- und Rasenflächen kein Bestandteil der späteren traditionellen chinesischen Gartenkultur waren. Im Gegenteil – Gras wurde rücksichtslos vernichtet, weil es angeblich Brutstätte von Stechmücken war. (Ich selbst habe im letzten Jahr der Kulturrevolution viele Nachmittage damit zugebracht, Gras auszurupfen – dies gehörte zu der obligatorischen körperlichen Arbeit –, was die rasenbegeisterten britischen Studenten reichlich empörte.) Für die Mongolen jedoch, die aus weiträumigen, grasbewachsenen Regionen stammten, war Gras vermutlich ein reizvoller Bestandteil des Gartens.

Möglich ist, daß auch die erhöhten Wege, die Marco Polo erwähnt, eine spezielle architektonische Besonderheit der Mongolen waren. In chinesischen Höfen könnte es zwar erhöhte Wege gegeben haben, aber diese wären normalerweise nicht durch die Mitte, sondern am Rand verlaufen, wohingegen bei einem der wenigen erhaltenen mongolischen Tempel in China, dem Yongle-Tempel (das heißt »Palast der Ewigen Freude«) nahe Ruicheng in der Provinz Shanxi hochgelegte Fußwege mitten durch den Haupthof führen. Die gleiche Anlage fand sich auch in den Überresten eines Hinterhofhauses der mongolischen Periode, auf die man bei Ausgrabungen unterhalb einer der Stadtmauern der Ming-Dynastie stieß. Marco Polo äußert sich nicht genauer dazu, ob die erhöhten Wege in der Mitte der Rasenfläche verliefen; wenn aber ein gleichmäßiger Ablauf des Regenwassers zum Rasen hin gewährleistet sein sollte, dann hat er es wohl so gemeint.

Bei seiner Beschreibung des großen Khanspalastes, der von den Ming zum Zeichen ihres Sieges vollständig zerstört wurde, konzentrierte sich Marco Polo vor allem auf die formalen Aspekte. Er schildert die Bankette, die in den riesigen Hallen mit ihren Sitzplätzen für 6000 Personen abgehalten wurden, und die Rituale, die die mongolischen Feste begleiteten. Die Wände der großen Hallen waren gold- und silberverziert und mit Tier- und Jagddarstellungen geschmückt, die Dächer glänzten »in allen Farben, in Rot und Grün, in Blau und Gelb«.[6] Sein Bericht gleitet ab ins Märchenhafte, wenn er von den Lagerräumen, unzähligen Wohnhäusern und Durchgängen hinter dem Palast spricht. Er schreibt: »Räume gibt es hier, man kommt aus dem Staunen nicht heraus«[7], und stellt fest, daß die hinteren Häuser, in denen die Frauen leben, Fremden verschlossen seien. Eine solche Aufteilung, die später auch für den Kaiserpalast der Ming und Qing in Peking übernommen wurde, entsprach der chinesischen Tradition. Die Privatwohnungen lagen hinter den Hofeinfriedungen, die großen Hallen für öffentliche Feiern dagegen in der Nähe des Haupttors, und Fremden oder Menschen, die nicht zur Familie gehörten, war der Zugang in die Einfriedung untersagt.

Neben dem Khanspalast werden noch andere Bauwerke ausführlich beschrieben, und eines davon ist erhalten. Es handelt sich dabei um eine Brücke am Stadtrand von Peking, die in Reiseführern und von ausländischen Besuchern als »Marco-Polo-Brücke« bezeichnet wird. Diese elegante Brücke ist von besonderem Interesse, denn anders als die aus Holz gebauten Paläste und Tempel, die entweder vollständig zerstört oder so oft umgebaut wurden, daß ihre ursprüngliche Gestalt nicht mehr zu erkennen ist, hat sie die Zeit vom 13. Jahrhundert bis heute überdauert.

Die Brücke befindet sich 16 Kilometer westlich von Peking und führt über den Fluß, der heute Yongding, früher Lugou hieß. Marco Polo benutzt die Bezeichnung »Pulisanghin«, was – wie wir schon gesehen haben – entweder die persische Bezeichnung für »Steinbrücke« oder ein sinopersischer Ausdruck für Sanggan-Brücke ist (wie ein noch älterer Name für den Fluß lautete). Polo gibt an, die Brücke liege zehn Meilen von Peking entfernt »in Richtung des Sonnenuntergangs«, sie sei 300 oder 400 Schritte lang und acht oder neun Schritte breit (die Angaben variieren in den verschiedenen Handschriften). Weiterhin sagt er, sie habe »vierundzwanzig Bogen und vierundzwanzig Pfeiler« im Wasser, die sie tragen, und diese seien ganz »aus grauen, fein gehauenen und schön gesetzten Marmorsteinen. Marmorplatten und -säulen bilden beidseitig eine Brüstung …«[8] Er beschreibt Pfeiler, die von steinernen Löwen getragen werden, was an die Stelen erinnert, die normalerweise von steinernen Schildkröten getragen wurden und die man häufig an besonderen Plätzen errichtete:

Und auf beiden Seiten der Brücke befinden sich zahlreiche kleine Pfeiler, und unter jedem der Pfeiler, gleichsam als Fuß, befindet sich ein steinerner Löwe, und oben, am Kopfende ein zweiter Löwe [diese Ein-

zelheiten finden sich nur in einem lateinischen Kompendium aus dem frühen 15. Jahrhundert, das in Ferrara aufbewahrt wird], *und von einem Pfeiler zum nächsten spannt sich eine Platte aus grauem Marmor, auf der verschiedene Skulpturen zu sehen sind und die auf beiden Seiten in die Säulen verankert ist* [nur bei Ramusio], *und so gibt es auf der besagten Brücke insgesamt 600 Pfeiler mit 1200 Steinlöwen auf beiden Seiten der Brücke, und alle diese Gebilde bestehen aus sehr feinem Marmor* [nur in der lateinischen Version aus dem 14. Jahrhundert].[9]

Die heutige Brücke besitzt nur sieben Bögen, und aus chinesischen Aufzeichnungen ist zu ersehen, daß es nie mehr als 13 waren – und mit Sicherheit niemals 24. Yule erwog die Möglichkeit, daß Marco Polo eine andere Brücke gemeint haben könnte, die weiter im Westen über den Liuli-Fluß führt. Aus den Anmerkungen zur dritten Auflage seines Werks geht jedoch hervor, daß laut Auskunft von Reverend Ament erst 1522 eine Brücke über den Liuli-Fluß gebaut wurde[10]; so müssen wir doch mit der ursprünglichen Brücke vorliebnehmen und den Schluß ziehen, daß Marco Polo, falls er die Brücke je gesehen hat, entweder sich später nicht mehr genau an die Einzelheiten erinnerte oder wieder einmal übertrieb.

Die Steinbrücke wurde 1189–92 errichtet, 1444 zum erstenmal und 1698 zum zweitenmal restauriert. Sie hat 120 Brüstungssäulen mit kleinen geschnitzten Löwen auf den Spitzen (aber nicht an der Basis), und die dazwischen befindlichen »Platten« sind glatt. An beiden Enden der Brücke befindet sich ein aus Stein gemeißelter Elefant, der mit dem Kopf zum Ende des Brückengeländers steht. Da man über die Restaurierungen nur wenig weiß, wäre es möglich, daß die Elefanten erst später hinzugefügt wurden. Wenn man die Zahl der Bögen nicht wörtlich nimmt, über die Nichterwähnung der Elefanten und die offensichtliche Verwechslung von pfeilertragenden Schildkröten mit Löwen hinwegsieht, die Anzahl der kleinen Löwen beträchtlich verringert (und diejenigen an der Basis der Pfeiler nicht beachtet, denn sie entsprechen nicht dem chinesischen Stil des Brückenbaus), dem persischen Namen für dieses Bauwerk keine Beachtung schenkt und – wie Moule – die Beschreibung aus einer Vielzahl von Handschriften in verschiedenen Sprachen destilliert, dann, ja dann ist Marco Polos Darstellung annehmbar.

Eine Besonderheit unter den Gebräuchen in Peking, die Marco Polo erwähnt und die in deutlichem Gegensatz zu späterer Praxis zu stehen scheint, waren die offiziellen »Gewaltakte«, womit öffentliche Exekutionen gemeint sein dürften, die offenbar außerhalb der Stadtmauern, in den bäuerlichen Vorstädten, stattfanden.[11] Später wurden Exekutionen gewöhnlich auf den belebtesten Plätzen abgehalten, damit möglichst viele Menschen davon erfuhren. Während der Qing-Periode (1644–1911) fanden in Peking die Exekutionen auf dem Gemüsemarkt statt, so daß sich unter der Bevölkerung der Stadt der Spruch einbürgerte: »Geh doch zum Gemüsemarkt«, wenn man jemanden zum Teufel wünschte. Angesichts dieser in späterer Zeit bevorzugten Praxis des Vollzugs der Strafe in aller Öffentlichkeit wäre es erstaunlich, wenn gerade die Mongolen, vor deren gewalttätigem Gebaren ganz Europa zitterte, in diesem Punkt Feingefühl bewiesen und ihre Exekutionen den Augen der Öffentlichkeit möglichst entzogen hätten.

Weitere Städte, die in der *Beschreibung der Welt* ausführlich behandelt werden, sind zum Beispiel Suzhou, das »Venedig Chinas«, und das schöne, am Seeufer gelegene Hangzhou, das den südlichen Song zeitweilig (1227–1279) als Hauptstadt diente.

Suzhou in der Provinz Jiangsu war eine der bezauberndsten Städte Chinas. Im fruchtbaren grünen Yangtse-Delta gelegen, dem »Land von Fisch und Reis«, wo prächtige grüne Reisfelder von Tausenden von Flüssen und Kanälen bewässert wurden, die das ganze Gebiet durchzogen, gelang es Suzhou über Jahrhunderte hinweg, wirtschaftliche Bedeutung mit stiller Eleganz zu paaren. Durch den für seine handwerklichen Erzeugnisse berühmten Teil der Stadt verläuft der Große Kanal, ein breiter Wasserweg, der im 7. Jahrhundert angelegt wurde, um den Reis aus dem fruchtbaren Süden Richtung Norden zu transportieren. Die im Umland produzierte Seide wurde in Suzhou gesponnen; die Stutzer des 13. Jahrhunderts (und auch noch in späterer Zeit) hüllten sich gerne in diesen Stoff. Viele der handwerklichen Erzeugnisse waren von höchster Qualität, denn seit dem 10. Jahrhundert war Suzhou der bevorzugte Alterssitz von ehemaligen Staatsbeamten und Männern der Wissenschaft, die ihre hübschen Häuser mit Möbeln aus fein gearbeitetem Hartholz – das Insignum der Gelehrsamkeit –, mit Gemälden und Schnitzwerk schmückten. Die Gärten Suzhous sind heute noch berühmt; zwar stammen die meisten aus der Ming-Periode (1368–1644) oder noch späterer Zeit, die ersten wurden aber bereits von den Song angelegt. Einen chinesischen Garten anzulegen erforderte eine ganze Reihe von Zuliefererbetrieben, denn abgesehen von Pflanzen wurden sie mit in Stein gemeißelten Inschriften, kiesbestreuten Wegen und aufwendigen Felsgebilden ausgestattet. Die Felsenbauer – hochbezahlte Experten – arbeiteten oft mit riesigen

Gesteinsbrocken, die über den Kanal vom 50 Kilometer entfernten Tai-See herbeigeschafft wurden; und eine wachsende Zahl von fachlich hervorragenden Handwerkern sorgte für die architektonische Ausgestaltung der Häuser und Gärten, schuf die eleganten Pavillons, die holzgeschnitzten Innenwände und die verschlungenen Darstellungen aus behauenen Ziegeln über den Torbögen.

Marco Polo beschreibt Suzhou als Zentrum der Seidenherstellung und die Bewohner als talentierte Handwerker und Händler – ein doch recht knapper Bericht –, er erwähnte aber auch eine der berühmtesten Besonderheiten der Stadt: dort gebe es »gut sechstausend steinerne Brücken; die sind so hoch, daß ohne weiteres eine oder zwei Galeeren passieren können«.[12] Viele Straßen in Suzhou verliefen entlang kleiner Kanäle, an denen Frauen Kleider und Gemüse wuschen und die von schmalen Steinbrücken überspannt wurden. An dem breiteren Großen Kanal gab es zahlreiche elegante »Jade-Gürtel«-Brücken – hochragende, schlanke und einbogige Konstruktionen aus Stein, deren Schatten wie an einem Gürtel aufgereihte Kreise auf das Wasser zeichneten, und unter denen die beladenen Kanalboote hindurchfuhren. Marco Polo wußte die Schönheit dieser Stadt nicht recht zu würdigen; weil die meisten Wasserstraßen und Brücken sehr schmal und kleinen Ausmaßes waren, konnten sie einen Venezianer vermutlich nicht so leicht beeindrucken. Allerdings hielt Marco Polo fest, daß Suzhou ein Markt für Ingwer und Rhabarber aus den nahen Bergen sei. In der Nähe von Suzhou gibt es jedoch keine Berge, die Stadt liegt im flachen, feuchten Gebiet des Yangtse-Deltas, und Ingwer wird hauptsächlich weiter westlich angebaut. Darüber hinaus wurde bei Suzhou noch nie Rhabarber angepflanzt. Was Yule als »das große

Handelszentrum für Rhabarber« bezeichnet, war ein anderes Suzhou in der Provinz Gansu.[13]

Suzhou wird heute zuweilen mit Venedig verglichen – Marco Polo aber hat Hangzhou (Kinsai, Quinsai) für einen solchen Vergleich gewählt. Die Stadt liegt am großen Westsee in der Nähe des Flusses Qiantang und wird vom Großen Kanal gestreift.[14] Möglich ist, daß Marco Polo die beiden Städte miteinander verwechselte, denn nur Suzhou ist von Kanälen durchzogen, die den kleineren Wasserstraßen Venedigs ähneln, wohingegen die breiteren Wasserflächen in der Umgebung Hangzhous eher der Größe (nicht aber dem Aussehen) des Rialto entsprechen. Marco Polo spricht von 12 000 Brücken in Hangzhou, eine Behauptung, die Yule verwirrte, denn »Wassaf erwähnt nur 360 Brücken«.[15] Doch zur Verteidigung Polos ist zu sagen, daß er gerne übertrieb, und die riesige Zahl, die er nennt, wurde auch von Odorich von Pordenone angegeben (der sie wiederum vielleicht von Polo abgeschrieben hat).

Sehenswert in Suzhou sind vor allem die Privatgärten, die eleganten Häuser, Brücken und Tempel, die womöglich vielen ausländischen Besuchern zu sehr dem chinesischen Geschmack entsprechen. Marco Polo jedenfalls widmete der Stadt Hangzhou eine ausführlichere Beschreibung und brachte ihr offensichtlich größere Wertschätzung entgegen. Die Mitarbeiter des ersten britischen Botschafters in China teilten Marco Polos Begeisterung für die weite offene Seenfläche inmitten sanfter Hügel mit ihren eleganten Pagoden – eine reizvolle Landschaft ganz nach dem englischen Geschmack des 18. Jahrhunderts.

Der See bei Hangzhou, umgeben von Tempeln und großen Herrenhäusern, sei – so Marco Polo, der die ungewöhnliche »raketenförmige« Bao-Chu-Pagode

(1003 restauriert) mit keinem Wort erwähnte – voller hell gestrichener, flachbödiger Vergnügungskähne, die gemächlich über das Wasser glitten, so daß die Gäste (in Begleitung ihres »Frauenvolks oder gemieteter Frauen«) während der Fahrt ein opulentes Mahl genießen und gleichzeitig »ihren Blick an der Vielgestalt und Schönheit der Landschaft, die sie durchfahren«[16], weiden könnten. Eine solche Schilderung dürfte bei zeitgenössischen Touristen, die in geruhsamer Fahrt über den See gerudert und dabei zwar mit sprudelnder Orangeade, aber nicht mit gemieteten Frauen bewirtet wurden, vertraute Erinnerungen wecken.

Der Kaufmann Marco Polo interessierte sich vor allem für die handwerkliche Produktion Hangzhous, die von Handwerkergilden geregelt wurde und in eigens dafür bestimmten Stadtvierteln stattfand. Die ausführlichste Schilderung dieser Handwerkerviertel, in denen die Söhne traditionellerweise dazu gezwungen wurden, das Gewerbe ihres Vaters fortzuführen, und wo die Ehefrauen der besten Handwerker mit seidenen Gewändern und Juwelen ihren Wohlstand zur Schau stellten, findet man in der Ramusio-Version. Die zehn großen Märkte Hangzhous (die ebenfalls nur bei Ramusio erwähnt werden), zogen laut Polo 40 000 bis 50 000 Kunden an, die sich dort mit frischem Fisch aus dem nahegelegenen Westsee oder dem Meer versorgten. Dort gab es auch riesige Birnen zu kaufen, »jede mit einem Gewicht von zehn Pfund, innen weiß wie Teig und sehr stark duftend«[17], was sehr nach den seltsamen Tianjin-Birnen klingt, die man heute kaufen kann, denn diese haben weißes, knackiges, aber saftiges Fruchtfleisch, ganz anders als unsere Birnen, die eher hart und saftlos sind oder weich und mürbe. Die Birnen mögen zwar groß gewesen sein, aber das Gewicht, das

Marco Polo angibt, gehört wohl zu seinen berühmten Übertreibungen. Abgesehen von Trauben und (importierten) Rosinen sind die Birnen die einzigen Früchte, die namentlich erwähnt werden. Bei der Aufzählung der erhältlichen Fleischsorten scheint er außerdem nach islamischen Maßstäben zu verfahren. Moule wies darauf hin, daß bei der Aufzählung der Waren, die man auf dem Fleischmarkt bekam, Schweinefleisch nicht erwähnt wird (Hundefleisch hingegen schon). Da Odorich von Pordenone eigens auf das Schweinefleisch hingewiesen hatte, gelangte Moule zu der Überlegung: »Wahrscheinlich wurde Marco durch die vielen Mohammedaner am Hof des Khans selbst ein wenig zu einem Sarazenen.«[18]

Im Zusammenhang mit dem Alltagsleben in Hangzhou berichtet Marco Polo auch über die öffentlichen Badehäuser, die vielstöckigen Wohngebäude und die daraus erwachsende Feuergefahr. Die Badegewohnheiten in China waren regional unterschiedlich; in Südchina legte man größeren Wert auf die Körperreinigung als im Norden und Westen. In noch früherer Zeit war es offenbar üblich gewesen, daß Beamte alle zehn Tage badeten und ihr Haar wuschen, weshalb ihr Gehalt als »Einkünfte für das Baden und Haarewaschen« bezeichnet wurde. Staatsbedienstete bekamen jeden zehnten Tag frei, damit sie ihre Waschungen durchführen konnten.[19] Da die Angehörigen der Oberschicht vermutlich zu Hause badeten, wurden die Badehäuser, die Marco Polo erwähnt, wohl vom einfachen Volk aufgesucht. Es scheinen Einrichtungen gewesen zu sein, wo man sich aufhalten, Tee trinken und auf alle mögliche Arten massieren lassen konnte, so wie das in den öffentlichen Badehäusern Chinas auch heute noch der Fall ist. Marco Polo berichtet, daß normalerweise kaltes Wasser aus dem See benutzt wurde, daß Fremde jedoch auch heiße Bäder bekommen konnten. Andere Besucher haben ebenfalls darüber berichtet (ein japanischer Gast aus dem 11. Jahrhundert verzeichnete sorgfältig die Preise, die an der mit einem großen Krug markierten Eingangstür angeschlagen waren), und wie die großen Bäder in der Türkei konnte man diese Badehäuser gar nicht verfehlen, denn vor ihnen reihten sich die Händler auf, die Seife und anderes Badezubehör verkauften, darunter Lotionen und Medizinen.

Die Ausländer, die sich zur damaligen Zeit in Hangzhou aufhielten, beschrieben die Häuser als mehrstöckig, schön mit Holzschnitzereien verziert und dicht an dicht gedrängt. Arabische Reisende berichteten von drei- bis fünfstöckigen Gebäuden, aber Odorich von Pordenone (der wie Marco Polo auch ein wenig der Versuchung erlag zu übertreiben) sprach von turmhohen Wohnhäusern von acht bis zehn Stockwerken[20] – eine erstaunliche Angabe, denn selbst in Südchina findet man kaum Häuser oder Geschäfte mit mehr als zwei Stockwerken, wobei zweistöckige Gebäude die Regel sind, insbesondere bei Häusern (zur Straßenseite das Geschäft und dahinter das Wohnhaus) in den größeren Städten des Südens. Im alten Peking war dies allerdings nicht der Fall, wie aus einer abschätzigen Bemerkung von Lord Stanley über die chinesische Hauptstadt, die aus der Mitte des 19. Jahrhunderts stammt, zu erkennen ist. »Peking ist doch nichts als ein gigantischer Reinfall! Nicht ein einziges zweistöckiges Haus in dem ganzen Ort.«[21] Daß Hangzhou während der späten Song- und der Yuan-Dynastie wahrscheinlich über mehrstöckige Gebäude verfügte, obwohl dies in chinesischen Berichten nicht verzeichnet ist, läßt sich aus den Angaben zur Volkszählung schließen, denn es ist unwahrscheinlich, daß eine Million Menschen auf einem mit einer Mauer umgebenen Gebiet, das von einem See und Hügeln umschlossen war, ohne den Bau hoher Häuser hätten untergebracht werden können.[22]

Dichtgedrängte Häuser aus Holz erhöhten die Feuergefahr, und in vielen chinesischen Städten wurden bereits früh Feuerwehren eingerichtet, die mit Beilen, Eimern, feuerfester Kleidung, Seilen und Leitern ausgestattet waren, um Brände zu bekämpfen, und die über Wachtürme verfügten, von denen mit Hilfe von Flaggen der Ort und die Größe eines Feuers signalisiert wurden.[23] Marco Polos Bericht über die Feuerschutzmaßnahmen im mongolischen Hangzhou unterscheidet sich nur geringfügig von den Praktiken, die aus der vorangegangenen Song-Dynastie bekannt sind. Daraus läßt sich schließen, daß die mongolischen Herrscher (die zum Anzeigen des Brandherds keine Flaggen, sondern Trommeln verwenden ließen) mit äußerst strengem Regiment über das Volk herrschten. Marco Polo erwähnte außerdem große Lagerhäuser aus Stein und Ziegeln, in denen Wertgegenstände aufbewahrt wurden. In dem Familienanwesen des Konfuzius in Qufu (in der Provinz Shandong)[24] gibt es einen Turm aus Stein, der dem Schutz von Eigentum und Menschen diente, wenn das Anwesen angegriffen wurde, und in den Kleinstädten in Kanton wurden solche Türme oft zum Schutz vor Piraten benutzt.

Der ausführliche und detailgenaue Bericht über Hangzhou in der *Beschreibung der Welt*, die Schilderung der Märkte, der Vergnügungsboote auf dem See, der Tempel in den umliegenden Hügeln, der Werkstätten der Handwerker (leider ohne Schilderung ihrer Erzeugnisse), der Badehäuser, der Feuerschutzeinrichtungen und der sorgfältig gekleideten Ehefrauen der Händler vermitteln ein lebhaftes Bild dieser blühenden Stadt, die offenbar durch den Sturz der südlichen Song im Jahre 1279 kaum in Mitleidenschaft gezogen wurde. Anhand der Beschreibung von Marco Polo und zahlreichen chinesischen Texten zum gleichen Thema konnte man sich ein umfassendes Bild über das chinesische Alltagsleben im späten 13. Jahrhundert machen[25], denn viele Einzelheiten aus der *Beschreibung der Welt* werden durch chinesische Quellen bestätigt.

Marco Polos Bericht über Quanzhou (Zayton, Zalton) hingegen ist vergleichsweise ungenau. Richtig ist allerdings, wenn er sagt, daß die Stadt einen der zwei größten Seehäfen der Welt besitze. In Quanzhou fand ein Großteil des chinesischen Überseehandels statt: Von hier aus wurden grünes Seladon-Geschirr, weißes Porzellan und Seide nach Südostasien und Japan verschifft. Marco Polo richtete sein Augenmerk vor allem auf die Importwaren, die Edelsteine und Perlen aus Indien, obgleich wohl in der Hauptsache Gewürze, Edelhölzer und medizinische Ingredienzen eingeführt wurden. Zu jener Zeit war Quanzhou auch eines der größten islamischen Zentren in China, mit einem muslimischen Zollinspektor – ein Ehrentitel, den derjenige arabische oder persische Händler erhielt, der die größte Menge Weihrauch importierte – und einer schönen Moschee, die 1009 erbaut wurde. In der Umgebung der Stadt befinden sich die Gräber zweier moslemischer Weiser, die angeblich während der Tang-Dynastie (618–907) nach Quanzhou gekommen waren, doch Marco Polo, der ansonsten Muslime von Buddhisten sehr wohl zu unterscheiden wußte, bezeichnete Quanzhou als eine Stadt (buddhistischer) Götzenverehrer und erwähnte auch den manichäischen Tempel in der Nähe mit keinem Wort. Den Fluß bezeichnete er fälschlicherweise als Nebenstrom des Qiantang, der in Wirklichkeit bei Hangzhou fließt, und seine Schilderung fällt insgesamt so knapp aus, daß man annehmen darf, er habe entweder die Stadt persönlich gar nicht kennengelernt oder – angesichts seines biografischen Hintergrundes als Kaufmann – an ihr erstaunlich wenig Interesse entwickelt.

Auch die Stadt Yangzhou, in der er – wie es in einer Handschrift heißt – drei Jahre lang Gouverneur gewesen sein soll, wird erstaunlicherweise nur als großes Verwaltungszentrum beschrieben, in der Pferdegeschirr hergestellt werde: »Das ist alles, was da zu sagen ist.«[26] Selbst der japanische Eisenbahn-Reiseführer von 1924 klingt da noch begeisterter: »Die Stadt ist seit jeher als Ort des Vergnügens und der Ausgelassenheit bekannt. ... In den ruhmreichen Tagen Yangzhous hieß es, daß ein Mann, der mit der Absicht in die Stadt komme, sich zu vergnügen, diese nicht wieder verlasse, bevor er nicht sein letztes Hemd verloren habe.« Entlang der Stadtmauer Yangzhous floß der Große Kanal (auf dem im 17. Jahrhundert der Sui-Kaiser auf einer Barkasse reiste, die von wunderschönen Mädchen gezogen wurde), und obgleich die Hauptquelle des örtlichen Wohlstands Seide, Reis und Salz waren, galt die Stadt ähnlich wie Hangzhou auch als Zentrum des Handwerks, in der die für ein elegantes Leben erforderlichen Güter hergestellt wurden. Wie Suzhou war auch Yangzhou bevorzugter Wohnort der Reichen, die sich hier hübsche Häuser mit Gärten errichten ließen. Die meisten dieser Gebäude, die man heute noch hier findet, stammen zwar aus viel späterer Zeit (so zum Beispiel das berühmte Haus in Yangzhou, in dem im 18. Jahrhundert die acht »exzentrischen« Maler lebten, die ihre Haarzöpfe und Fingernägel als Pinsel benutzten und Tinte auf das Papier spritzten, um auf diese Weise gepunktete Landschaften zu erzeugen), doch zumindest einer der berühmten Gärten wurde 1048 von dem Dichter Ouyang Xiu geschaffen. Ouyang Xiu, der in seiner »Hohen Halle« saß, trank und dabei Gedichte schrieb, war im 11. Jahrhundert Gouverneur von Yangzhou und als solcher ein berühmter Vorgänger Marco Polos.

11.

Die grösste Mauer entging ihm

Marco Polos Schilderungen von Orten und Gebäuden fallen recht unterschiedlich aus; sie reichen von der umfassenden und sorgfältigen Beschreibung Hangzhous bis zu dem knappen und unbefriedigenden Bericht über Quanzhou und Yangzhou. Ein berühmtes Großbauwerk aber erwähnt er mit keiner einzigen Silbe – die Große Mauer. Zunächst scheint dieses Versäumnis seiner Glaubwürdigkeit besonders schwer zu schaden, doch als erstes ist zu klären, wie die Große Mauer im 13. Jahrhundert aussah und welche Teile von ihr damals bereits vorhanden waren.

Ob man eine Landkarte Chinas betrachtet, mit dem Flugzeug Nordchina überquert oder mit der Transsibirischen Eisenbahn reist – nur jemand, der stark sehbehindert ist, würde die Große Mauer nicht bemerken und nicht von ihr beeindruckt sein. Sie zählt unangefochten zu den Weltwundern. Über Tausende von Kilometern zieht sie sich durch die Hügellandschaft Nordwestchinas. Nach wie vor herrscht Uneinigkeit über ihre Länge: die Schätzungen reichen von 3900 bis 5000 Kilometern.[1] Diese stark differierenden Angaben erklären sich vor allem durch die Gestaltung der Mauer, an der über Hunderte von Jahren hinweg in unterschiedlichem Gelände gebaut wurde und die in manchen Abschnitten mit doppelten inneren Mauern versehen ist. Während an ihrer gigantischen Ausdehnung und ihrer eindrucksvollen Breite (in den östlichen Abschnitten konnten auf der Mauer vier Kavalleristen bequem nebeneinander reiten) kein Zweifel besteht, entbehren die gängigen Mythen über die Mauer zumeist jeder Grundlage. So heißt es zum Beispiel, sie sei das einzige von Menschenhand geschaffene Bauwerk, das man bloßen Auges vom Mond aus erkennen könne: lang genug wäre sie zwar, aber sie ist zu schmal, als daß man sie aus einer solchen Entfernung wahrnehmen könnte.

Die Große Mauer entstand auf der Basis früherer kleinerer Mauern und ist ein weiterer Beweis für die althergebrachte chinesische Vorliebe für Umfriedungen (um Fremde fernzuhalten und die Menschen in ihren Orten einzuschließen). Die ersten Baumaßnahmen an der Großen Mauer fanden während der Herrschaft des Qin-Kaisers Shi Huangdi statt, der von 221 bis 206 v. Chr. regierte und vor allem wegen seines riesigen Mausoleums bei Xi'an bekannt ist; in dessen Nebengräbern wurde die »begrabene Armee« gefunden, ein Heer von überlebensgroßen Kriegern aus Terrakotta. Qin Shi Huangdi legte großen Wert darauf, daß zu öffentlichen Baumaßnahmen Soldaten und Bürger herangezogen wurden, die auf diese Weise einen Teil ihrer Steuerschulden durch körperliche Arbeit begleichen konnten, wodurch im ganzen Reich Straßen und Mauern entstanden. Mit der Großen Mauer verband und erweiterte er bereits bestehende Wälle, die zum Schutz jener eigenständigen »Streitenden Reiche« errichtet worden waren, die in Nordchina bestanden hatten, bis er schließlich 221 v. Chr. das gesamte Reich eroberte und vereinte.

Während der darauf folgenden Han-Dynastie (206 v. Chr. – 220 n. Chr.), als das Chinesische Reich sein

Herrschaftsgebiet nach Westen bis über die Wüste Gobi hinaus ausdehnte, wurde auch die Mauer erweitert. Es entstanden Garnisonen, die über Meldetürme verfügten und die Mauer verteidigten. Zu dieser Zeit wurde zum Bau der Mauer vermutlich hauptsächlich Erde verwendet. Jahrtausendelang benutzten die Chinesen den Löß, die »gelbe Erde« aus Nordwestchina, zur Errichtung von Stadtmauern, Häusern, Palästen und Türmen. Noch heute verfährt man nach der damals gebräuchlichen Methode: Erde wird in hölzerne Rahmen geschaufelt und schichtweise gepreßt, wodurch erstaunlich dauerhafte Wände und Platten entstehen. (Im Herbst 1975 verbrachte ich zu meiner Freude eine Woche damit, auf diese Weise Wände für Winter-Gewächshäuser in den Vororten Pekings herzustellen.)

Erst zur Zeit der Ming (1368–1644), das heißt einige Jahrzehnte nach der Reise der Polo, wurden Teile der Mauer, darunter auch die Abschnitte bei der Hauptstadt Peking, mit Ziegeln verblendet. Welche feste Struktur daraus entstand, kann man bei Badaling in der Nähe Pekings sehen, wohin die meisten Touristen reisen. Die Große Mauer gehört heute zu den Hauptsehenswürdigkeiten Chinas; in Europa war sie bereits im 18. Jahrhundert wohlbekannt. 1778 war sie Thema einer Unterhaltung bei Samuel Johnson:

Er erzählte ungewöhnlich lebhaft von Reisen in ferne Länder; daß der Geist davon bereichert würde und man dadurch an Charakterstärke gewinnen könne. Besonders begeistert zeigte er sich über den Besuch der Chinesischen Mauer. Ich unterbrach ihn kurz und sagte, ich sei wirklich der Ansicht, daß ich losfahren und die Chinesische Mauer besichtigen sollte, hätte ich keine Kinder, für die zu sorgen meine Pflicht sei. »Sir (sagte er), wenn Sie es täten, würden Sie damit Wesentliches dazu beitragen, daß Ihre Kinder zu hoher Bedeutung heranwachsen. Der Glanz Ihres Geistes und Ihrer Entdeckerfreude würden auch sie bescheinen. Sie würden für immer als die Kinder eines Mannes angesehen werden, der nach China reiste, um die Große Mauer zu sehen. Das meine ich wirklich, Sir.[2]

Seine Kenntnisse über die Große Mauer bezog Johnson möglicherweise aus der Lektüre von Diderots *Encyclopédie* (1765), wo sie mit den ägyptischen Pyramiden verglichen wurde.

Auch die Mitarbeiter des Botschafters Lord Macartney waren von der Ming-Mauer beeindruckt:

Was das Auge von einem einzigen Punkt aus von jenen bewehrten Mauern erfassen konnte, die über den Kamm der Hügel verläuft, über die Gipfel der höchsten Berge, hinab in die tiefsten Täler auf Bögen über Flüsse hinweg, an vielen Stellen doppelt und dreifach, um wichtige Durchgänge zu schaffen, fast alle hundert Meter mit Türmen und massiven Bastionen versehen, so weit der Blick reicht, präsentierte dem Geist ein Unternehmen von überwältigender Größe.[3]

Staunton, der Sekretär Lord Macartneys, hatte vor Antritt seiner Aufgabe sämtliche verfügbaren Bücher über China studiert; er war wahrscheinlich der erste, der darauf hinwies, daß Marco Polo es versäumt hatte, über die Große Mauer zu berichten:

Marco Polo, der erste Europäer, der jemals einen Bericht über dieses Reich schrieb, hat jedoch die Mauer mit keinem Wort erwähnt; da er über Land in die

Hauptstadt Chinas reiste, darf man annehmen, daß er aus dem Tatarenreich kommend irgendwo dort, wo die Mauer heute noch steht, sie passiert haben muß. Aus seinem Schweigen erwachsen gewisse Zweifel..., ob die Mauer im 13. Jahrhundert tatsächlich schon vorhanden war.[4]

Abgesehen von Stauntons Verdacht, daß die Mauer vielleicht noch nicht gestanden hatte, war er einer der ersten, der Polos »Schweigen« mit dem Hinweis verteidigte, bei der Herausgabe des Buches habe sich womöglich ein Fehler eingeschlichen, den man hätte vermeiden können, hätte Polo »unmittelbar nach seiner Rückkehr der Welt einen genauen Bericht über seine Reisen vorgelegt anstatt der unzusammenhängenden Fragmente, die er lange danach diktierte, fern von zu Hause und vermutlich ohne die vor Ort gemachten Aufzeichnungen und andere *[sic]* seiner ursprünglichen Papiere«. Staunton fährt mit seiner Verteidigung fort, indem er aus einer Ausgabe der Marco-Polo-Reisen zitiert, die »aus der Bibliothek des Dogen von Venedig« stammt und die enthüllt, daß

er zuerst dem üblichen Karawanenweg folgte, nach Osten bis nach Samarkand und Kaschgar, dann aber den Weg nach Südosten einschlug, den Ganges überquerte und nach Bengalen gelangte; und weiter nach Süden über die Berge Tibets, bis er die chinesische Provinz Shensee [Shaanxi] erreichte, von dort durch die angrenzende Provinz Shansee [Shanxi] zur Hauptstadt gelangte, ohne die Große Mauer zu kreuzen.[5]

Diese Route würde jedoch bereits der Luftlinie nach einen Umweg von etwa 5000 Kilometern bedeuten, der zudem durch eine der rauhesten und unwirtlichsten

Regionen der Welt führt; auch wenn sich die Polo viele Jahre Zeit nahmen, hätte ein solcher Umweg ihre Reise gewaltig verlängert.

Staunton sprach auch von der Möglichkeit, daß zu jener Zeit die Große Mauer noch gar nicht vorhanden gewesen sein könnte. Diese Überlegung wurde in jüngster Zeit wieder aufgegriffen: Einer Hypothese zufolge könnte die Mauer zwischen der Qin- und der Ming-Periode so stark verfallen sein, daß sie so gut wie verschwunden war.[6] Teilweise stützt sich diese Vermutung darauf, daß in einigen der kaiserlichen Geschichtswerke von Maßnahmen zum Mauerbau und zur Mauererhaltung nicht die Rede ist, insbesondere nicht während der Tang- (618–906) und der Song-Dynastie (960–1279). Für die Tang-Kaiser, deren Hauptstadt weit im Südwesten von Peking, im heutigen Xi'an, lag, bestand kein Grund, die Mauer zu verstärken: Die zu erwartenden Gefahren lauerten im Westen, nicht im Norden, und als ihre Lage bedrohlich wurde, verlegten sie ihre Hauptstadt einfach weiter Richtung Südosten nach Luoyang.

Da die Song-Dynastie ständig von Völkern aus dem Altai-Gebirge im Norden bedroht war, könnte man eigentlich erwarten, daß sie der von dort ausgehenden Gefahr mehr Aufmerksamkeit schenkte und daher die Mauer verstärkte. Im Jahre 1050 eroberten die Xixia oder Tangut chinesisches Gebiet bei Ningxia im Nordwesten, und die Liao, ein mongolischsprachiges Volk, beherrschte den Nordosten und richteten ihre Hauptstadt in Peking ein (dessen chinesischer Name Beijing »nördliche Hauptstadt« bedeutet; da die Liao aber noch weiter aus dem Norden kamen, benannten sie – was recht verwirrend ist – die Stadt in Nanjing um, das heißt »südliche Hauptstadt«).

Im Jahre 1122 wurden die Liao von einem anderen

Altai-Volk vertrieben, den Jurchen (oder Dschurdschen), deren sprachliche Wurzeln eher im Tungusischen als im Mongolischen liegen. Die Jurchen gründeten die Jin-Dynastie und drangen weiter nach Süden vor, wodurch die Song gezwungen waren, 1127 ihre Hauptstadt aus Kaifeng weiter südwärts nach Hangzhou zu verlegen. Auch wenn die Mauer weniger als materielle Barriere funktionierte (denn eine entschlossene Armee ließ sich von ihr nicht aufhalten), diente sie doch als Verbindungsweg und Schutz der Grenzwachen; hätte man also der Aufrechterhaltung von Garnisonen an der Mauer mehr Beachtung geschenkt, wäre diese Flucht vielleicht nicht nötig gewesen.

Interessanterweise beschäftigten sich die Jin, die die Große Mauer (falls es sie damals gab) mit Leichtigkeit überwunden hatten, in der Folgezeit mit dem Ausbau der Mauer. Waldron schreibt: »Die Mongolen stießen auf keine Große Mauer, als sie China eroberten«, obgleich er vermerkt, daß sie »in Juyongguan [einem Durchgang in der Mauer, den heute ein imposantes Tor mit vielsprachigen Inschriften ziert; dieses Tor wurde 1354 von den Mongolen selbst errichtet] kurz von den Jin aufgehalten wurden, die ihre Bastion eindrucksvoll verstärkt hatten«[7]. In dem ersten zitierten Satz hat Waldron seine Worte sorgfältig gewählt: Die Mongolen wurden sicherlich nicht von der Großen Mauer abgehalten, denn es war nicht die Mauer selbst – die unverteidigt leicht zu überwinden war –, die eine Invasion verhindern konnte, sondern ihr Schutz durch Grenzwachen. Die Tatsache, daß die Mongolen nicht ferngehalten wurden, bedeutet aber nicht zwangsläufig, daß es überhaupt keine Mauer gab, sondern nur, daß sie unverteidigt kein militärisches Hindernis darstellte. In ähnlicher Weise drangen die Mandschus, ebenfalls ein tungusisches Volk aus dem fernen

Nordosten, über die besser befestigte (aber zeitweilig unverteidigte) Ming-Mauer und gründeten 1644 die Qing-Dynastie.

Es ist sicher, daß die Verblendung der Mauer mit Ziegelsteinen, was die Abschnitte im Norden und Nordosten Pekings heute so sehenswert macht, erst nach jener Zeit stattfand, zu der die Polo in den Osten reisten. Der größte Teil der Mauer war und ist aus gelber Erde. Diese aus Löß bestehenden Abschnitte sind viel schmaler als die ziegelverblendeten Teile, aber sie bieten ebenfalls einen sensationellen Anblick, zum Beispiel auf der Fahrt mit dem Zug durch die Wüste von Xi'an nach Dunhuang. Auch andernorts sind die erhaltenen chinesischen Stadtmauern aus gestampfter Erde überaus sehenswert: in Zhengzhou etwa kann man noch Teile der Stadtmauer aus der Shang-Dynastie (16. Jahrhundert v. Chr. – 1066 v. Chr.) besichtigen. Auch wenn die Große Mauer dem Verfall preisgegeben wurde und keine Ausbesserungen stattfanden, wären im 13. Jahrhundert noch genügend Mauern aus gestampfter Erde zu sehen gewesen, und kaum jemand, der von Westen aus nach China reiste, hätte sie verfehlen können. Daß in der *Beschreibung der Welt* kein Wort über die Große Mauer steht, ist verräterisch.

12.

NICHT DER EINZIGE EUROPÄER UND GEWISS KEIN FACHMANN FÜR BELAGERUNGEN

Marco Polo behauptet unter anderem, er, sein Vater und sein Onkel seien die ersten »Latins« gewesen, die Khubilai Khan zu Gesicht bekam. »*Il avait tres grande joie de leur venue çomme un qui n'a jamais vu aucun Latin*« (»Er war über ihre Ankunft hocherfreut, da er noch niemals einen Italiener gesehen hatte«). Der bereits zitierte Herbert Franke sieht darin »eine weitere Behauptung in diesem Buch, die zu Zweifeln Anlaß gibt«. Franke zitiert eine Passage aus den chinesischen Annalen der Jahre 1260/61, als eine Gruppe von Europäern, die als *falang* oder Franken bezeichnet wurde (wie man im Vorderen Orient sämtliche Europäer nannte) im Sommerpalast des Khans in Shangdu eintraf.[1] Es wird berichtet, sie seien aus einem Land gekommen, in dem unablässig Tageslicht herrsche – möglicherweise aus Nowgorod –, und sie hätten den Einbruch der Nacht nur daran erkannt, daß die Mäuse auf dem Feld aus ihren Löchern schlüpften. Die Menschen dort seien blond und blauäugig, und Insekten wie Fliegen und Stechmücken würden aus dem Holz schlüpfen – eine recht merkwürdige Gruppe also, die aber immerhin für so wichtig erachtet wurde, daß man sie in den offiziellen Annalen erwähnte.

Wilhelm von Rubruck, der 1254 nach Karakorum gekommen war, erscheint ebensowenig wie Marco Polo in den offiziellen Annalen der Mongolenära, doch aus seinem Bericht über das dortige Leben erschließt sich das Bild einer erstaunlich großen und vielfältigen Gemeinschaft von Europäern.² Zu dieser Gemeinschaft gehörten auch ein Pariser Goldschmied und ein Engländer namens Basil. Demnach waren die Polo zwar vielleicht die ersten Italiener in der mongolischen Hauptstadt, aber sicherlich nicht die ersten Ausländer überhaupt und nicht einmal die ersten Europäer, die die Mongolen zu Gesicht bekamen.

Die Beziehung der Mongolen zu Ausländern und ihr gut dokumentierter »Einsatz« von nicht-mongolischen Fachleuten liegt womöglich in ihrer Tradition als Nomaden begründet. Sie zogen mit ihren Herden von den Sommer- zu den Winterweiden und entwickelten besondere Fertigkeiten in der Reitkunst und im Umgang mit Tieren, waren aber gezwungen, mit ihren seßhaften Nachbarn Handel zu treiben, wobei sie Felle und Fleisch gegen die für sie wichtigen Waffen aus Metall und Luxusgüter wie Textilien und Tee – Produkte des seßhaften bäuerlichen Lebens der Chinesen – tauschten. Als Dschingis-Khan die anderen mongolischen Stämme unterwarf, gliederte er stets deren Soldaten der mongolischen Armee ein.³ Auch auf die Fertigkeiten und Techniken anderer Ortsansässiger wurde zurückgegriffen. Ihr erstes Schriftsystem übernahmen die Mongolen unter Dschingis-Khans Herrschaft vom Uigur-Türkischen, und ihr zweites, die 'Phags-pa-Schrift – 1269 verbindlich eingeführt –, leitete sich von der tibetischen Schrift ab.⁴

Mit ihrer Ausdehnung über ganz Asien begann sich die Lebensweise der Mongolen zu verändern. Das nomadenhafte Umherziehen mit Zelten, die zusammengepackt und zu den jahreszeitlich wechselnden Weidegründen gebracht wurden, wurde abgelöst von einer dauerhafteren Besiedlung im Kernland der Mongolei, von wo aus das Mongolische Reich regiert wurde. Aus Berichten über Dschingis-Khans Hauptstadt Karakorum im 13. Jahrhundert geht hervor, daß es sich dabei eher um eine richtige Siedlung als um ein Nomadenlager handelte, die auch über eine Stadtmauer und eigene Viertel für die »Chinesen« und »Muslime« verfügte.[5]

Karakorum war das Ziel der ersten christlichen Missionare in der Mongolei, und Wilhelm von Rubruck, der sich 1253/54 dort aufhielt, lieferte eine detaillierte Beschreibung der Stadt. Frühere christliche Gesandte wie Andreas von Longjumeau, den Ludwig IX. 1249 dorthin geschickt hatte – und der mit einem herablassenden Brief zurückkehrte, in dem der Khan jährliche Tributzahlungen forderte –, konnten keine Berichte über die Stadt hinterlassen, weil sie sie nie erreichten; und wie bereits erwähnt, gelangte Johannes von Plano Carpini, von Papst Innozenz IV. entsandt, nur bis zu einem Lager in einiger Entfernung der Stadt, in dem er von 1246 bis 1247 blieb.

Die Stadt Karakorum, die Wilhelm von Rubruck schließlich gesehen und beschrieben hatte, wies einige interessante Aspekte auf. 1235 war sie mit einer Mauer umgeben worden, wenngleich aus Johannes von Plano Carpinis Schilderungen hervorgeht, daß manche Mongolen gemäß ihrer Tradition als Nomaden nach wie vor außerhalb der Mauern ihre Zelte aufschlugen. Wilhelm von Rubruck war nicht sehr beeindruckt von der Stadt Karakorum, die seiner Ansicht nach kleiner gewesen sei als Saint Denis bei Paris. Zweifellos wollte er Karakorum damit herabsetzen, doch der Vergleich ist nicht so nachteilig, wie er vielleicht erscheint, denn Saint Denis wurde beherrscht von der mächtigen gotischen Kathedrale, in der die meisten französischen Könige bestattet wurden. Wilhelm meinte, gäbe es nicht den Palast des Khans, wäre

Saint Denis von beiden die größere Stadt. Nachdem in unserem Jahrhundert russische Wissenschaftler die umfriedete Stadt Karakorum ausgegraben hatten, zeigte sich, welche dominierende Rolle dort der Palast gespielt hatte[6], und so könnte man mit gleichem Recht sagen, daß Saint Denis ohne seine große Kirche der kleinere Ort gewesen wäre.

Das seßhafte Leben in der Stadt profitierte von der Anwesenheit einer Reihe von ausländischen Fachleuten, wobei nicht alle von ihnen freiwillig gekommen waren. Es gab dort nestorianische Priester, denen der franziskanische Besucher mit einer gewissen Feindseligkeit begegnete. Außerdem lebten in Karakorum chinesische Handwerker, mehrere persische Baumeister, ein ruthenischer Goldschmied, ein griechischer Arzt, die Französin Paquette, verheiratet mit einem Russen, der in Diensten der Tochter Mangu Khans stand, Basil, der Sohn eines Engländers und Neffe eines normannischen Bischofs, und der »Pariser Goldschmied« Guillaume Boucher, der Wilhem von Rubruck am Palmsonntag, den 5. April 1254, zum Essen einlud.

Boucher war mit einer in Ungarn geborenen Französin verheiratet, und die beiden hatten 1242 in Belgrad gelebt und gearbeitet, bis die Mongolen die Stadt eroberten und die beiden Richtung Osten nach Karakorum verschleppt wurden, wo man sie als Sklaven hielt. Trotz seines niederen sozialen Status wurde Boucher als Metallhandwerker geschätzt, da diese Fertigkeit den Mongolen praktisch unbekannt war. Diese konnten zwar von ihrer Tierzucht leben, waren aber bei der Herstellung ihrer Waffen und anderer wichtiger Utensilien aus Metall stets auf Fremde angewiesen.

Von Bouchers handwerklicher Kunst blieben leider keine Erzeugnisse erhalten. Wahrscheinlich fertigte er für die mongolische Adelsschicht Schmuckstücke, was seine Anwesenheit in Karakorum erklärt hätte. Als guter Christ beschrieb Wilhelm von Rubruck bevorzugt religiöse Dinge wie zum Beispiel ein silbernes Kruzifix, das zu seinem Entsetzen von nestorianischen Mönchen, die jegliche Bilderverehrung mißbilligten, gestohlen wurde. Laut Wilhelm, den vor allem religiöse Belange interessierten, fertigte Boucher auch eine eiserne Pfanne zur Herstellung von Oblaten und eine sehr außergewöhnliche silberne Pyxis beziehungsweise Dose zur Aufbewahrung der geweihten Hostien. Des Lobes voll war Wilhelm auch über ein tragbares Altarbild mit der Darstellung der heiligen Jungfrau »im französischen Stil«, das mit zwei Scharniertüren verschlossen werden konnte, auf denen geschnitzte Szenen aus dem Evangelium zu sehen waren. Ausführlich und lobend beschrieb Wilhelm aber auch einen in Geist und Zweck eindeutig nichtchristlichen Gegenstand, Bouchers wohl spektakulärstes Werk: den wundersamen alkoholspendenden Brunnen.

Sämtliche Feiern und Feste der Mongolen zeichneten sich durch den enorm hohen Konsum veschiedenster alkoholischer Getränke aus: Es gab Reiswein aus China, Traubenwein aus Persien und Turkestan, und den einheimischen Kumis aus vergorener Stutenmilch, der laut Wilhelm von Rubruck aussah, »daß man ihn für Weißwein halten könnte«. Mit Hilfe von 50 Gehilfen konstruierte Boucher einen Brunnen, aus dem man die für ein durchschnittlich viertägiges Fest benötigten 150 Wagenladungen und 90 Pferdeladungen Kumis elgant sprudeln lassen konnte. Boucher schuf zu diesem Zweck einen großen silbernen Baum mit nach unten gekrümmten Ästen, an denen Blätter und Früchte aus vergoldetem Silber hingen; am Fuß des Stamms kauerten vier künstliche Löwen, und auf der Spitze des Baums saß ein Engel, der eine echte Trompete blies. Die Zweige und die Löwen waren mit Röhren ausgestattet, aus denen der Kumis floß, und die Trompete des Engels wurde von einem Mann geblasen, der im Inneren des Stamms verborgen war. (Boucher hatte gehofft, eine Art automatischen inwendigen Mechanismus entwerfen zu können, der seinen Apparat ohne menschliche Hilfe in Gang halten würde, doch sein Vorhaben scheiterte, und er mußte daher einen Menschen hineinsetzen.[7])

Auch nachdem 1267 die Mongolen ihre neue Hauptstadt Dadu (»große Hauptstadt«) bei Peking gegründet hatten, pflegte sich der Khan mit einem kosmopolitischen Umfeld zu umgeben. Die Hauptstadt selbst entwarf ein muslimischer Architekt.[8] Sein offizieller Titel lautete Leiter des Chatie, wobei »Chatie« das monglische Wort für »Zelt« ist (das wiederum aus *cadyr*, dem in vielen Turksprachen gebräuchlichen Wort für Zelt, abgeleitet ist); der kaiserliche Leiter des Bauwesens war also zu Ehren der früheren mongolischen Lebensweise ein »Vorsteher der Zelte«.[9] Solche archaischen Titel gibt es in China noch heute. Das Wort für »Vorsitzender«, wie zum Beispiel beim »Vorsitzenden Mao«, bezieht sich nicht auf eine Person, die am Kopfende des Tisches auf dem wichtigsten Stuhl plaziert ist, sondern auf einen Menschen, dem die »wichtigste Matte« gebührt, denn bis zur Einführung von Stühlen im 9. Jahrhundert saßen die Chinesen auf Matten auf dem Boden (diese Sitte hatten sie im 8. Jahrhundert von den Japanern übernommen), und die bedeutendste Person saß eben auf der wichtigsten Matte.[10]

Die Pläne und Gebäude der neuen Hauptstadt wurden zwar von einem muslimischen Architekten entworfen, doch sie zeigten deutlich chinesische Einflüsse. Offenbar waren die Mongolen der Ansicht, daß sie chinesische Gestaltungsmuster, und zwar in möglichst imposantem Stil, übernehmen mußten, um »das chinesische Volk zu beeindrucken und sich nicht der Lächerlichkeit preiszugeben«.[11] Es versteht sich von selbst, daß die Mongolen über keine architektonische Tradition verfügten, so daß sie damit die Chinesen auch nicht hätten übertrumpfen können. Der Gestalter der großen Hauptstadt erhielt zwar nicht die Ehre, in die offizielle Geschichte der Yuan-Dynastie aufgenommen zu werden, doch seine Biographie findet sich in einem zeitgenössischen Werk, dem *Guizhai wenji (Arbeiten aus der Werkstatt der Jadetafel)* von Ouyang Xun (1274–1358).[12]

Zu Beginn seiner Herrscherzeit hatte sich Dschingis-Khan bei seinen Regierungsgeschäften auf den Rat von Yelu Chucai (1189–1243), einem sinisierten Kitan, gestützt. Yelu Chucai wird oft mit dem Satz zitiert, das Chinesische Reich sei zwar auf dem Rücken von Pferden erobert worden, doch es könne nicht auf dem Rücken von Pferden regiert werden.[13] Die Kitan waren ein halbnomadischer Stamm aus der mongolischen Steppe, der in Nordchina die kurzlebige Liao-Dynastie (907–1125) gründete, mit ihrem Kernland nordöstlich von Peking. Yelu Chucai griff auf die Erfahrungen der Kitan mit der Staatsverwaltung zurück, so zum Beispiel, wenn er empfahl, die Landwirtschaft ebenso zu besteuern wie den Binnenhandel, und die handwerkliche Produktion und Bergbau und Industrie zu fördern.[14]

Als Khubilai 1260 die Herrschaft in China übernahm, bediente auch er sich chinesischer Berater, die mit der chinesischen Bürokratie vertraut waren. Türken, die seit Dschingis-Khans Zeit für die Mongolen gearbeitet hatten, dienten weiterhin als Generäle, lokale Beamte, kaiserliche Erzieher und Übersetzer. Muslime aus Zentralasien wurden ins Land geholt, um den Handel zu überwachen, und der tibetische 'Phags-pa-Lama, der das nach ihm benannte Schriftsystem erfunden hatte, blieb weiterhin ein enger persönlicher Ratgeber. Nach Indien wurden Gesandte geschickt, um von dort Ärzte ins Reich zu holen[15], persische Ärzte und deren medizinische Werke wurden konsultiert, und Perser fungierten auch als Hofastronomen.

Es mag sein, daß Marco Polo beabsichtigte, durch die Bezeichnung seines Vaters und seines Onkels als »Latins« die Italiener von den übrigen Europäern hervorzuheben, doch die kosmopolitische Mischung in Karakorum, die Anwesenheit von »Franken« und die mangelnde sprachliche Differenzierung im Chinesischen zwischen verschiedenen Europäern lassen es als ziemlich unwahrscheinlich erscheinen, daß Khubilai Khan mit solchem Feinsinn die verschiedenen Nationalitäten unterschied.

Zu den ausländischen Beratern, die in Khubilais Diensten standen, gehörten auch koreanische Bootsbauer zur Verstärkung der Kriegsmarine sowie Ismail und Ala al-Din, zwei Ingenieure aus Persien, die Wurfmaschinen und riesige Katapulte bauten. Diese wurden benötigt, um während der Belagerung von Xiangyang (1268–1273) den Widerstand der Eingeschlossenen zu brechen.[16] Xiangyang am Nordufer des Flusses Han (gegenüber Fancheng) war eine der letzten Bastionen der Song-Dynastie. Als die Mongolen 1273 nach fünfjähriger Belagerung die Stadt schließlich einnahmen, bedeutete dies einen wichtigen Wendepunkt in der Eroberung Chinas, die 1279 abgeschlossen war. Viele der nichtchinesischen Fachleute und Ratgeber, einschließlich derjenigen, die mitgeholfen hatten, den chinesischen Widerstand in Xiangyang zu brechen, sind durch ihre Biographien in der offiziellen

Chronik der Mongolenära (der *Yuan shi* oder *Geschichte der Yuan*, entstanden zwischen 1367 und 1370) und aus anderen schriftlichen Quellen bekannt, aber sämtliche Gelehrte vertreten einhellig die Meinung, daß in all diesen Werken die Polo nirgendwo erwähnt werden.

In der *Beschreibung der Welt* wird unter anderem behauptet, die Polo selbst hätten vorgeschlagen, Wurfmaschinen zu bauen, und Mitglieder ihres Gefolges angewiesen, diese Geräte anzufertigen und vorzuführen. Es wird beschrieben, wie schwierig es war, die Stadt einzunehmen:

Die Bevölkerung hätte sich nie ergeben, wenn sich nicht ereignet hätte, was ich jetzt berichte. ... Das sagten Messer Nicolao, Messer Maffeo und Messer Marco: »Wir werden euch Mittel und Wege finden, die Übergabe zu erreichen. ... wir haben Männer in unserem Gefolge, die fähig sind, Wurfmaschinen zu bauen, womit man große Steine in die Stadt schleudern kann. Die Einwohner sind den Geschossen ausgeliefert, sie werden sich ergeben.« ... Messer Nicolao, sein Bruder und sein Sohn Marco hatten einen Deutschen und einen Nestorianer bei sich; diese zwei waren Meister im Wurfmaschinenbau. Die Polo baten die beiden, zwei oder drei Katapulte herzustellen, die dreihundert Pfund schwere Steine zu schleudern vermögen. ... Wie soll ich weiterfahren? Die Katapulte wurden zum Abschuß bereitgestellt, die Sehnen gespannt. Und von allen dreien wurde ein Stein in die Stadt geschleudert. Häuser wurden getroffen und zerstört. Die Geschosse verwüsteten alles ... Wie die Einwohner einer solchen, noch nie erlebten Verheerung gewahr wurden ..., beschlossen sie die Übergabe der Stadt.[17]

Ganz abgesehen davon, daß es für den Einsatz persischer Militäringenieure Nachweise gibt, läßt sich Marco Polos Behauptung leicht widerlegen, denn die Belagerung Xiangyangs war bereits ein Jahr zu Ende, bevor die Polo vermutlich in China eintrafen.[18] Die Belagerung und die Eroberung der Stadt werden von Rashid al-Din beschrieben, der sagte, daß es keine »fränkischen« (europäischen) Wurfmaschinen in China gegeben habe, bevor persische Ingenieure solche Apparate konstruierten.[19]

Der Wunsch Marco Polos, sich selbst mit dieser berühmten Belagerung in Verbindung zu bringen, ist keine Einzelerscheinung. Sein Beinahe-Zeitgenosse und selbsternannter Reisegefährte Sir John Mandeville behauptete ebenfalls, er habe »beim Großkhan sechzehn Monate gelebt« – ein Anklang an die 17 Jahre von Marco Polo[20] – und als Soldat im Kampf gegen die Song gedient. Dabei ist eindeutig erwiesen, daß Mandeville niemals in China war. Er war ein Plagiator und bediente sich freizügig aus Odorich von Pordenones Bericht über China, aber auch aus anderen schriftlichen Zeugnissen wie den Schilderungen des Albert von Aix, Haiton von Armenien, Wilhelm von Tripolis, Caesarius von Heisterbach und Vinzenz von Beauvais. Ganz gleich, von wem er abschrieb, stets setzte sich Mandeville selbst ins Zentrum des aufregenden Geschehens. Daß Mandevilles Buch zu einem enormen Erfolg wurde und zu seiner Zeit ebenso berühmt war wie Marco Polos Buch, könnte der Vermutung Nahrung geben, daß auch Marco Polo nicht vor dem Wunsch gefeit war, Wohlstand und Ruhm dadurch zu erlangen, daß er »dort gewesen war«.

Jemand, der tatsächlich dabei gewesen ist, dessen Name aber gemeinhin wenig bekannt ist, ist Rabban Sauma, ein Reisender, der die entgegengesetzte Richtung wie die Polo einschlug. Kurz nach der großen Belagerung von Xiangyang führte Argun, der mongolische Herrscher über das persische Ilkhanat, die mongolische Tradition der Indienstnahme von Nicht-Mongolen fort und sandte den nestorianischen Priester Rabban Sauma Ende der achtziger Jahre des 13. Jahrhunderts auf eine Mission gen Westen. Rabban Sauma wurde um 1225 in einer in Peking ansässigen nestorianischen Familie geboren und war mit einem jungen Schüler namens Mar ins Heilige Land gereist. Als 1281 das Oberhaupt der nestorianischen Kirche in Bagdad starb, wurde Mar zu seinem Nachfolger berufen, und Rabban Sauma führte von da an seine Reisen allein fort. In Rom wurde er vom Papst empfangen, dem er vom Übertritt der in Persien lebenden Mongolen zum nestorianischen Glauben berichtete. Auch Arguns zweiter Sohn Öljeitü (der die Herrschaft von seinem Bruder Gazan übernahm und von 1304 bis 1316 regierte) hatte sich taufen lassen und zu Ehren von Papst Nikolaus IV. den Namen Nikolaus erhalten.[21]

Von Rom aus reiste Rabban Sauma weiter nach Paris, wo er Philipp IV., den Schönen (1268–1314) traf, dessen Sohn, Charles de Valois, 1307 von Thibault de Chepoy eine der ersten Abschriften der *Beschreibung der Welt* erhalten sollte. Man zeigte Rabban Sauma einige Reliquien, darunter die Dornenkrone und einen Splitter des Kreuzes. Dann reiste er in die Gascogne, wo er 1287 Rustichellos Gönner, Edward I. von England traf. Rabban Sauma zeichnete auf, was Edward antwortete, als er hörte, daß Argun zum nestorianischen Glauben übergetreten war: »Wir, König über diese Städte, haben uns das Zeichen des Kreuzes auferlegt und gedenken nichts anderem mehr. Mein Herz füllt sich mit Stolz, da ich erfahre, daß König Argun gleichen Gedankens ist wie ich selbst.«[22]. Wie die Päpste hoffte auch Edward I., daß zumindest die persischen Mongolen die Versuche der europäischen Kreuzfahrer, Jerusalem zurückzuerobern, unterstützen würden, und tatsächlich wurde 1289 in einer zweiten mongolischen Botschaft Hilfe beim Transport angeboten. Doch der Papst hatte Bedenken, mit den nicht rechtgläubigen Nestorianern gemeinsame Sache zu machen, und die Angelegenheit verlief vollends im Sande, als Argun 1291 starb.

Mit Rabban Sauma lernten die Europäer des ausgehenden 13. Jahrhunderts erstmals einen Mann kennen, der in China geboren und mit den Mongolenherrschern vertraut war, ein direkter Gesandter aus dem rätselhaften Osten, der einem potentiell von großen Nutzen sein konnte. Vor allem jedoch war er ein Mann der Kirche, und seine Gespräche und Eindrücke drehten sich eher um das Thema Christentum und seine Reliquien als um die militärische Organisation der Mongolen. Obgleich er Peking kannte (was er seinen kirchlichen Gesprächspartnern gegenüber nicht erwähnte), war es vor allem das persische Ilkhanat und weniger das mongolische Kernland oder China, worauf seine Erfahrung mit den Mongolen beruhten. Kenntnisse über diese Gebiete und über die Ausländer im Dienste der Mongolen erhielt man eher aus den Berichten christlicher Gesandter wie Wilhelm von Rubruck oder Reisender wie den Polo, die jedoch erwiesenermaßen unzuverlässige Behauptungen über ihre eigene Einzigartigkeit und ihre Dienste als Belagerungsexperten aufstellten.

13.

WER WAR DIE FAMILIE POLO?

Marco Polo war weder ein Fachmann für Belagerungen noch der erste Europäer, der dem Großkahn begegnete. Und durch China reiste er teilweise mit offenen Augen (für Porzellan und Paläste), teilweise scheint er aber mit Blindheit geschlagen gewesen zu sein (was die geschnürten Füße der Frauen anging, die Große Mauer und die Einladungen zum Tee).

Marco Polos Buch, das zwar viele wundervolle Beschreibungen enthält, steckt voller Ungenauigkeiten und Ungereimtheiten. Einige wurden seiner Vergeßlichkeit oder dem mangelnden Interesse seines Mitautors zugeschrieben, doch manche der dadurch aufgeworfenen Fragen sind problematischer und lassen unterschiedliche Interpretationen zu. Selbst wenn Rustichello für einige der Auslassungen und Einfügungen verantwortlich ist und sich durch spätere Abschriften weitere Fehlerquellen eingeschlichen haben, so sind die Antworten auf die Fragen, wie das Buch überhaupt zustande kam, wer Marco Polo war und worin sein Beitrag zur *Beschreibung der Welt* bestand, 500 Jahre später schwer zu rekonstruieren und von verschwindend geringer Beweiskraft. Die unpersönliche, dennoch gelegentlich sehr detaillierte Schilderung von Orten und Bräuchen, die typisch für die *Beschreibung der Welt* ist, läßt den Schluß zu, daß Marco

Polo ein Mann mit ausgeprägter Neugier und, vorausgesetzt, der Stil des Buches geht nicht vollständig auf das Konto seines Ghostwriters, großer erzählerischer Begabung war.

Abgesehen von Vermutungen und Spekulationen ist über die Person Marco Polos nur sehr wenig bekannt – mit Ausnahme der Hinweise, die im Prolog zur *Beschreibung der Welt* zu finden sind und durch die wir lediglich erfahren, daß er 26 Jahre in fernen Ländern weilte und 1298, während seiner Gefangenschaft in Genua, seinen Bericht über diese Jahre verfaßte. Bis auf diesen knappen Abriß darüber, wie er die Jahre zwischen 1271 und 1295 verbrachte, stammt das Wenige, das wir über Marco Polo und seine Familie wissen, aus anderen Quellen. Es finden sich ein paar Hinweise in Jacopo da Acquis *Imago mundi*[1]; des weiteren liegen in den Archiven Venedigs einige wenige erhalten gebliebene Dokumente, wie Testamente und Schriftstücke über geringfügige Rechtsstreitigkeiten; der ausführlichste Bericht allerdings, der sich in Giovanni Battista Ramusios 1559 erschienen *Navigationi et viaggi* findet, kann leider nicht als gesicherte Quelle gelten. Trotz des großen zeitlichen Abstands zwischen Marco Polos Tod im Jahre 1324 und der Entstehung von *Navigationi et viaggi* hat Ramusio entscheidenden Einfluß auf die sich um seine Person rankenden Legenden.

Sogar Marco Polos Herkunft ist unklar. Obwohl er in unserer Vorstellung ein venezianischer Kaufmann ist, beansprucht auch das ehemalige Jugoslawien ihn für sich. Angeblich stammt er von der dalamatinischen Insel Korčula (oder Curzola), die zu jener Zeit unter venezianischer Herrschaft stand. Die These, daß es eine Verbindung zu Dalmatien gibt, wird von einer aus der Mitte des 14. Jahrhunderts stammenden Handschrift in der British Library gestützt, in der vermerkt ist, daß die Polo ursprünglich aus Dalmatien[2] stammten; doch einen weiteren schriftlichen Beleg gibt es dafür nicht.

Wir gehen zwar davon aus, daß Marco Polo tatsächlich aus Venedig stammte, doch es gab im 13. Jahrhundert in Venedig und dessen Herrschaftsgebiet mehrere Familien dieses Namens. Sir Henry Yule beschrieb die Schwierigkeiten, die er hatte, die richtige Familie zu finden, als er Ramusios Angaben nachging. Wenn man dessen Ausführungen Glauben schenkt, übertraf die Lebensdauer der Familienmitglieder unsere kühnsten Erwartungen. Marco dem Reisenden, der in seinem Testament lediglich drei Töchter bedenkt, wird von Ramusio ein mysteriöser Sohn zugeschrieben (dessen Enkel seinen Besitz einer Frau vermacht, deren Vater 1271 geboren wurde, die ihrerseits aber 1414 heiratete und anschließend Kinder gebar).[3]

Fest steht, daß es im Stadtteil San Geremia von Venedig eine Familie mit dem Namen Polo gab, die sehr angesehen gewesen sein muß, denn ein gewisser Nicolo Polo di San Geremia wurde im Jahre 1381 Mitglied des Rats von Venedig.[4] Dennoch konnte trotz der offensichtlichen Namensgleichheit keine eindeutige Verbindung zwischen dem Ratsmitglied und den reisenden Kaufleuten Polo hergestellt werden. Sir Henry Yule erwähnte das Protokoll einer venezianischen Ratssitzung aus dem Jahre 1302, in der ein Edelmann *(providis vir)* namens Marco Polo davon befreit wird, eine Geldstrafe zu entrichten, weil er es versäumte, seine Wasserleitungen überprüfen zu lassen. Aus der Tatsache, daß dieser den Titel eines Edelmannes trug, schloß Yule, daß es sich vermutlich um den Polo aus San Geremia und nicht um den Reisenden handelte. Die Situation wird noch verwirrender, weil Ramusio die beiden Familien durcheinanderbrachte: Er beschrieb das Wappenbild der Polo als drei Vögel (venez. *pola,* Dohle) auf azurblauem Grund, doch dieses Wappen ist eindeutig das der Polo aus San Geremia. Dies hinderte Moule jedoch nicht daran, eine lange Fußnote anzufügen, in der er sich ausführlich mit der Frage beschäftigte, ob es sich bei diesen »Stelz«vögeln um rotbeinige Rabenvögel, schwarz-gelbe Watvögel oder Dohlen handelt.[5]

Man muß davon ausgehen, daß nur wenig über Marco Polos Vorfahren aus der Generation vor seinem Vater und seinen Onkeln bekannt ist, denn die einzige Erwähnung eines Großvaters findet man bei Ramusio, dem Urheber der Marco-Polo-Legende, und sie ist durch keine weitere Quelle belegt.[6] Ja, es kann nicht einmal mehr mit Sicherheit gesagt werden, welcher der drei Brüder der älteste war. Aus dem Datum des Testaments schließt man, daß Marco der Ältere, Marcos Onkel, ungefähr 1280 verstarb. (Ramusio zufolge starb er allerdings in jungen Jahren, und sein Name wurde an den gerade geborenen Neffen weitergegeben; da sein Testament jedoch aus dem Jahre 1280 stammt – laut *Beschreibung der Welt* war Marco zu diesem Zeitpunkt etwa 27 Jahre alt und stand in den Diensten des Großkhans – ist Ramusios Behauptung wohl mit Vorsicht zu genießen.) Niccolo, Marcos Vater, starb um das Jahr 1300 und Maffeo etwa 1310.

Die drei Brüder Polo, Marco der Ältere, Maffeo und Niccolo, hatten eine »brüderliche Handelsgesellschaft« mit Niederlassungen in Konstantinopel und Soldadia (Sudak) an der Krimküste des Schwarzen Meeres gegründet.[7] Venedig an der italienischen Adriaküste war der größte Umschlagplatz für Waren nach Konstantinopel. Die steigende europäische Nachfrage nach Gewürzen und Seide aus dem Fernen Osten wurde in der Hauptsache von Handelsfaktoreien zum Beispiel in Konstantinopel gedeckt, denn wenn die Kaufleute weiter gen Osten reisten, wagten sie sich in unbekanntes Territorium vor, was durch den sich ausbreitenden Islam und das ebenfalls expandierende Mongolenreich große Gefahren in sich barg. Ihre Niederlassung in Sudak eröffnete den Brüdern Polo den Zugang zum Knotenpunkt des Handels, der sich zwischen Venedig, dem Norden und dem Osten zu entwickeln begann. Vom 9. Jahrhundert an entstand eine besondere Handelsstruktur, in der Waren aus dem Norden wie Salz, Eisen und slawische Sklaven auf der Krim gekauft und in Konstantinopel und Ägypten gegen Seide und Gewürze aus dem Fernen Osten eingetauscht wurden.[8]

Im Jahre 1260 unternahmen Marcos Vater Niccolo und einer seiner Onkel, Maffeo Polo, offenbar ihr erste ausgedehnte Reise, die über die ihnen bereits wohlbekannten Gebiete hinausging. Sie segelten von Venedig nach Konstantinopel und fuhren dann mit dem Schiff weiter nach Sudak. Auf diesen Reisen in ihnen noch vertrauten Gewässern benutzten sie wahrscheinlich venezianische Schiffe, vielleicht noch eine von Sklaven geruderte Galeere oder eines der inzwischen weitaus üblicheren Segelschiffe. In der zweiten Hälfte des 13. Jahrhunderts verwendete man in der Schiffahrt erstmals primitive Kompasse, und für die heimischen Gewässer verfügten die Seeleute wahrscheinlich bereits über eigene Navigationshandbücher, die detailliert Auskunft über den Küstenverlauf und mögliche Untiefen gaben, denn zu der Zeit steckte die Kartographie noch in den Kinderschuhen.

Nachdem sie Sudak erreicht hatten, reisten die Polo über Land weiter. Für eine kurze Strecke haben sie ihren

Weg vermutlich zu Pferd oder Esel fortgesetzt, aber wahrscheinlich schlossen sie sich einer Kamelkarawane aus dem Pamir an. Pferde konnten auf den langen Strecken durch die Wüsten Zentralasiens nicht als Lasttiere verwendet werden, denn die Wasserstellen waren brackig und lagen weit auseinander, und nirgendwo gab es Gras. Doch obwohl Pferde auf diesen unwegsamen Handelsstraßen nicht als Lasttiere zum Einsatz kamen, waren sie eine begehrte Ware und wurden von der Mongolei nach Nordchina, ja sogar von Persien bis nach Indien verkauft; der Handel mit ihnen wurde durch die stete Nachfrage indischer und mongolischer Herrscher nach prächtigen Araberpferden aufrechterhalten. Einer der Hauptgründe dafür war die Tatsache, daß es in heißen, südlichen Klimazonen ungemein schwierig war, Pferde von hoher Qualität zu züchten, und sogar in China waren die heimischen Büffel und Ochsen als Zugtiere besser geeignet. Marco Polos häufige Erwähnungen der prächtigen weißen Pferde am Hof des Khans in Peking sind ein Beleg dafür, daß nach wie vor Tiere aus dem Nahen Osten importiert wurden.

Im Gegensatz zu Pferden waren die großen, zottigen Kamele mit ihrem Doppelhöcker, die im Frühling ihr dichtes Fell verlieren, ideal, um das steinige und sandige Gelände östlich von Persien zu bewältigen. Diese übellaunigen Tiere, die die unangenehme Neigung haben, ungeheure Mengen schlechtriechenden Speichels abzusondern, ließen sich allerdings nur widerwillig beladen. Um zu verhindern, daß die Tiere sich gegenseitig angriffen oder davonliefen, waren sie aneinandergebunden. Ihre Last mußte stets genauestens ausbalanciert sein, damit sie nicht verlorenging oder scheuerte. Darüber hinaus mußte Abend für Abend abgeladen und jeden Morgen wieder aufgeladen werden. In den Teilen der

Wüste, in denen der Untergrund etwas felsiger war, zogen die Kamele auch Karren, doch größtenteils war der Boden viel zu weich, als daß man irgendeinen fahrbaren Untersatz hätte verwenden können. Obschon spätere Reisende wie Sir Aurel Stein, der Anfang der zwanziger Jahre unseres Jahrhunderts unterwegs war, und sogar noch Charles Blackmore 1993 die Schwierigkeiten beschrieben, die sie mit griesgrämigen und ungeduldigen Kamelen hatten, erwähnten die Polo dergleichen nie; vielleicht weil ihr Troß von vielen Sklaven und Kameltreibern begleitet wurde oder weil sie noch keine bequemere Reiseart kannten. Aurel Steins Kamele waren nicht nur schwierig zu beladen und hatten die Angewohnheit, über Nacht zu verschwinden, sondern sie litten darüber hinaus an einer »verhängnisvollen Trägheit«, die zu großen Zeitverlusten führte.[9] Ein anderes dort beheimatetes Tier, das Argali- oder Wildschaf, erhielt seinen Namen von Marco Polo. Hagenbeck versuchte, 60 dieser Tiere nach Rußland zu bringen, um sie dort wieder heimisch zu machen, aber sie starben unterwegs alle an Diarrhöe.

Mit wenig Gepäck reisten die Brüder Polo entlang der nördlichen Seidenstraße in Richtung auf die Mongolenhauptstadt Karakorum. Sie führten lediglich Juwelen mit sich, die vielerorts als Zahlungsmittel akzeptiert waren, aber in ihrem Reisegepäck nicht schwer ins Gewicht fielen. In der Wüste von Lop, der Gobi, mußten die Polo, ausgestattet mit Proviant für einen Monat und jeden Abend nach brackigem Wasser für die Kamele grabend, außer mit den körperlichen Strapazen noch mit ganz anderen Gefahren fertigwerden. Es wird von Geisterstimmen in der Nacht berichtet, was auf Banden bewaffneter Räuber schließen läßt, die mit diesem Spuk Reisende in die Flucht jagten und in den sicheren Tod in der Wüste schickten. Weil in der Wüste Orientierungspunkte fehlten – »es gab nichts außer Menschen- und Tierskeletten und Kamelmist, woran sie sich hätten halten können«[10] – und das Gelände so eintönig war, legten Reisende, bevor sie versuchten, trotz der heulenden Geisterstimmen Schlaf zu finden, eine Markierung fest, damit sie überhaupt wußten, in welche Richtung sie am nächsten Morgen weiterreisen mußten. Denn falls die Sonne durch dichte Wolken oder Sand nicht klar zu erkennen war, gab es keine weitere Möglichkeit der Orientierung.

Die Temperaturen reichten von extremer Hitze am Tag bis zu Eiseskälte in der Nacht, und abgesehen von den Sirenenstimmen bestand vielerorts tatsächlich die Gefahr, von Räubern oder Löwen angegriffen zu werden. Plötzlich auftretende Sandstürme, die den Himmel verdunkelten und die Sonne verhüllten, zwangen die Karawane stehenzubleiben. Die Kamele kauerten sich zusammen, während die Reisenden versuchten, Augen, Nase und Mund vor dem alles durchdringenden Sand zu schützen. Unsere heutigen Kraftfahrzeuge haben noch genauso mit diesen Stürmen zu kämpfen, denn der feine Sand setzt sich im Getriebe fest und gelangt ins Benzin, was unweigerlich zu einem Motorschaden führt. Die Entfernungen zwischen den einzelnen Siedlungen sind so groß, daß sogar auf asphaltierten Abschnitten die Lkw im Konvoi fahren, damit die Fahrer sich bei eventuellen Pannen helfen können.

Nachdem Niccolo und Maffeo Polo nordwärts in Richtung der schneebedeckten Gipfel des Altai-Gebirges gereist waren und von dort weiter in das grüne Weideland der Mongolei, erreichten sie schließlich Karakorum, die Hauptstadt der Mongolen. Sie gehörten zu den ersten Ausländern, die aus freien Stücken dorthin kamen; die

Mongolenkriege hatten sie weit nach Osten verschlagen. Nun fanden sie sich unter den furchterregenden Reitern wieder, die Belgrad dem Erdboden gleichgemacht hatten und deren Ruf so furchteinflößend war, daß kurz vor Reiseantritt der Brüder Polo das bloße Gerücht, die Mongolen zögen westwärts, genügte, um zum Zusammenbruch des Heringsmarktes an der britischen Ostküste zu führen. (Normalerweise traf die Ostseeflotte pünktlich ein, aber die Angst, daß die Mongolen 1241 über Wien hinaus vorstoßen könnten, war so groß, daß sie nicht auslief und eine riesige Menge faulender Fische in Great Yarmouth zurückließ.[11]) Die Brüder Polo stellten fest, daß Karakorum teils eine befriedete Stadt um einen großen Palast war und teils ein Zeltlager – Ausdruck des Widerwillens der Mongolen, sich an einem Ort fest niederzulassen. Obwohl die große, von einer Mauer umgebene und aus Stein gebaute Palastanlage des Khans aus dem Palast selbst, Wohnhäusern und zahlreichen Lagerhäusern bestand, hatte der Khan auch ein Prunkzelt (im Mongolischen *ger* genannt, im Westen aber unter seiner aus dem Türkischen stammenden Bezeichnung *yurt* bekannt) im nordöstlichen Bereich der Umfriedung zur Erinnerung an sein Nomadendasein aufstellen lassen. Auch nachdem sie diese feste Stadt hatten erbauen lassen, reisten die Mongolenherrscher weiterhin zu bestimmten Zeiten des Jahres in verschiedene Lager und Sommerpaläste – ebenso wie ihre Untertanen, die zu den wechselnden Weidegründen zogen.

Niccolo und Maffeo, die sich als Kaufleute auf den Weg gemacht hatten, müssen etwa 1265 in Karakorum eingetroffen sein, etwa zehn Jahre nach Wilhelm von Rubruck, dem ersten geistlichen Gesandten in der Hauptstadt der Mongolen. Da die Polo als freie Männer und Besucher in die Stadt kamen und außerdem aus der gleichen Richtung anreisten wie Wilhelm, ist es durchaus möglich, daß der Großkahn, der sich darüber im klaren war, daß er Bündnisse gegen den gemeinsamen islamischen Feind eingehen mußte, geruhte, die venezianischen Kaufleute zu empfangen. Sie berichten, sie hätten mit dem Großkahn über Religion gesprochen – vielleicht weil sie auf den Spuren Wilhelm von Rubrucks wandelten, vielleicht aber auch, weil sie es für unpassend hielten, bei einem so feierlichen Anlaß das Thema Handel anzusprechen.

Die Bitten (oder Forderungen) des Khans nach christlichen Gelehrten, nach heiligem Öl und einer Antwort des Papstes waren nicht einfach zu erfüllen, denn als die Brüder Polo 1269 nach Europa zurückkamen, mußten sie feststellen, daß Papst Clemens IV. im Jahr zuvor verstorben war und noch kein Nachfolger feststand. Nachdem sie zwei Jahre in Venedig auf die Neuwahl eines Papstes gewartet hatten, gaben sie es auf und erhielten als Ersatz das Antwortschreiben eines päpstlichen Gesandten in Akka. In Ramusios Version des Textes findet sich der Hinweis, daß es sich bei dem päpstlichen Legaten, der ihnen besagten Begleitbrief ausstellte, tatsächlich um den später zum Papst gewählten Gregor X. gehandelt habe, aber es bleibt im dunkeln, ob die Brüder Polo sich dessen bewußt waren. Es wäre in der Tat mehr als ärgerlich gewesen, wenn man nach einer so langen Zeit des Wartens ein zweitklassiges geistliches Empfehlungsschreiben in Händen gehabt hätte, um dann festzustellen, daß der Schreiber jener Zeilen später die gewünschte Position innehatte.[12] Es ist jedoch vorstellbar, daß Ramusio dies nur anmerkte, weil er es im Rückblick natürlich besser wissen konnte.

Als die Brüder Polo damals vom Hof des Khans zu ihrer Rückreise aufbrachen, erhielten sie von ihm zu ihrem Schutz einen Begleitbrief in Form eines goldenen Täfelchens. Diese Goldtäfelchen werden In Yules Darstellung überraschenderweise ausführlich behandelt.[13] Es fällt schwer zu beurteilen, wieviele davon nun die Polo für die Reise erhielten, denn sie sollen angeblich für ihre Rückkehr an den Hof weitere erhalten haben. Manchen Texten zufolge handelte es sich um insgesamt drei, ein Täfelchen für die erste und zwei für die zweite Reise[14], doch in wieder anderen Schriften ist von fünf[15] die Rede. Mit einer mongolischen Inschrift versehen, dienten die schmalen Goldstreifen als Passierschein und erfüllten damit einen ähnlichen Zweck wie das stolze Ansinnen aus alten britischen Reisepässen, mit dem jedermann ersucht und aufgefordert wurde, den Paßinhaber frei und ungehindert reisen zu lassen. Yule kompliziert seine Überlegungen durch die Anmerkung, daß die Jin solche Täfelchen als Amtssiegel und Standeszeichen verwendeten; fest steht nur, daß während der Liao-Dynastie (927–1125) offizielle Gesandte diese mit sich führten und dadurch ermächtigt waren, Pferde zu requirieren, damit die kaiserlichen Botschaften möglichst rasch ihr Ziel erreichten. Auf mongolischen Täfelchen, die man bei Ausgrabungen fand, steht folgende Inschrift: »Bei der Macht des ewigen Himmels! Möge der Name des Khans heilig sein! Wer ihm nicht Ehrerbietung erweist, soll getötet werden und muß sterben!«[16] Yules Buch enthält Illustrationen einiger solcher Täfelchen, die in Rußland entdeckt wurden.

Leider sind alle bisher in Rußland gefundenen Exemplare aus Silber, doch Yule nimmt sich, um die Darstellung der Brüder Polo zu untermauern, »die Freiheit, davon auszugehen, daß die Täfelchen aus Gold waren«. Die Anzahl der Goldtäfelchen ist nicht unwichtig, denn später hat zumindest eins davon zu einer heftigen Auseinandersetzung zwischen Marco und seinem Onkel geführt.

Marco kam etwa 1254 zur Welt, sechs Jahre bevor sein Vater und sein Onkel zu ihrer ersten Reise in den Fernen Osten aufbrachen. Angeblich hat man seine Erziehung während der langen Abwesenheit seines Vaters (1260–1270) vernachlässigt, vor allem seit dem Tod der Mutter, die starb, als ihr Mann noch auf Reisen war. Die Frage nach Marco Polos Erziehung wird immer dann relevant, wenn es um seine Sprachkenntnisse und dabei insbesondere um seine möglicherweise nur geringen Lateinkenntnisse geht. Arabisch und Persisch kann er allerdings während seiner Reisen gelernt haben. Die drei Polo-Brüder, also Marcos Vater und seine beiden Onkel, arbeiteten geschäftlich eng zusammen, und schließlich bezogen sie gemeinsam die »Cà Polo«. So erscheint es durchaus plausibel, daß Marco der Ältere, der in Venedig blieb, um sich um die Geschäfte und die Versorgung der Familie zu kümmern, sich auch für die Erziehung seines Neffen und Namensvetters verantwortlich fühlte.

Als die Brüder Polo 1271 zu ihrer zweiten Reise in den Fernen Osten aufbrachen, nahmen sie den damals 17jährigen Marco Polo mit. Sie waren sich vielleicht inzwischen mehr über die Macht der Mongolen im klaren und hatten, falls man ihrem Bericht von Khubilais Forderungen Glauben schenken darf, vielleicht auch die schwache Hoffnung, als Christen auf ihn Einfluß nehmen zu können.

Ihre zweite Reise führte sie auf den gleichen unwegsamen Pfaden zu einem anderen großen Lager Khubilai Khans – in die Sommerhauptstadt Shangdu (auch Obere Hauptstadt genannt), Coleridges Xanadu. Dieser »prunkvolle Freudenpalast« lag am Ufer des heiligen

Flusses Alph (oder prosaischer ausgedrückt: am Fluß Shangdu). In Coleridges blühender Phantasie fließt der Alph in »Höhlen, die für Menschen unermeßlich sind«, hinab. Dies stimmt in keiner Weise mit den tatsächlichen geologischen Gegebenheiten des mongolischen Weidelandes überein, denn die Flüsse müssen Tausende von Kilometern zurücklegen, ehe sie das Meer erreichen.

Die Polo stellten fest, daß es hier – genau wie in Karakorum – sehr solide Bauten aus weißem Marmor gab, die reich vergoldet und eines großen Herrschers würdig waren, aber ebenso wunderschön verzierte Zelte, kunstvolle *ger* oder *yurts* – Erinnerungen der Mongolen an ihre nomadische Vergangenheit. Khubilais Sommerzelt konnte wie jedes andere *ger* zusammengepackt werden und wurde von Stangen gestützt, die mit holzgeschnitzten Drachen geschmückt waren; zusammengehalten wurde es von 200 Bändern aus feinster Seide. Shangdu war das politische Zentrum (dort war Khubilai zum Khan ausgerufen worden) und zugleich ein riesiger Vergnügungspark, in dem man der Jagd und der Falkenzucht nachging. Innerhalb des weitläufigen Areals hatte man Kiefernschonungen – Coleridges »Wälder, so alt wie die Berge« –, Brunnen, Wasserläufe und »gewundene Bäche« angelegt. Hier gab es viele Hirsche und Rehe, auf die der Khan manchmal mit Leoparden Jagd machte. Schwäne, Kraniche, Fasane und Rebhühner waren ebenfalls zahlreich vorhanden. Sie wurden in den harten Wintern mit Hirse gemästet und mit Falken gejagt.

Ebenso wie das Mongolenreich ist auch Shangdu verschwunden. Vom großen Palast sind lediglich einige steinerne Überreste im chinesischen Stil erhalten geblieben.[17] Khubilais *ger* wurde vor Hunderten von Jahren zusammengerollt, denn der Khan reiste mit seinem ganzen

Gefolge im November südwärts – und mit ihm vielleicht auch die Polo. Denn wie jedes Jahr gegen Herbstende verließ man Shangdu und zog weiter – in die neu erbaute Hauptstadt des Khans, nach Khanbalik beziehungsweise Peking.

14.

WAR ES CHINA?

Der *Beschreibung der Welt* zufolge reisten die drei Italiener im Gefolge des Khans südwärts nach China, nach »Seres«, dem Land der Seide am östlichen Ende der Welt; und hier nun waren sie tatsächlich die ersten Europäer, die dieses Land betraten.

Der neue Herrscher Chinas, Khubilai Khan, beeindruckte die Polo ungeheuer. In der *Beschreibung der Welt* wird er als »nicht zu groß, nicht zu klein« beschrieben, als »kräftiger Mann mit wohlgeformten Gliedmaßen«. »Seine Gesichtshaut ist rosigweiß, die Augen leuchten dunkel, fein ist die Nase profiliert.«[1] Wie viele spätere Chinareisende auch, geht Marco Polo ausführlich auf das Konkubinat ein. Jeder der vier Ehefrauen des Khans hatte einen eigenen Hofstaat, der jeweils 10000 Personen umfaßte, hübsche Dienerinnen und Eunuchen inbegriffen. Bei der Wahl seiner Konkubinen scheint Khubilai die Mädchen aus einer mongolischen Stadt namens Kungurat bevorzugt zu haben, in die er alle zwei Jahre Boten mit dem Auftrag entsandte, 400 bis 500 schöne Mädchen auszusuchen. Sofern nicht auch Mädchen aus der Umgebung nach Kungarat geschickt wurden, muß der Ansturm auf die Frauen dieses Ortes beachtlich gewesen sein, aber wir sind überzeugt, daß dies als große Ehre galt. Die »Schätzer« des Khans untersuchten alle Mädchen gründlich, begutachteten »jedes Detail« aus nächster Nähe und vergaben Punkte für den Gesamteindruck auf einer Skala von eins bis 20 und darüber. Alle Mädchen, die es auf 20 oder mehr Punkte gebracht hatten, wurden Khubilai vorgeführt, der nun aus diesen schließlich 30 bis 40 auswählte. Daraufhin wurden sie noch einmal untersucht, um sicherzustellen, daß sie noch Jungfrauen waren, einen lieblichen Atem hatten und nicht schnarchten. Anschließend teilte man sie in Sechsergruppen auf, von denen jede dem Khan drei Tage und drei Nächte dienen mußte, bevor sie von den nächsten sechs Mädchen abgelöst wurde. Diejenigen, die die letzten Prüfungen durchlaufen hatten, aber schnarchten, behielt man im Palast und brachte ihnen solch nützliche Dinge wie Handschuhmachen und »andere elegante Fertigkeiten« viktorianischer Schule bei, bevor man die Mädchen Edelmännern anbot, die auf Brautschau waren. Trotz der Fülle an Details sind diese Schilderungen mit Vorsicht zu genießen, denn sie erscheinen nur in der späten, von Ramusio veröffentlichten Version.[2]

Die Leibgarde des Khans wurde – wie die Frauen – in einem Dreitagesrhythmus abgelöst; allerdings handelte es sich in diesem Fall um Gruppen von je 3000 Mann. Insgesamt waren es 12 000 Reiter, und sie standen, wie Marco Polo schreibt, »nicht etwa weil der Khan Angst hätte« im Dienste Khubilais, »sondern einzig und allein, um seine Macht zu zeigen«.[3] Die 9000 Wachen, die nicht Dienst taten, hielten sich tagsüber ebenfalls im Palast auf und gingen abends nach Hause. Sie durften Peking nur mit Erlaubnis des Khans verlassen, wenn ein Vater oder Bruder im Sterben lag.

Die großen Festgelage des Khubilai Khans orientierten sich offenbar zum Teil an den chinesischen Sitten, zum

Teil an mongolischen Bräuchen. Bei einem Bankett saß der Khan mit Blick nach Süden auf einem Podium, so daß er alle, die einem niedrigeren Stand angehörten, überragte. Jedesmal, wenn er trank, erklang Musik. Nach dem Bankett traten Jongleure und Akrobaten auf. Dem Khan wurden die Speisen von eigens ausgewählten Fürsten gereicht. Sie trugen seidene Masken, damit sein Essen, das auf Gold- und Silbergeschirr serviert wurde, nicht mit ihrem Atem in Berührung kam. Der Alkohol befand sich in einem speziellen, mit Tierfiguren verziertem Gefäß, das mehrere Behälter mit verschiedenen Weinen, aber auch mit Kumis, der vergorenen Stutenmilch, enthielt.[4]

Die Hauptattraktion zur Belustigung der Festgesellschaft scheint außer den Jongleuren die Bestrafung von Gästen, die über die Türschwelle stolperten, gewesen zu sein. Alle chinesischen Gebäude haben ein hohes Brett vor der Eingangstür, über das jeder Besucher hinwegsteigen muß. In den niedrigen Häusern auf dem Land hält diese »Schwelle« den Regen ab und die Hühner aus dem Haus, aber in den prächtigen Palastgebäuden war sie wenigstens dreißig Zentimeter hoch. Manche vertreten die Ansicht, daß sie dazu diente, die Besucher dem Herrscher gegenüber in eine ungünstigere Position zu bringen, denn um dieses Hindernis zu überwinden, mußten sie ihre langen Gewänder raffen und nahmen so wie von selbst eine ehrerbietige Haltung ein. Während Khubilais Banketten standen imposante Wachen mit schweren Knüppeln zu beiden Seiten der Tür, denn jeder Gast, der beim Eintreten versehentlich die Schwelle berührte, brachte nach damaliger Meinung Unglück. Er bezog entweder kräftige Prügel, oder aber man nahm ihm seine Kleider weg (die er nur gegen Bezahlung einer Geldstrafe zurückerhielt).

Wenn Jagdgesellschaften ausgerichtet wurden, kamen 10 000 Mann, die unter anderem Kampf- oder Jagdhunde führten, zum Einsatz. Auch Leoparden, Luchse und Löwen wurden verwendet, um Wölfe, Füchse, Dammwild, Rehe oder Wachteln zu erlegen. Die Falken scheinen – wie die Polo – mit dem Khan mitgereist zu sein (10 000 Falkner mit 5000 Falken und Wanderfalken sowie Hühnerhabichten für die Jagd auf Wasservögel). Wenn der Khan nordwärts zog, wurden riesige Zelte entlang dem Reiseweg aufgestellt, so daß der Herrscher das große Schlachten bequem von seinen Kissen und Zobelfelldecken aus mitverfolgen konnte.[5]

Die Macht des Khans zeigte sich auch in der Vielzahl von Geschenken, die er das ganze Jahr über erhielt. Anläßlich des chinesischen Neujahrsfests überbrachte ihm ein Zug von Elefanten und Kamelen Gold, Silber, Perlen, Ballen feinen weißen Tuchs und 100 000 weiße Pferde, und zu seinem Geburtstag schenkte man ihm Prachtgewänder, die mit Blattgold verziert und mit Perlen und kostbaren Edelsteinen bestickt waren. In den Augen der Polo war der Khan der mächtigste aller Herrscher, er, dessen Frauen, Falken und Perlen man nach Millionen zählte und der doch aus einer Familie stammte, die aus tiefster Armut aufgestiegen war, um schließlich den größten Teil Asiens zu beherrschen.

Wie seine Zeitgenossen war auch Marco Polo von der militärischen Stärke der Mongolen tief beeindruckt. Er beschrieb viele ihrer berühmteren Schlachten, wie zum Beispiel den Vergeltungsschlag gegen Burma (1277). Als dem muslimischen General der Mongolenarmee, Nasir al-Din, bewußt wurde, daß der Feind ihnen zahlenmäßig überlegen war, befahl er seinen Bogenschützen, die 2000 burmesischen Kriegselefanten unter Beschuß zu nehmen. Unter dem Pfeilhagel der Mongolen gerieten die Tiere in helle Panik und ergriffen die Flucht.⁶ Des weiteren berichtete er von der großen Schlacht im Jahre 1287, in der Khubilai, der in einem von vier Elefanten getragenen, turmartigen hölzernen Palankin auf dem Schlachtfeld erschien, seinen »Onkel« (so Marco Polo) Nayan besiegte. Die Schlacht – sie wird außerhalb der chronologischen Abfolge erzählt, denn sie erscheint vor der Beschreibung der Person Khubilais, die vermutlich in die frühen siebziger Jahre des 12. Jahrhunderts zu datieren ist – war sehr grausam. Die Pfeile fielen wie ein Regenschauer vom Himmel, und Pferde und Reiter stürzten unter donnerndem Getöse zu Boden. Die Schlacht endete mit der Gefangennahme Nayans und seinem langsamen Tod: Er wurde in einen Teppich gewickelt und von galoppierenden Reitern umhergeschleift – wie in einer makabren Variante des mongolischen Polospiels, das von den Kavalleristen mit dem Körper eines Schafs ausgetragen wird.

Vollkommen überwältigt von den Festgelagen, den Audienzen, Jagdgesellschaften, den Tausenden und Abertausenden Wachen und Palastbediensteten, scheinen die Polo in den Jahren in China keinerlei Handel getrieben zu haben. Außer den Reisen, die Marco Polo im Auftrag des Khans unternahm, soll er, wie wir wissen, seinen eigenen Angaben zufolge auch drei Jahre lang Gouverneur von Yangzhou gewesen sein. Da diese Behauptung durch chinesische Quellen nicht untermauert werden kann, vermutet Paul Pelliot, daß Marco Polo möglicherweise einen Posten in der Salzverwaltung bekleidete. Pelliot kommt zu dieser These, weil einerseits in der offiziellen Chronik der Yuan-Dynastie *(Yuan shi)* eine Person namens Polo oder Boluo in der Salzverwaltung von Yangzhou erwähnt wird, und weil andererseits in der *Beschreibung der Welt* so häufig von der Salzherstellung und der Salzsteuer die Rede ist. Seine Gewinnung aus Solequellen, salzhaltigen Böden und dem Meer wird von weit voneinander entfernt liegenden Orten beschrieben, wie etwa den Provinzen Yunnan, Shandong und der Küste von Zhejiang.[7] Allerdings ist mit Yunnan eventuell das Zigong-Gebiet in der Nachbarprovinz Sichuan gemeint, wo jahrhundertelang das Steinsalz aus unter der Erde liegenden Schächten gewonnen und mittels Rädern, die von Wasserbüffeln bewegt wurden, hinaufbefördert wurde. Dies ist zwar eine mögliche Erklärung, doch es ist nicht weiter verwunderlich, daß das Salz und seine Bedeutung für China häufiger erwähnt wird, denn Salz war ein von der Regierung kontrolliertes Erzeugnis und stand in engem Zusammenhang mit dem neuen Papiergeld.

Seit der Han-Dynastie (206 v. Chr. bis 220 n. Chr.) wurde der Salzhandel staatlich kontrolliert, und Salz blieb auch in den folgenden Jahrhunderten, wie in der *Beschreibung der Welt* nachzulesen, eine besteuerte Ware.[8] (Marco Polo erwähnte es als das in Tibet gültige Zahlungsmittel.[9]) Während der Song-Dynastie (960–1279) war Salz, auf dessen Gewinnung der Staat ein Monopol hatte, die Grundlage, auf der das neue Papiergeld eingeführt wurde: Kaufleute konnten die Papiernoten die viel leichter zu transportieren waren, in der Hauptstadt oder direkt beim Erzeuger in Tee oder Salz umtauschen.[10] Die Arbeiter der Salzsiedereien in der Provinz Zhejiang bekamen von der Regierung nur sehr wenig Lohn und lebten letztlich fast im Zustand der Sklaverei. Trotz der zahlreichen Bezugnahmen im Text auf das Salz – eine Ware, die für einen reisenden Kaufmann oder jemanden, der sich in Verwaltungsangelegenheiten kundig machen will, immer von Interesse gewesen sein dürfte – läßt sich anhand der chinesischen Quellen nicht definitiv belegen, daß es irgendeine Verbindung zwischen Marco Polo und der Salzverwaltung gegeben hat.

Aufgrund des Prologs zur *Beschreibung der Welt* erscheint es vielmehr näherliegend, daß Marco Polo kaum Gelegenheit gehabt haben dürfte, sich der Salzverwaltung zu widmen, denn schließlich verwandte er einen Großteil seiner Zeit darauf, riesige Entfernungen im Dienste des Khans zu bewältigen. Wie er vermerkt, erstattete er seinem Auftrag entsprechend über seine Missionen Bericht, sammelte aber darüber hinaus unterwegs möglichst viele Informationen über Orte, Leute und Bräuche, um damit den Khan in Erstaunen zu versetzen. Ob sein Vater und sein Onkel ihn auf diesen ausgedehnten Erkundungsreisen begleiteten oder ob die beiden in der Zwischenzeit Däumchen drehend in Peking saßen, wird daraus nicht klar.

Nach 17 Jahren in China mußten die Polo ihre ganze Überzeugungskraft aufbringen, damit der Khan sie ziehen ließ. Doch anstatt den Weg zu nehmen, auf dem sie gekommen waren – eine Route, die zumindest den Brüdern Polo inzwischen relativ vertraut gewesen sein dürfte, denn angeblich hatten sie sie dreimal zurückgelegt –, wählten sie für die Rückreise die längstmögliche Route, die sie hauptsächlich über das Meer führte. Dem Prolog zufolge war Marco Polo – offensichtlich ein nimmermüder Reisender – gerade erst aus Indien zurückgekehrt, was ihn aber nicht daran hinderte, noch einmal denselben Weg zu nehmen. Wie bereits weiter oben erwähnt, begleiteten die drei eine junge Mongolenprinzessin, die als zweite Ehefrau zu Argun, dem »Herrscher über die Levante«[11], geschickt wurde. Von der ursprünglich 600 Personen umfassenden Reisegesellschaft, die etwa 18 Monate auf hoher See zubrachte und vorbei an Java, Ceylon und Indien segelte, starben unterwegs 582, und als sie schließlich Arguns Hof erreichten, war auch er in der Zwischenzeit verstorben. Womöglich war es diese knappe Darstellung der vielen Todesfälle, die Ramusio dazu veranlaßte, die Polo in Lumpen und nahezu ohne jedes Gepäck in Venedig ankommen zu lassen. Das war im Jahre 1295.

Kurze Zeit nach seiner Rückkehr nach Venedig scheint Marco Polo sich zur Verteidigung der Stadt gemeldet zu haben (oder einberufen worden zu sein). Jedenfalls wird er nach einer Seeschlacht mit Genuesern gefangengenommen. Der früheste Hinweis auf Marcos Gefangennahme und die Entstehung des Textes findet sich bei Jacopo da Acqui. In einer Handschrift seiner *Imago mundi* aus dem 13. Jahrhundert in der Biblioteca Ambrosiana, ist vermerkt, daß Marco Polo 1296 nach der Seeschlacht bei Ayas (Alexandrette) zwischen Genuesen und Venezianern in Genua gefangengehalten wurde[12], aber auch diese scheinbar einfache Feststellung ist widersprüchlich. Da die Seeschlacht von Ayas oder Laias bereits 1294, also ein Jahr vor der Rückkehr der Polo aus Asien, stattfand, wird da Acquis Bericht allgemein angezweifelt.[13] Ramusios letzte Fassung enthält eine andere Version: Marco Polo eilte zur Verteidigung Venedigs gegen die Genueser und wurde bei der Schlacht von Korčula (Curzola) an der dalmatinischen Küste am 7./8. September 1298 gefangengenommen. Dieses Datum wiederum verwirrt andere Fachleute, da als Entstehungszeitraum des Buches im Prolog der *Beschreibung der Welt* das Jahr 1298 genannt wird[14]; und da die bei Korčula gemachten Gefangenen 1299 freigelassen wurden, wird eingewandt, daß in diesem Fall die Zeit nicht ausgereicht hätte, um das Buch zu schreiben. Wenn aber

Jacques Heers' Vorschlag korrekt ist und Marco Polo und Rustichello eher unter »Hausarrest« standen, als in einem finsteren Verlies zu darben, ist der Zeitfaktor nicht ausschlaggebend. Doch auch hier, wie bei vielen anderen Aspekten des Buches, kann man wiederum nur Vermutungen anstellen. Moule meint zu dieser Frage abschließend: »Es ist auch vorstellbar, daß Marco bei irgendeiner undurchsichtigen und nicht weiter dokumentierten Auseinandersetzung unter bewaffneten Kaufleuten im Jahre 1296 in Gefangenschaft geriet ...«[15]

Eines der wichtigsten Familienereignisse nach der Rückkehr der Reisenden im Jahre 1295 war der Kauf eines Hauses in Venedig, und zwar im Viertel um San Giovanni Crisostomo, das Niccolo und Maffeo offensichtlich gegen Ende der neunziger Jahre des 13. Jahrhunderts erwarben.[16] Ramusios romantische Geschichte von der Heimkehr der fremdländisch aussehenden Reisenden ist fester Bestandteil der Marco-Polo-Legende, und man sollte nicht so kleinlich sein, ihr mit dem Hinweis zu begegnen, daß das Haus, in welches sie Ramusio zufolge zurückkehrten, die Polo gar nicht freundlich aufnehmen konnte; denn es sollte noch einige Jahre dauern, bis die Familie es kaufte.[17] Aus den noch existierenden Dokumenten geht nicht klar hervor, ob Marco Polo etwas mit dessen Erwerb zu tun hatte oder nicht, obwohl der Platz, an dem das Haus einst stand, noch immer als »Cà (Haus) Milion« oder als »Corte del Milion« – womit man sofort Marco Polo assoziiert, der *il milione* genannt wurde – oder kurz als Cà Polo bekannt ist. Das Haus lag an einer Biegung, an der der Rio di Giovanni Crisostomo in den Rio di San Marina fließt. Im Sommer 1596 wurde das Gebäude durch einen Brand vernichtet (und der prompte Einsatz der Feuerwehrmänner mit je sechs

Dukaten vom Senat belohnt).[18] 1677 wurde das Grundstück, »das im Volksmund Camilion genannt wurde und teilweise unbebaut war«, verkauft, um darauf ein Theater, das Teatro Malibran, zu errichten. In unmittelbarer Nähe der Cà Polo steht noch ein Turm mit byzantinischem Gewölbe, der vermutlich nicht zum Haus gehörte – ansonsten blieb nichts erhalten.

Trotz des Buches, das seinen Namen letztendlich weltberühmt machte, wurden Marco und den anderen Polo nie irgendeine offizielle Anerkennung oder eine entsprechende Stellung von seiten der Stadt Venedig zuteil – weder in ihrer Eigenschaft als Kaufleute noch als Reisende. Da sie also Kaufleute ohne besonderen Rang waren, sind die wenigen vorhandenen Dokumente, die sich auf ihre geschäftlichen Transaktionen beziehen, zumeist Gerichtsakten, die über ihre Aktivitäten nur dann berichten, wenn sie schiefgelaufen sind. Einige Zeit nach seiner Rückkehr aus China hat Marco Polo offenbar seinen Agenten verklagt, weil er eineinhalb Pfund Moschus nicht bezahlt hatte.[19] In einem weiteren Schriftstück aus dem Jahre 1305 in den Archiven Venedigs geht es um Wein, der von einem gewissen Bonocio di Mestre geschmuggelt wurde – einer seiner Bürgen war Marco Polo.[20] Dieses Dokument ist besonders interessant, da Marco Polo hier als »*marcus paulo milion*« erscheint – die erste verbürgte Erwähnung der Bezeichnung *il milione*.

Marco Polo starb 1324 und hinterließ ein Testament sowie drei Töchter: Fantina, Bellela und Moreta. In dem kurz vor seinem Tod aufgesetzten Testament[21] werden weder Besitztümer in Übersee noch die Reise erwähnt. Der wesentliche Beleg dafür, daß er Kontakte zum Osten hatte, ist die Tatsache, daß er Peter, seinem »Tatarensklaven« (»*petrum famulum meum de genere tartarorum*«)[22], die Freiheit gewährt und ihm eine kleine Erbschaft vermacht. Dessen Testament wiederum wurde 1329 verzeichnet, und zwar als das eines Petrus Suliman.[23] Allgemein wird angenommen, daß Marco Polo ihn aus dem Fernen Osten mitgebracht hat, doch die Namensverknüpfung Peter und Suliman, also die Kombination eines christlichen mit einem muslimischen Namen, und die Bezeichnung »Tatar« sind verwirrend.

Der mittelalterliche Chronist Matthäus von Paris benutzte das Wort Tatar, um damit einen Mongolen zu bezeichnen[24], und das scheint bei »Außenstehenden« generell üblich gewesen zu sein, wenn sie sich auf Mongolen bezogen – noch lange nachdem Dschingis-Khan den mongolischen Tatarenstamm im Grunde genommen ausgerottet hatte.[25] Falls Petrus Suliman tatsächlich mongolischer Abstammung war, dann dürfte er wohl eher ein Abkömmling der persischen Mongolen, die seit 1295 vollständig islamisiert waren (etwas zu spät für unseren Fall), oder jener der »Goldenen Horde« von der Wolga gewesen sein als etwa der in China beheimateten Mongolen, denn letztere tolerierten zwar den Islam, waren aber in erster Linie Buddhisten.[26] In der *Beschreibung der Welt* ist häufiger die Rede von Tataren, die zum Islam konvertierten, und der Unterschied zu den chinesischen Mongolen wird klar herausgestellt: »Diejenigen, die in Catai wohnen, haben die Bräuche der Heiden angenommen und ihren eigenen Glauben aufgegeben. Die Tataren der Levante leben nach sarazenischer Sitte.«[27] Möglicherweise hat Marco Polo den Begriff »Tatar« sehr weit ausgelegt und damit all diejenigen bezeichnet, die östlich von Jerusalem lebten. Petrus Sulimans Zuname ist da schon bezeichnender, denn durch ihn wird seine Verbindung zur islamischen Welt deutlich. Den christlichen Namen »Petrus« oder Peter hat er vermutlich aus praktischen Erwägungen heraus angenommen, um einen schwerverständlichen ausländischen Namen zu ersetzen. Schließlich lebten er und seine Frau bis zu seinem Tod bei der Familie Polo, und ein geläufiger Name war wohl für weniger reiseerfahrene Familienmitglieder leichter zu behalten und auszusprechen. Polo kann Petrus überall gekauft haben (und er wird in der *Beschreibung der Welt* weder namentlich noch indirekt erwähnt).

Ebenso wenig, womit man auf eine direkte Verbindung zu China schließen könnte, findet sich in einer sehr detaillierten Aufstellung der Besitztümer Marco Polos zum Zeitpunkt seines Todes. Dieses Dokument aus dem Jahre 1366, das also lange nach seinem Tod aufgesetzt wurde, entstand aufgrund einer Auseinandersetzung, die seine kurz zuvor verwitwete älteste Tochter Fantina mit der Familie ihres Ehemannes hatte.[28] Die Aufstellung enthält unter mehr als 200 Nennungen auch einen Beutel mit Rhabarber (ein Mittel gegen Verstopfung).[29] In der *Beschreibung der Welt* wird (korrekt) geschildert, daß diese Pflanze im Gansu-Gebiet wächst und in alle Welt exportiert wird.[30] Die Bedeutung des Rhabarbers aus Gansu für die westliche Verdauung fand sogar Eingang in die chinesische Populärkultur, denn als der Opiumbeauftragte Lin Zexu im August 1839 an Queen Victoria schrieb und sie ersuchte, den Opiumhandel einzustellen, fügte er die Drohung hinzu, daß China ansonsten seinen Rhabarberexport in das Vereinigte Königreich unterbinden würde – in der sicheren Hoffnung, daß dies das von Verstopfung geplagte Land in die Knie zwingen würde.[31] Da man von diesem Beutel mit Rhabarer nur weiß, daß er sich 1324, zum Zeitpunkt seines Todes, in Marco Polos Besitz befand, kann er ihn durchaus bereits zu Beginn seiner Reise erstanden haben, zum Beispiel in Tangut, und ihn die ganze Zeit mit sich geführt haben; es hätte sich dann also um fast hundert Jahre alten chinesischen

Rhabarber gehandelt. Andererseits war dies eine anerkannte Medizin (obwohl Wilhelm von Rubruck behauptete, ihr Gebrauch habe einem seiner Freunde beinahe das Leben gekostet), und so konnte Marco Polo den Rhabarber ebenso sehr viel später von einem der Kaufleute bezogen haben, mit denen er im weiteren Verlauf seines Lebens Geschäfte machte und die diese Medizin importierten.

Außer Rhabarber werden unter anderem noch 24 Betten, unzählige Bettlaken (davon viele aus Seide), Stoffe wie etwa *»lino laurado con seda«* (mit Seide besticktes Leinen), mit Gold bestickte Seide, mit *»stranij animali«* (Fabeltieren) verzierte Seide, drei Goldringe, Mäntel, Wollsachen und Kochtöpfe aufgelistet. Den knappen Beschreibungen kann man entnehmen, daß viele der Stücke aus Seide (wenn es sich nicht um einfache weiße Bettlaken handelte) im persischen oder nahöstlichen Stil gehalten, mit Goldfäden bestickt oder gewirkt und wesentlich opulenter und schwerer als chinesische Seide gearbeitet zu sein schienen.

Die Aufstellung enthält vernünftige und praktische, wenn nicht gar luxuriöse Besitzgegenstände, und einige wenige Dinge stützen die Annahme, daß es direkte Kontakte zu China gab. Moule ist der Ansicht, daß ein Gegenstand entweder als ein »in Auftrag gegebenes goldenes Kleidungsstück« entziffert werden kann, das in diesem Fall wohl eher nahöstlichen als chinesischen Ursprungs gewesen sein dürfte, oder aber als *tables d'or des comandemens*, wobei es sich um die Art von Passierschein oder Reiseerlaubnis aus Gold gehandelt haben könnte, die seinem Vater und seinem Onkel ausgehändigt worden waren, als sie Karakorum verließen und zum erstenmal die Heimreise antraten. Ein Passierschein oder Paß aus Gold war Gegenstand einer Auseinandersetzung zwischen Marco und seinem Onkel Maffeo. Maffeos Testament aus dem Jahr 1310 enthält eine Passage, die sich mit dem noch immer ungeklärten Problem beschäftigt, daß er Marco ein Darlehen in Form von Geld, Juwelen und einem Goldtäfelchen des Großkhans gewährt hatte. Das fragliche Geld war anscheinend die Rückzahlung für einen Verlust, der bei einem Geschäft in Trebizong (Trabzon) gemacht wurde. In diesem Zusammenhang wird kein Datum erwähnt, und so läßt sich leider nicht nachvollziehen, ob dieser Verlust bei der Abwicklung eines ganz normalen Geschäfts passierte oder auf ihren berühmten Reisen.[32] Daß Marco Polo möglicherweise im Besitz eines Goldtäfelchens war und deshalb mit seinem Onkel in Streit geriet – offenbar einen sehr ernsten, sonst wäre diese Angelegenheit nicht noch im Testament angesprochen worden –, läßt auf ernstliche familiäre Zwistigkeiten schließen. Zu Marcos Verteidigung ließe sich sagen, daß es vermutlich mehrere dieser Goldtäfelchen gegeben hat, die zumindest seinem Vater und seinem Onkel bei verschiedenen Anlässen ausgehändigt worden waren, und wenn er, wie er behauptet, mit ihnen reiste, dann hätte auch ihm eines zugestanden. Das Inventar seiner Besitztümer ist in Teilen unlesbar, und wenn dort überhaupt ein Goldtäfelchen verzeichnet ist, hat man in seinem Fall wohl einen anderen Ausdruck dafür verwendet als im Testament seines Onkels.[33]

Die wenigen Beweise, die wir für Marco Polos Aktivitäten in Venedig haben, lassen lediglich den Rückschluß zu, daß er weiterhin als Kaufmann tätig war. Einer von Marco Polos Zeitgenossen, der Mönch Pipino di Bologna, der noch zu dessen Lebzeiten die *Beschreibung der Welt* ins Lateinische übersetzte, ließ die materialistischen und geschäftlichen Dinge weitgehend außer acht und legte das Hauptaugenmerk auf die ihm so wichtigen religiösen Aspekte des Buches; offenbarte es doch die Wunder der Schöpfung und stellte die dunkle, heidnische Welt der Götzenanbeter der des Christentums gegenüber. Trotz dieser Auszeichnung gibt es, leider, keinen Beweis irgend einer päpstlichen Anerkennung für die Verdienste, die sich die Polo auf ihrer Mission für die Christenheit erworben haben, ebenso wie es keine offizielle Anerkennung ihrer Reisen von seiten ihrer Heimatstadt Venedig gab.

15.

Wo man vergebens sucht

Marco Polo behauptete, ein sehr enges und gutes Verhältnis zum Khan gehabt zu haben, und so könnte sein Name durchaus in die umfangreichen chinesischen Dokumente aus jener Zeit eingegangen sein; doch einer der verwirrendsten Aspekte seiner Geschichte, den von ihm selbst ins Spiel gebrachten Zugang zum und seine große Bedeutung bei Hofe einmal vorausgesetzt, ist die Tatsache, daß in den chinesischen (oder vielmehr den mongolischen) Quellen kein Hinweis auf die Polo zu finden ist.[1] Auf die offiziellen Quellen ist allerdings auch nicht immer Verlaß – so findet sich in ihnen zum Beispiel nichts über die mysteriöse Abordnung aus Nowgorod im Jahre 1261, dafür wird sie im Tagebuch eines Höflings erwähnt.

Es gibt eine Fülle an chinesischem Material, das zu sichten wäre – angefangen bei der offiziellen Geschichte der Dynastie bis hin zu den lokalen Annalen, die für jeden einzelnen Bezirk erstellt wurden –, und es fällt schwer, in diesem Wust von Informationen einen roten Faden zu finden. Als ich mich das erstemal mit den chinesischen Quellen beschäftigte, konzentrierte ich mich für mein Vorhaben auf die Hauptdokumente, also die offiziellen Geschichtsdokumente aus jener Zeit, und durchforstete Berge von Papier auf der Suche nach einer

Erwähnung des Namens Polo oder irgendeines Italieners. Später stieß ich auf einen umfangreichen Sammelband mit neueren chinesischen Aufsätzen, die die These von Marco Polos Aufenthalt in China stützten. Dort fand ich, entgegen meinen Erwartungen, die erste Widerlegung der häufig zu findenden Behauptung, Marco Polo sei Gouverneur von Yangzhou gewesen.[2] Professor Yang Zhijiu – ein vehementer, aber keineswegs unkritischer Verfechter der Theorie von Marco Polo als dem erstem Europäer in China – machte darauf aufmerksam, daß die weitverbreitete Ansicht, Marco Polo sei als Gouverneur in Yangzhou tätig gewesen, auf einer Fehlinterpretation eines Textes basiere. Die Stelle, an der Marco Polo wohl ursprünglich geschrieben hatte, daß er sich drei Jahre in Yangzhou »sejourna«, also »aufgehalten« habe, wurde falsch abgeschrieben und zu »governa«, sprich »regiert«. Wenn man diese durchaus plausible Lesart akzeptiert, erübrigt es sich, sich durch Berge von Gouverneursnamen und anderen Beamten in Yangzhou zu wühlen. Das war allerdings nicht das einzigemal, daß Marco Polo behauptete, er sei in China zu Ruhm gekommen; doch in diesem Fall ist es wirklich nicht sein Verschulden gewesen, sondern auf den Irrtum eines überforderten Kopisten zurückzuführen.

Polo behauptete des weiteren, als offizieller Gesandter gearbeitet und dabei geholfen zu haben, die blutige Belagerung von Xiangyang zu beenden. Doch wie wir gezeigt haben, konnte er, sein Vater und sein Onkel gar nicht entscheidend dazu beigetragen haben, denn die Belagerung von Xiangyang endete 1273, und zu dem Zeitpunkt konnten die Polo, wenn sie denn 1271 aufgebrochen waren, unmöglich dort schon angekommen sein. Zudem ist, wie ich bereits weiter oben ausführte, in den chinesischen Chroniken der Einsatz persischer Ingenieure vermerkt, die eben jene Wurfmaschinen zur Beendigung der Belagerung bauten, deren Konstruktion angeblich von den Polo und ihrem Gefolge bewerkstelligt worden sein soll. Als ich begann, die chinesischen Quellen nach einem Beweis für Marco Polos offiziellen Auftrag zu durchforsten, konzentrierte ich mich noch auf seine Behauptung, der Khan habe ihm »alle wichtigen Missionen« übertragen, »auch diejenigen in weit entfernte Länder«, und (bevor ich Professor Yangs Aufsatz gelesen hatte) darauf, daß er »drei Jahre lang Gouverneur« in Yangzhou gewesen sei.

Über seine Tätigkeit als reisender Berichterstatter im Dienste des Khans findet sich in keinem Dokument ein Hinweis. Da Marco Polo sich jedoch rühmt, ein sehr enges Verhältnis zu Khubilai gehabt zu haben, sollte man annehmen, daß eine solche Vertrauensstellung – neben persischen Militäringenieuren und indischen Ärzten – einer Erwähnung in den offiziellen Dokumenten wert gewesen wäre. Daraus könnte man folgern, daß Marco Polo möglicherweise gar keine so bedeutende Stellung bei Hofe innehatte, wie er behauptet. Es ist schon vorstellbar, daß Khubilai sich für die eigenartigen Sitten und Bräuche der Chinesen, deren Territorium er gerade eroberte, interessierte und daß ein anderer »Ausländer« mehr an diesen anthropologischen Einzelheiten interessiert war als ein Höfling. Wenn Marco Polo weniger wichtig bei Hofe war, als er behauptet, ist es nur schwer vorstellbar, daß er 17 Jahre in offizieller Mission durch China reiste. Wenn er so wichtig bei Hofe war, wie er behauptet, dann bleibt unklar, warum er in den geschichtlichen Dokumenten nicht erwähnt wird.

Lokale Annalen wurden für alle größeren Städte und Bezirke Chinas zusammengestellt. Sie sind ein weiteres Beispiel für den großen bürokratischen Aufwand, mit dem alle nur erdenklichen Fakten über die örtliche Verwaltung, die landwirtschaftlichen Erzeugnisse, die industrielle Produktion zusammengetragen wurden. Darin sind aber auch die Namen bedeutender ortsansässiger Persönlichkeiten (inklusive tugendhafter Witwen) und alle wichtigen Anlässe verzeichnet. Diese Annalen erschienen in regelmäßigen Abständen, was darauf hindeutet, daß sie kontinuierlich auf den neuesten Stand gebracht wurden und die wesentlichen örtlichen Geschehnisse enthielten. Selbst wenn sich Marco Polo in Yangzhou lediglich als Gast, und nicht etwa als Gouverneur, aufgehalten hat, müßte der Besuch eines die Bewohner der Stadt exotisch anmutenden Ausländers doch dort vermerkt sein. Beim Durcharbeiten dieser Annalen und ähnlicher Werke wie des *Yangzhou tujing*, einer aus dem späten 18. Jahrhundert stammenden Darstellung der Stadt, in der die bedeutenden Persönlichkeiten nach Dynastien verzeichnet sind, ist es immer wieder faszinierend, auf die ungewohnten, nicht-chinesischen Namen der mongolischen Beamten aus der Yuan-Dynastie (1279–1368) zu stoßen. Sie tauchen unvermittelt zwischen den wieder und wieder zu lesenden, immer gleichen chinesischen Nachnamen auf.

Es gibt in China nur eine begrenzte Anzahl von Familiennamen, und man spricht in diesem Zusammenhang üblicherweise von den »alten hundert Namen«. Unter diesen »hundert« wiederum dominiert eine relativ kleine Zahl. Wenn unter all den Lis, Wangs, Zhangs und Tangs, auf die üblicherweise ein aus zwei Schriftzeichen bestehender »Vorname« folgt, plötzlich ungewöhnliche Schriftzeichenkombinationen auftauchen, die nicht in die Liste der hundert Namen gehören – wie etwa »Bo« und »A« –, fällt das sofort ins Auge. Auch treten diese häufig in Kombinationen von vier Schriftzeichen auf – also in ganz anderen als den normalen, aus drei Schriftzeichen bestehenden Namen, die sich aus dem Familiennamen und den zwei Schriftzeichen des »Vornamens« zusammensetzen: Mao Tse-tung, Deng Xiao-Ping, Chou En-lai und so weiter. In China gibt es nur sehr wenige »Doppel«namen wie etwa Ouyang und Situ und Sima, aber diese sind durchaus verbreitet; im allgemeinen weisen Namen, die aus insgesamt vier Schriftzeichen, aber einer im Chinesischen sehr unüblichen Kombination im Familiennamen bestehen, den Träger sofort als Nichtchinesen aus. Der Name Polo aber taucht in diesen Texten nicht auf, noch wird seine Stellung in den Yangzhouer *difangzhi*, den Annalen also, wovon Ausgaben aus den Jahren 1542, 1601, 1685, 1819, 1874 und 1947 erhalten sind, erwähnt.

Auch im *Yuan shi*, entstanden – ähnlich wie die Chroniken der vorherigen Dynastien seit der Han-Zeit (206 v. Chr. – 220 n. Chr.) – auf der Basis von amtlicherseits eingerichteten Archiven, findet man ähnlich viele fremdländisch klingende Namen. Das Gesamtregister zu den 24 dynastischen Chroniken[3] enthält eine große Anzahl von Personen mit dem Namen Boluo – was dem Familiennamen unserer Italiener aufregend nahe käme, denn dem alten englischen System der Latinisierung (nach Wade-Giles) zufolge würde das »Polo« ergeben.

Schon 1865 kam Gaston Pauthier zu dem Schluß, er habe in einem dieser »Polo«-Einträge einen Hinweis auf Marco Polo gefunden. Es wird im *Yuan shi* ein Polo (oder Boluo beziehungsweise Poluo nach der gebräuchlichen Pinyin-Latinisierung – das hängt von den jeweils verwendeten Schriftzeichen ab) genannt, der als Vizepräsident des Geheimen Rates und Gouverneur der Provinz Yunnan und im Jahre 1284 als Inspektor der Salzverwaltung in Yangzhou selbst tätig war.[4] Nachdem sich die erste Aufregung gelegt hatte, wies der gewissenhafte Professor Pelliot – und zwar sowohl anhand dieses Textes als auch von Hinweisen bei Rashid al-Din – leider nach, daß es sich bei der fraglichen Person eindeutig um einen Mongolen namens Poulad (bei Rashid) beziehungsweise Bolod Aqa (im Mongolischen) handelte.[5] Boluo, Poluo oder Polo ist schlicht die Transliteration des mongolischen Lautes. (Die Schriftzeichen selbst haben keine Bedeutung und stehen lediglich für ihre Lautwerte. So kann *bo* oder *po* »eine keimende Pflanze«, »eine Sternschnuppe« oder – laut Matthews' Wörterbuch – »klebrigen Reis in einer Pfanne platzen lassen« bedeuten, und *luo* oder *lo* »ein Netz« oder »ausbreiten«.[6])

Von den 21 Boluo oder Polo im Register der 24 dynastischen Chroniken werden nahezu alle auch in den Chroniken der nichtchinesischen Dynastien erwähnt: Fünfzehn in der Geschichte der Yuan- beziehungsweise der Mongolen-Dynastie und vier in der Chronik der Jin, einer weiteren nicht-chinesischen Volksgruppe aus dem Norden; somit können jeweils mongolische beziehungsweise nördliche Konnotationen als gesichert gelten. Wenn man andere Lautschriftzeichen verwendet, um nichtchinesische Namen aus der chinesischen Geschichte zu latinisieren, findet man elfmal Bu (oder Pu) – was soviel wie »nein« heißt, wenn es nicht allein zur Wiedergabe des Lautes verwendet wird –, und zwar sechsmal in der Chronik der Yuan-Dynastie, einmal in der der Jin-Dynastie und zwei ganz frühe Nennungen (in der späten Han-Dynastie und im *Shi Ji*, der Universalgeschichte, die im 2. Jahrhundert v. Chr. entstand), aber niemals in Verbindung mit *lo*- oder *luo*-Lauten.

Leonardo Olschki, der einen weiteren Mongolen namens Polo oder Boluo anführt (dieser wurde 1330 wegen des Gebrauchs von schwarzer Magie und Opfergaben an den Großen Bären hingerichtet), meinte, daß es wohl falsch gewesen sei, nach den Polo unter einer Variante ihres Familiennamens zu suchen.[7] Er war der Ansicht, daß die Polo als »Visitenkarten« ihre christlichen Taufnamen hervorgehoben hätten: Marco als Mojuci (Mo-chu-tzu nach Wade-Giles), Nicolo als Niegula (oder Nie-ku-la) und Maffeo in einer Variante, die im 16. Jahrhundert benutzt wurde, um den Namen des Apostels Matthäus zu transkribieren, *mingtai* (ming-t'ai nach Wade-Giles), woran sie möglicherweise Baolu (oder Pao-lu) als ihren Familiennamen anfügten, was wiederum die Übertragung des Namens des Apostels Paulus ist. Aber diese Namensformen, wenngleich möglicherweise korrekt im mittelalterlichen Sinn, sind ebensowenig in den dynastischen Chroniken zu finden.[8]

Da keine Hinweise auf die Personen im einzelnen zu finden waren, suchte Franke im *Yuan shi* nach Hinweisen auf Europäer und entdeckte, daß Alanen, Oucacaer (d. h. aus dem Reich der Goldenen Horde in Rußland), Russen und Bulgaren (Pu-li-a-er) genannt werden. Die Chinesen und Mongolen waren in der Bezeichnung des genauen Herkunftsortes von »Ausländern« häufig ebenso ungenau wie ihre europäischen Zeitgenossen in bezug auf die verschiedenen Mongolenstämme, und so könnten diese Nennungen möglicherweise auch Italiener einschließen; aber alle Erwähnungen beziehen sich auf die Jahre zwischen 1330 und 1332 und stammen somit aus der Zeit nach dem mutmaßlichen Besuch der Polo.[9] Rashid al-Din war ebenso ungenau, als er in seiner Weltgeschichte von den »Franken« schrieb; die Italiener erwähnte er mit keinem Wort.[10]

Trotz alledem ist Marco Polo für die heutigen Chinesen von großer Bedeutung. Er machte China im Europa des 14. Jahrhunderts bekannt und war der erste Abendländer, der – wie es schien, aufgrund persönlicher Kenntnis – über China schrieb. Wie heißt es doch im Vorwort von Yu Shixiongs Buch: »Marco Polo ist eine internationale Gestalt. Er wurde in Italien geboren, aber seine bedeutendsten Taten vollbrachte er in China. Sein Buch ist ein Beitrag zur Weltkultur, das von Menschen in aller Welt geliebt und gelesen wird, eine seltene Kostbarkeit, an der die gesamte Menschheit teil hat.«

Die *Beschreibung der Welt* wurde 1913 zum erstenmal ins Chinesische übersetzt und wie überall auf der Welt hielten die Leser die ihnen erzählte Geschichte für wahr. 1941 entdeckte Professor Yang Zhijiu in Abschnitt 19418 des *Yongle dadian* (*Das Große Kompendium der Yongle-Epoche*; eine handschriftliche Enzyklopädie in 22937 Abschnitten, die zwischen 1403 und 1408 verfaßt wurde und aus 11095 Einzelbänden besteht) die Beschreibung der Reise jener Mongolenprinzessin, die 1292 zu Argun, dem Ilkhan von Persien, geschickt wurde, um ihn zu heiraten. Auf Yang Zhijius Arbeit griff auch Francis Woodman Cleaves zurück, denn offensichtlich untermauerte sie Marco Polos Beschreibung, auf welche Weise die Polo nach Hause zurückkehrten.[11] Quellen dieser Art scheinen auf den ersten Blick zu bestätigen, daß Marco Polo in China gewesen ist, doch obwohl die Version des *Yongle dadian* sich im großen und ganzen mit Marco Polos Bericht deckt, enthält es leider keinen Hinweis auf die Polo oder ganz allgemein auf irgendwelche Italiener. In einer von Cleaves aufgefundenen persischen Quelle werden ebenfalls keine Italiener erwähnt. Cleaves tat das Fehlen von Namen damit ab, daß selbst die Prinzessin im *Yongle dadian* niemals namentlich genannt wird. Dennoch hat die Reise der Prinzessin also tatsächlich stattgefunden, und so drängt sich die Schlußfolgerung auf, daß Marco Polo auch diesmal eine wohlbekannte Geschichte nacherzählt hat (wie etwa auch die Invasion in Japan oder die Erhebung des Wang Zhu). Und sollten sich die drei Polo wirklich in ihrem Gefolge befunden haben, dann dürften sie wohl von unbedeutendem Rang und also keiner persönlichen Erwähnung wert gewesen sein.

Professor Yang – der herausragende chinesische Verteidiger Marco Polos – räumte ein, daß seine Entdeckung nicht eigentlich auf Marco Polo verweist, stellte aber im weiteren fest, daß die offiziellen Hofdokumente für gewöhnlich solche Personen nicht aufgeführt haben. Und er war schließlich auch der erste, der in einem nächsten Schritt seines Plädoyers für die Glaubwürdigkeit Marco Polos (mit der Einschränkung, daß dieser etwas übertrieben habe; zum einen, weil er keine besonders gute Erziehung genossen habe, zum anderen, weil er kein Historiker sei) eine Entschuldigung dafür fand, warum Marco Polo den Tee nicht erwähnte: Vielleicht habe er ja als Italiener seine Gewohnheiten beibehalten und keinen Tee getrunken; und da die Mongolen »keine großen Teetrinker waren« und Marco Polo mehr Zeit in ihrer Gesellschaft als in der von Chinesen verbrachte, habe er sich einfach nicht dafür interessiert.[12] Professor Yang merkte weiter an, daß ein amerikanischer Gelehrter fundiert und detailliert den Standpunkt vertreten habe, Marco Polo sei wahrscheinlich nur bis Peking gekommen und habe nur das über China mitgeteilt, was ihm dort zu Ohren kam.[13] Als Argument vermochte Professor Yang dies zu akzeptieren, doch für mich stellt sich danach die Frage, wie wohl die Polo finanziell in China zurechtkamen und was sie dort 17 Jahre lang taten, wenn nicht einmal wenigstens Marco als Gesandter mit entsprechenden Einkünften beschäftigt war.

Professor Yang wies darüber hinaus die Argumente seitens der deutschen Mongolistik zurück. Er gab zu bedenken, daß solche Auslassungen wie Tee und Große Mauer noch nicht ausreichen, um das ganze Buch abzutun, und betonte, daß die Verwendung persischen Vokabulars auf persische und türkische Ratgeber zurückzuführen sei, die im Dienste der Mongolen standen. Vor allem aber bedauerte Professor Yang, daß sich, im Gegensatz zu den Amerikanern, die jüngeren britischen Gelehrten von der Pro-Polo-Forschung des 19. Jahrhunderts abwandten – wobei für letztere beispielhaft Sir Henry Yule mit all seinen Bemühungen steht[14] und so rief er die britischen Wissenschaftler auf, in den Schoß der Yulesschen Lehre zurückzukehren.

In seinem Aufsatz ging Yang nicht näher darauf ein, daß Marco Polo die eingeschnürten Füße der Frauen nicht aufgefallen waren, obwohl er auch diese Auslassung erneut mit dessen geringem Kontakt zu den Chinesen (ganz im Gegensatz zu den Mongolen, die ja nun große Füße hatten) hätte erklären können. Daß er dieses Thema nicht ansprach, ist zweifellos darauf zurückzuführen, daß heutige Chinesen diese alte Praxis verabscheuen und das westliche Interesse daran als Beleidigung empfinden. Es gibt nur noch wenige alte Frauen, denen man zu Beginn des Jahrhunderts die Füße geschnürt hat. Andererseits konnte man Anfang der achtziger Jahre in Pekinger Schuhläden durchaus noch spezielle Abteilungen finden, in denen schwarze Kordsamtschühchen in zwei Größen für Frauen mit geschnürten Füßen angeboten wurden. Ich bin mir all der falschen Gründe durchaus bewußt – ein ungesundes Interesse an Feudalismus vergangener Tage beziehungsweise unbewußter Fußfetischismus –, aber ich wollte mir immer ein Paar dieser Schuhe kaufen und traute mich dann doch nicht, denn mir war nur allzu klar, daß dies als eine Beleidigung für das moderne China aufgefaßt worden wäre.

Ich war von der Forschungsarbeit der chinesischen Gelehrten sehr beeindruckt, besonders von Professor Yangs Fund bezüglich der Heimreise der Polo. Dennoch habe ich nach wie vor den Eindruck, daß die Ergebnisse ihrer Forschungsarbeit – trotz ihres Bemühens, Marco Polo als frühen Freund Chinas darzustellen – nicht beweisen, daß Marco Polo sich wirklich in China aufgehalten hat. Es läßt sich lediglich feststellen, daß einige seiner Geschichten mit tatsächlich Geschehenem übereinstimmen. Doch die Tatsache, daß man in der Fülle von Dokumenten aus der Zeit der Mongolen vergebens nach ihm sucht, gibt sehr zu denken.

SCHLUSSBETRACHTUNGEN

Fangen wir mit dem Negativen an: Die *Beschreibung der Welt* ist weder ein Reisebericht noch eine aufrichtige Reiseerzählung. Erfahrene Reisende, die versuchten, Marco Polos Spuren zu folgen, mußten allesamt und ausnahmslos ihr Vorhaben aufgeben: John Julius Norwich gab zu, daß er seine Spur irgendwo in Persien verloren habe; die Gruppe um den Botschafter Macartney mußte in bezug auf die Große Mauer Vermutungen über ihren Verlauf und ihre Lage anstellen; und Clarence Dalrymple Bruce fand sich schließlich am Persischen Golf nicht mehr zurecht.[1]

Dieses Buch ist also (abgesehen vom Prolog und dessen spärlichem Informationsgehalt) kein Reisebericht, doch ansonsten hält der Text durchaus das Versprechen, das er im Titel gibt, nämlich über Venedig hinaus eine »Beschreibung der Welt« – eine Schilderung der »Wunder der Welt« – zu sein. Einer der Gründe für sein Entstehen dürfte das richtige Gespür für die stetig steigende Nachfrage nach geographischen Darstellungen gegen Ende des 13. und zu Beginn des 14. Jahrhunderts gewesen sein. Jacopo da Acqui, Vinzenz von Beauvais und sogar Sir John Mandeville: sie alle verfaßten Bücher über die Geschichte und geographischen Gegebenheiten der Welt. Eine vergleichbare Entwicklung ist mit Rashid al-

Dins *Weltgeschichte* im arabischen Raum zu beobachten. Das Erscheinen dieser frühen geographischen Berichte kündigte das große Zeitalter der Entdeckungen an, als wagemutige Seefahrer aufbrachen, um die Grenzen des schriftlich Überlieferten aufzuzeigen. Christoph Kolumbus hatte auf seiner langen und abenteuerlichen Reise eine Abschrift von Polos *Beschreibung der Welt* bei sich; daß er schließlich auf der anderen Seite der Welt ankam, läßt sich nun aber nicht allein auf die Schwierigkeit zurückführen, Marco Polos Spuren in strengem Sinne zu folgen. Da er nicht wissen konnte, daß der amerikanische Kontinent ihm den Weg versperren sollte, war Kolumbus zu der Überzeugung gelangt, daß er nur westwärts segeln müsse, um Asien zu erreichen, und es bedurfte einiger topographischer Kapriolen, als er versuchte, Kuba als Japan zu identifizieren (von diesem Land beschreibt Marco Polo lediglich einen Palast und eine größere Seeschlacht, die allerdings 200 Jahre früher eben dort stattgefunden hatte). Kolumbus' Exemplar der *Beschreibung der Welt* ist, mit Randnotizen versehen, noch erhalten und befindet sich heute in der Biblioteca Capitular Colombina von Sevilla[2]; allerdings läßt sich diesen Notizen keinerlei Hinweis auf eine nachhaltige Ernüchterung entnehmen.

Die immer größer werdende Popularität der Gattung Reiseliteratur ist schon daran zu erkennen, daß von der *Beschreibung der Welt* Übersetzungen angefertigt wurden und die unterschiedlichen Handschriftenfassungen große Verbreitung fanden. Rund 50 Jahre später wurde John Mandevilles fiktive Erzählung, die *Travels*, mit dem gleichen Enthusiasmus aufgenommen; auch dieses Buch wurde übersetzt und war im Jahre 1400 in jeder gängigen europäischen Sprache erhältlich – um 1500 auch in Tschechisch, Dänisch, Holländisch und Irisch.[3] Bezeichnenderweise gingen einige der frühen Abschriften der *Beschreibung der Welt* in Sammlungen von Reiseberichten und topographischen Darstellungen ein, nicht selten gemeinsam mit Sir John Mandevilles *Travels*.

Auch die *Travels* gehörten zu Christoph Kolumbus' Vorbereitungslektüre für seine Entdeckungsfahrten[4], doch – und hier liegt ein bemerkenswerter Unterschied – schon kurze Zeit nachdem Ramusio Marco Polo als großen Reisenden wiederentdeckt und neu auf den Markt gebracht hatte, wurden Zweifel an der Richtigkeit von Mandevilles Schilderungen laut. Anfang des 16. Jahrhunderts sprach Bischof Joseph Hall von den »phantastischen Lügenmärchen des alten Mandeville«, und im Jahre 1636 hatte ein satirisches Stück von Richard Brome, *The Antipodes*, Premiere, das sich inhaltlich ganz an Mandevilles Geschichte orientierte. Sein Name war zu jener Zeit bereits ein fester Begriff, wenn auch als Synonym für Fälschung.[5] Es ist bewiesen, daß Mandeville tatsächlich ganze Passagen aus 15 oder mehr Quellen verwendete, darunter auch Vinzenz von Beauvais und Odorich von Pordenone[6], und man konnte ihn durch sein wortgetreues Abschreiben überführen. Dagegen mag die Tatsache, daß die *Beschreibung der Welt* eine Darstellung aus zweiter Hand war – verfaßt von Rustichello anhand von Marco Polos Informationen, denen später durch die Übersetzer neue hinzugefügt wurden –, dazu beigetragen haben, allzu offensichtliche Anleihen zu vertuschen. Als Mandevilles Ruhm verblaßte, widerfuhr Marco Polo eine postume Renaissance, die noch immer andauert.

Möglicherweise ist es gerade Rustichellos Enthusiasmus anzulasten, daß man in Marco Polos *Beschreibung der Welt* vergebens nach einer stimmigen Reiseroute sucht. Vielleicht hat er, der Verfasser von Ritterromanen, die Form des Textes bestimmt und Marco Polo dazu angeregt, über eine reine Reisebeschreibung hinauszugehen, den Text in eine größere Weltgeschichte einzubetten und mit eigentlich unerheblichen geographischen Ausführungen zu Gegenden wie Rußland und Japan oder Schilderungen historischer Schlachten auszuschmücken.

Aufgrund des zunehmenden Interesses an Büchern, die über die in weit entfernten Winkeln der Welt existierenden Wunder berichteten, rechnete sich jemand wie Rustichello, der ja Schriftsteller von Beruf war, mit einem solchen Werk vermutlich gute Chancen aus. Hierfür dürfte entscheidend sein, wie dieser Text zustande kam. Wir können zwar nicht mit Bestimmtheit sagen, nach welcher Schlacht Marco Polo wirklich gefangengenommen wurde, aber eines der wenigen Dinge, die wir von der *Beschreibung der Welt* sicher wissen, ist, daß das Buch Ergebnis gemeinsamer Bemühungen ist. Weil er von den phantastischen Geschichten beeindruckt war, die Marco Polo zum Zeitvertreib erzählte – ob nun in einem Kerker oder woanders, sei dahingestellt –, machte Rustichello vielleicht den Vorschlag, diese gemeinsam literarisch aufzubereiten. Zwar wäre damals, als man noch nichts von Buchdruck oder Urheberrecht wußte, wohl kaum jemand auf die Idee gekommen, daß mit einer Handschrift, die weiteste Verbreitung findet (ohne sich dabei allerdings zu »verkaufen«), ein Vermögen zu machen sei; doch Rustichello, der ja früher aufgrund seines schriftstellerischen Talents vom englischen Thronfolger gefördert worden war, mag sich nun ein ähnliches Arrangement mit Marco Polo erhofft haben.

Problematischer ist da schon die Frage, anhand welchen Materials das Buch entstanden ist. Wenn Marco Polo bei seiner Ankunft in Venedig tatsächlich, wie von Ramusio beschrieben, nichts außer den Kleidern, die er am Leib trug, bei sich hatte (abgesehen von den Juwelen, die in den Saum eingenäht waren), kann er wohl kaum viele private Unterlagen besessen haben – obwohl demgegenüber Jacopo da Acqui vermerkte, daß Marco Polo nach genau diesen schicken ließ. Wenn es sich dabei weniger um private Aufzeichnungen, sondern eher um Familiendokumente handelte, könnten sich darunter auch Material von den Handelsreisen der Polo in den Osten und womöglich auch persische Reiseführer für Kaufleute befunden haben. Vielleicht konnten die beiden auch auf persische Geschichtswerke zurückgreifen und auf diese Weise Schilderungen historischer Schlachten und die Beschreibungen von Rußland und Japan (zweier Länder, die weder Marco Polo noch jemand aus seiner Familie bereist hatte) einflechten.

Yule führte an, daß die frühesten Augenzeugenberichte aus China »alle, mit einer Ausnahme, arabischen Ursprungs« waren.[7] Die arabischen Darstellungen Chinas, die mit der Tang-Dynastie beginnen, waren aufgrund der engen Beziehungen zwischen arabischen und persischen Händlern einerseits und Chinesen andererseits entstanden. Die ausländischen Kaufleute fühlten sich von dem reichhaltigen Warenangebot und der für sie exotischen Kultur angesprochen und ließen sich in den größeren Städten und Häfen Chinas nieder, aus denen vor allem Porzellan und Seide exportiert wurde, so etwa in Chang'an (der Hauptstadt, dem heutigen Xi'an), Kanton, Quanzhou und Fuzhou. Paul Pelliot bezieht sich in seiner Arbeit über das von Marco Polo (beziehungsweise von seinen unzähligen Kopisten) verwendete Vokabular häufig auf persische und arabische Quellen. Auch für Herbert Franke war die Auswertung dieser Quellen von größter Bedeutung – nicht nur aus der vergeblichen Hoffnung heraus, hier eine Erwähnung Marco Polos zu entdecken, sondern auch weil Marco Polo sich vielleicht als seiner Hauptinformationsquelle eines persischen Reiseführers bedient haben könnte.[8]

In einem anonymen arabischen Text aus dem Jahre 851[9] werden der Hafen und die Moschee, die öffentlichen Kornkammern und Krankenhäuser von Kanton beschrieben, ebenso die komplexe Administration und die große Bedeutung, die man schriftlichen Dokumenten zumaß, außerdem, daß Beerdigungen dort von untergeordneter Bedeutung gewesen seien, daß Reisende Schutz benötigten, sowie der Gebrauch von Porzellan und der Genuß von Reiswein und Tee. Andere arabische Reisende, die sich während der Tang-Dynastie in China aufhielten, haben ähnlich ausführliche Darstellungen hinterlassen. Doch erst die später erscheinenden Berichte, zu denen unter anderem die *Weltgeschichte* von Rashid al-Din und Ibn Battutas aus dem frühen 14. Jahrhundert stammende Schilderung seiner Reisen gehören, weisen die größten Parallelen zu Teilen der *Geschichte der Welt* auf.

Der Apothekerssohn Rashid al-Din, im Zusammenhang mit Marco Polo der bedeutendste Autor, war Jude und wurde 1247 in Hamadan geboren. Er konvertierte im Alter von 30 Jahren zum Islam. Er scheint Abaga, dem zweiten persischen Mongolenkhan, der von 1265 bis 1282 regierte, als Arzt gedient zu haben. Sein großes Verdienst ist die Kompilation einer umfassenden Weltgeschichte, die er im Auftrag von Öljeitü (Ilkhan von Persien, der von 1304 bis 1316 herrschte) unternahm. Sein *Jami 'al-Tawarikh (Vollständige Sammlung aller Geschichtsdarstellungen)* umfaßt sogar die Geschichte der Franken (Europäer) und die Geschichte Chinas von den ersten Sagen bis hin zur Regentschaft von Temür Öljeitü, der von 1294 bis 1307 regierte und Khubilais Nachfolger war.

Rashids Werk zur chinesischen Geschichte stimmt in vielen Punkten mit Marco Polos Bericht überein. Wie Professor Pelliot zeigte, gilt dies auch häufig für die Schreibweise von Ortsnamen, wobei es freilich in Rashids Fall weniger überraschend ist, auf persische Formen zu stoßen. Die Übereinstimmungen zwischen Rashid und Polo erstrecken sich sogar auf Ungelöstes oder auf Fehler, wie etwa im Fall der genauen Lokalisierung von Iachi (des »Ententeichs« beziehungsweise »Ohrenmeers«) in Yunnan. Ihre Schilderungen des Mordes an Wang Zhu sind ähnlich und gleich verworren.

Rashid verfaßte einen Bericht über China, der nicht auf persönlichen Erfahrungen beruhte, denn er hatte dieses Land nie bereist. Seine Arbeit stützt sich vielmehr auf verschiedene zeitgenössische Quellen (sowohl schriftlicher als auch mündlicher Natur). Dabei handelte es sich – so jedenfalls die *Encyclopaedia Britannica* – um mongolische Quellen. Für seine Geschichte der Mongolen verwendete er das *Goldene Buch*, eine Chronik der Geschichte der Mongolen, und für die Feldzüge von Dschingis-Khan die Schilderungen von Juwayni (1226–1283).[10] Worauf genau er sich in seinem Bericht über China stützte, ist nicht bekannt.[11] Rashid baut sein Werk über die chinesische Geschichte chronologisch auf und beginnt bei der traditionellen Auflistung der Dynastien mit der Xia-Dynastie (vermutlich um 21.–16. Jahrhundert v. Chr.) und beendet sein Buch mit der Mongolenära. Die Tatsache, daß die nicht-chinesische Jin-Dynastie von Rashid als »legitim« angesehen wird, läßt vermuten, daß seine Quelle aus einer Zeit nach der Song-Dynastie stammte, denn »ein Autor aus der Song-Dynastie hätte niemals die Jin-Kaiser als rechtmäßige Herrscher über China bezeichnet.«[12]

Bei einem anderen persischen Autor, Bernaketi, ist

offenbar vermerkt, daß zwei Chinesen Rashid bei seiner Arbeit halfen. Professor Franke, der diesem Hinweis folgte und – ohne dabei der *Encyclopaedia Britannica* zu nahe treten zu wollen – sich eine chinesische Quelle für Rashids Geschichtswerk erhoffte (ähnlich der persischen Quelle, die von Marco Polo verwendet worden sein könnte), war ganz begeistert, als er auf einen chinesisch-buddhistischen Bericht des Nianchang stieß. Im *Fozu lidai tongzai (Bericht über die buddhistischen Ahnen)* wurde von Ereignissen bis ins Jahr 1333 berichtet, und es enthielt Vorworte zu den Ausgaben von 1341 und 1344, in denen »die Parallelen so auffallend und so zahlreich waren«, daß dieser Bericht sehr wohl die Grundlage für Rashids Arbeit hätte gewesen sein können. Leider wurde Rashids Geschichtswerk bereits 20 Jahre zuvor abgeschlossen, nämlich 1310.

Wenn also Nianchangs Werk nicht die Quelle war, auf die Rashid sich stützte – und die nicht übereinstimmenden Daten lassen darauf schließen –, dann, so meinte Professor Franke, muß es eine andere, bisher nicht entdeckte chinesisch-buddhistische Chronik geben, die »sowohl Nianchang als auch den beiden Mönchen als gemeinsame Quelle diente, die, laut Bernaketi, die Chronik zusammenstellten, die Rashid als Quelle diente«.[13]

Bei Ibn Battutas Bericht über China ergeben sich ähnliche Probleme. Er wurde 1304 in Tanger geboren und verbrachte einen Großteil seines Lebens – von 1325 bis 1355 – damit, den Fernen Osten zu bereisen. Den Bericht über seine Erlebnisse verfaßte er offenbar im Jahre 1355.[14] Ibn Battutas Beschreibung von Hangzhou enthält die Vergnügungsboote und die Unterhaltungskünstler, die Märkte und ihr Angebot, auch die Bambusarbeiten, und er registrierte den intensiven Ackerbau, der an der chinesischen Ostküste betrieben wurde.[15] Ebenso führt er das Papiergeld, die Kohle und das Porzellan, Seide und ihre Herstellung, und den Verzehr von Schweinefleisch an.[16] Daß Marco Polo Schweinefleisch, das noch immer beliebteste Fleisch in China, nicht gesondert erwähnte, ist verzeihlich, denn für ihn als Christen war diese Tatsache nicht weiter bemerkenswert. Ibn Battuta erwähnte auch – allerdings ohne den genauen Ort zu nennen – die riesengroßen Hähne und Hennen[17], die an Marco Polos gewaltige Gänse erinnern.[18]

Wenn es auch Unterschiede darin gibt, welcher Stellenwert bestimmten Dingen in der jeweiligen Schilderung eingeräumt wird – Marco Polo erwähnt zum Beispiel nicht den Ackerbau im Yangtse-Delta (die Pro-Polo-Fraktion könnte dazu anmerken, daß er ein Städter und kein Bauer war) –, so sind die Ähnlichkeiten zwischen Ibn Battutas und Marco Polos Beschreibungen von China mehr als frappierend. Diese Ähnlichkeiten waren es, die Herbert Franke zu folgender These veranlaßten: Marco Polo verwendete womöglich einen persischen oder arabischen Reiseführer für China, dessen sich auch Ibn Battuta bediente. Einige Gelehrte haben zwar nach einem solchen Reiseführer gesucht, doch leider ist das 13. Jahrhundert »finsterstes Mittelalter in bezug auf populäre persische Literatur«[19], und bis heute ist ein solcher Reiseführer nicht aufgetaucht. Da es keine eindeutige Quelle gebe, kam Franke zu dem Schluß, daß in diesem Fall für Marco Polo der Grundsatz »im Zweifel für den Angeklagten« gelten müsse.

Dennoch: daß Marco Polo möglicherweise auf arabische oder persische Quellen zurückgegriffen hat, würde die Ähnlichkeiten mit den Texten Rashids und Ibn Battutas erklären, vor allem in bezug auf das Vokabular und die merkwürdigen Beschreibungen wie des auffallend großen Geflügels im Süden. Darüber hinaus könnte es eine Erklärung für die als Füllwerk dienende Beschreibung von Ereignissen sein, die er gar nicht miterlebt hatte, wie der versuchte Einmarsch in Japan, frühere Mongolenschlachten und die komplexen Zusammenhänge der Wang-Zhu-Affäre. Wenn Marco Polo also während seiner Haftzeit von seinen Angehörigen tatsächlich mit Unterlagen versorgt worden ist, wären ein persischer Reiseführer aus dem Familienbesitz oder persische Berichte über die Eroberungen der Mongolen als Quellenmaterial durchaus in Betracht zu ziehen.

Die Frage, ob und inwieweit Marco Polo auf persische Quellen zurückgegriffen hat, ist sehr schwer zu beantworten, denn bis heute hat man nichts gefunden, was diese Theorie untermauern würde. Rashid al-Dins Bericht, der in Teilen sehr genau mit dem Polo-Text übereinstimmt, erschien in seiner endgültigen Fassung zu spät, als daß er Marco Polo hätte von Nutzen sein können; das gleiche gilt für Ibn Battutas Werk. Selbst Rashid al-Dins Quellen gelten, wie Professor Franke zeigte, als nicht gesichert. Da man aber in China großen Wert auf die Erhaltung und Weitergabe von geschriebenen Texten legt, ist es durchaus möglich, daß man noch eine chinesische Quelle ausfindig macht, die in Teilen für Rashid al-Dins *Weltgeschichte* verwendet wurde.

Wenn für die *Beschreibung der Welt* auf die Arbeiten anderer zurückgegriffen wurde, würde das einige der eklatanten Auslassungen erklären. Persische und arabische Reisende kannten den Fernen Osten schon seit längerem und verfügten somit über ein größeres Wissen. Da sie zudem aus einem anderen Kulturkreis stammten, dürften sie vermutlich ganz andere Dinge in Erstaunen versetzt haben. Chinesische Historiker wie Yang Zhijiu sehen das Fehlen wichtiger Details nicht als großes Problem an – schließlich sollte man nicht vergessen, was in

Marco Polos Text alles enthalten ist, und dieses Argument hat etwas für sich, denn wenn er alles aufgeführt hätte, was es in China gibt, wären Rustichello und er wohl niemals freigekommen. Wir sollten vielleicht das redaktionelle Vorrecht von Autor und Ghostwriter akzeptieren, manche Dinge einfach wegfallen zu lassen. Die eingeschnürten Füße der Frauen mögen mich interessieren, aber Marco Polo und Rustichello eben nicht.

Professor Yang meinte außerdem nicht ganz zu Unrecht, daß die Mißverständnisse nicht zwangsläufig darauf zurückzuführen sind, daß man auf Quellen aus zweiter Hand vertraut hat. Die Fehler in der Geschichte um den Mord an Wang Zhu tauchten auch bei Rashid al-Din auf, was bedeutet, daß sich schließlich jeder irren kann. Daß Marco Polo bei dem Versuch scheiterte, Khubilai Khans Stammbaum korrekt nachzuvollziehen (ein Problem, das Craig Clunas ansprach), hielt Yang für entschuldbar, und angesichts der Komplexität der verschiedenen Mongolenreiche hatte er natürlich recht.

Einige der Irrtümer sind eindeutig nicht »Fehler«, die Marco Polo unterlaufen sind, sondern ein klarer Hinweis darauf, daß Dokumente aus zweiter Hand verwendet wurden – möglicherweise von anderen. Daß die Kopisten in die Rolle von »Verbesserern« und Autoren schlüpften, zeigt sich bei der Schilderung von Nogais Sieg über Togtai, denn von diesem Ereignis wird lediglich in der Toledo-Version aus dem 15. Jahrhundert berichtet.[20] Rashid zufolge fand diese Schlacht 1298/99 statt, und dies konnten zu dem Zeitpunkt, als das Ereignis in die (verlorengegangene) Originalhandschrift aufgenommen wurde, weder Marco Polo noch Rustichello wissen – es sei denn, man läßt das im Prolog genannte Entstehungsdatum des Textes außer acht. Es muß sich hier um eine nachträgliche »Verbesserung« handeln, was uns auf die Frage bringt, wie viele »Verbesserungen« und Einschübe die *Beschreibung der Welt* erfahren hat und seit wann dies geschah.

Wenn nun aber Marco Polo nicht in China gewesen ist, so fehlt uns leider auch jeder Beweis, wo er sonst gewesen sein könnte.

Da es keinerlei andere Belege dafür gibt, wo er sich zwischen 1271 und 1295 aufgehalten hat, können wir uns nur an die *Beschreibung der Welt* halten, und ich denke, die komplexe Struktur des Buches verschafft uns möglicherweise einen Einblick. Der Prolog zur *Beschreibung der Welt* geht vor allem bei der Reise, die Marco Polos Vater und sein Onkel gemacht haben, ins Detail. Es erscheint durchaus nachvollziehbar, daß sie – aufgrund des herrschenden Krieges und der Möglichkeit, bedeutenden Persönlichkeiten zu begegnen – von ihren bekannten Niederlassungen auf der Krim und in Konstantinopel aus immer weiter nach Osten gerieten. Und in diesen Umständen liegt vielleicht der einzige konkrete Hinweis dafür, daß eine solche Reise von irgendeinem Familienmitglied unternommen wurde.

Die unvermutete Wandlung seines Vaters und seines Onkels von Kaufleuten zu selbsternannten päpstlichen Vermittlern könnte der Auslöser für Marco Polos Schilderung einer zweiten, längeren Reise gewesen sein. Die Existenz der goldenen Pässe belegt, daß die beiden auf höchster Ebene Kontakt zu einem Mongolenherrscher hatten, was aber nicht zwangsläufig heißt, das es sich dabei um Khubilai handelte. Könnte es sein, daß der Familienstreit um die Goldtäfelchen – der 1310 ans Tageslicht kam, nachdem die *Beschreibung der Welt* geschrieben war – deshalb ausbrach, weil Marco Polo behauptete, er selbst sei dort gewesen, obwohl er es gar nicht war? Waren sein Vater und sein Onkel vielleicht von einer gefährlichen Reise mit einem oder mehreren goldenen Passierscheinen zurückgekehrt, um dann festzustellen, daß Marco Polo den Ruhm einheimste, weil er während der Gefangenschaft seine Person in die Geschichte einbaute? Um das Maß voll zu machen: In Maffeos Testament aus dem Jahre 1310 wird angedeutet, daß es wegen eines dieser Goldtäfelchen zum Streit mit Marco kam. In den unterschiedlichen Textfassungen variieren die Anzahl dieser Goldtäfelchen und der Zeitpunkt, zu dem sie den beiden Polo ausgehändigt wurden; es ist schwer zu sagen, wie viele es letztendlich waren und ob Marco jemals in seinem Leben eines aus der Hand des Khans empfing. So sind der Streit an sich und seine Erwähnung in einem Testament wohl wichtiger als die mögliche Zahl der noch existierenden Täfelchen.

In der abschließenden Analyse wollen wir den Text als aus zwei voneinander unabhängigen Einheiten bestehend betrachten. Die im Prolog enthaltenen Details, vor allem wenn von Niccolo und Maffeo Polos erster Reise die Rede ist, legen nahe, daß es sich dabei um ein tatsächlich realisiertes Unterfangen handelt, während der übrige Text eine Mischung aus Legenden und geographischen wie historischen Beschreibungen ist, die auf eine ganz andere Art zusammenhängen. Ich halte es für durchaus plausibel, daß die Brüder Polo eine lange Reise unternahmen, die sie – wie Wilhelm von Rubruck und Johannes von Plano Carpini auch – durch die Wüsten Zentralasiens und möglicherweise bis Karakorum oder zu einem in der Nähe gelegenen Mongolenlager führte. Von dort kehrten sie – geschützt durch die freies Geleit garantierenden Goldtäfelchen – nach Italien zurück. Marcos Beteiligung und die ganze zweite Reise wirken unglaubwürdig, ja sogar übertrieben.

Daß Marco Polo selbst weder in Karakorum noch in Peking gewesen ist, scheint mir schlüssiger als John

Haegers These, daß Marco Polo alles, was er beschrieb, von einem Aufenthalt in Peking her wußte. Den größten Teil des Buches aber nimmt die Beschreibung Chinas und anderer Länder ein. Wenn er nun etliche Jahre in Peking verbracht hätte, wäre eine ausführlichere Darstellung allein dieser Stadt vom ersten italienischen beziehungsweise europäischen Besucher schon exotisch genug gewesen, um Aufmerksamkeit zu erregen.

Wenn er nicht nach China, Indien und zum südostasiatischen Archipel reiste, woher hatte er dann seine Informationen? Die in der Familie kursierenden Geschichten und die Tatsache, daß die Polo den Nahen Osten und andere Länder gut kannten, sollten bereits ausgereicht haben, um jede Menge Material für ein Buch zu liefern. Die Reise seines Vaters und seines Onkels nach Karakorum mag wirklich stattgefunden haben und wäre ein guter Ausgangspunkt für die Geschichte. Zwar spielte Verschwiegenheit im Handel eine wichtige Rolle, wenn es darum ging, Bezugsquellen zu schützen, doch es ist durchaus denkbar, daß eine Kaufmannsfamilie mit Niederlassungen auf der Krim und in Konstantinopel Unterlagen über andere Länder sammelte, wie etwa persische Reiseführer, Karten und Chroniken, um das Reisen und den Handel zu erleichtern. Wenn es Pegolotti möglich war, einen brauchbaren Chinareiseführer für Kaufleute zu schreiben, der einzig und allein auf Informationen aus zweiter Hand basierte, dann konnte Marco Polo das auch. Franke hat gezeigt, wie schwierig es ist, die chinesische Quelle für Rashid al-Dins Geschichte Chinas ausfindig zu machen und warf damit dasselbe Problem auf, das sich auch beim Vergleich zwischen Marco Polo und Rashid ergibt: eine verblüffende Ähnlichkeit, der aber die Chronologie entgegensteht. Genauso schwierig ist es zu beweisen, daß sie auf die umfassenden Quellen europäischer Missionare zurückgegriffen haben, denn zum einen fand Wilhelm von Rubrucks Bericht offensichtlich keine allzu große Verbreitung und zum anderen war Marco Polo, während er mit Rustichello zusammenarbeitete, eindeutig nicht in der Lage, in Bibliotheken zu stöbern. Odorich von Pordenones später entstandener Bericht, der in Teilen mit Marco Polos Text übereinstimmt, in anderen Teilen von ihm abweicht, kann Marco Polo keine Hilfe gewesen sein, stützt sich aber seinerseits teilweise auf dessen Buch.

Die von Marco Polo und Rustichello verwendeten Quellen müssen Informationen gewesen sein, zu denen auch Rashid al-Din Zugang hatte: möglicherweise schriftliche Quellen zur Geographie und zur mongolischen Geschichte sowie viele mündliche Überlieferungen, die von den Wundern des Ostens handelten, vom Heimatdorf der drei Weisen, dem legendären Priester Johannes und seinem realen »Enkel« Georg, von Salamandern und von Füchsen, die nur Zuckerrohr fraßen. Das Wissen der Familie Polo mag der Grundstock für viele der Informationen zu Produkten, wie den Datteln, und zum Kunsthandwerk, wie dem Durchbohren von Perlen in Bagdad, gewesen sein. Zusammen mit Rustichellos Ausschmückungen und vermutlich geprägt von seiner Auffassung von Textkomposition, bleibt dieses Buch ein wertvolles Zeugnis, auch wenn es sich hier nicht um einen Augenzeugenbericht handelt.

Auch wenn ich die These favorisiere, daß Marco Polo selbst vermutlich nie weiter gereist ist als bis zu den Niederlassungen der Familie Polo am Schwarzen Meer und in Konstantinopel und somit nicht verantwortlich ist für die italienische Eiscreme und die chinesischen Nudeln, ändert das nichts an der Bedeutung der *Beschreibung der Welt* als nützliche Informationsquelle über China und vor allem den Nahen Osten. Ihr Wert als Bewahrerin von Informationen, die sonst schon längst in Vergessenheit geraten wären, ist mit Herodots (484–425 v. Chr.) Fall vergleichbar, der keineswegs an all die Orte reiste, die er beschrieb, und Fakten mit phantastischen Geschichten mischte, dessen Werk aber deshalb nicht unterschätzt werden darf.[21] Wenn die *Beschreibung der Welt* in Verbindung mit arabischen, persischen und chinesischen Texten gesehen wird, die den Geist des Buches – wenn auch nicht immer jedes Detail – bestätigen, dann ist und bleibt es eine umfassende Quelle. Die Beschreibung der schachbrettartig angelegten Stadt Peking ist uns so erhalten und gilt weiterhin, egal woher sie stammt, als glaubwürdiger Bericht über eine Stadt, die zwar so nicht mehr existiert, die aber ihren Platz in der Geschichte des Städtebaus hat. Die Inhalte der *Beschreibung der Welt* bleiben, wenn man sie kritisch hinterfragt, wichtig und können als Beispiel für einen Typus der geographischen Weltbeschreibung gelten, der im 14. Jahrhundert populär wurde. Dieses Interesse an der Welt, das über Europa und seine Sagen, seine Herrscher und Waren hinauswächst, macht den Weg frei für die großen Entdeckungsreisen gegen Ende des 14. Jahrhunderts und im 15. Jahrhundert. Und erst zu Beginn des 20. Jahrhunderts wagten sich große Reisende wie Sir Aurel Stein in die relativ unbekannte Wüste Gobi, für deren Kenntnis Marco Polos *Beschreibung der Welt* bis dahin eine der wenigen Quellen darstellt, auch wenn sie unzuverlässig ist.

Danksagung

Als erstes möchte ich Peter Hopkirk dafür danken, daß er so entsetzt reagierte, als ich ihm vor fast zwanzig Jahren meinen Vorschlag unterbreitete, und außerdem dafür, daß er über einen so langen Zeitraum derart ermutigend geschockt blieb. Dank auch an Sir Matthew Farrar und Maurice Smith, die mir stets im richtigen Moment interessiert und hilfreich zur Seite standen; und an meine Eltern für die vielen Überstunden als Großeltern, sehr zur Freude und Besserung des Nutznießers ihres Einsatzes. Es versteht sich von selbst, daß ich bei meinem Buch auf die Arbeit von Gelehrten aus ferner und jüngster Vergangenheit angewiesen war. Besonders erwähnen möchte ich an dieser Stelle Colonel Sir Henry Yule, Paul Pelliot, Moule, Latham, Herbert Franke und Leonardo Olschki. Ich würde mir wünschen, daß meine Arbeit für die Leser eine Anregung ist, sich mit diesen Quellen zu beschäftigen, vor allem mit Yules *Travels* und allem, was Leonardo Olschki geschrieben hat. Ich denke, dort werden sie viel Interessantes entdecken können.

Anmerkung zum Text

Ich habe mich entschieden, Schreibweise, Zeichensetzung, Fehler und andere Eigenarten aus Originalakten, Aufzeichnungen usw. beizubehalten. Dies gilt vor allem für die Abschriften mittelalterlicher französischer und lateinischer Texte. Hier erschienen mir Korrekturen unangemessen.

DIE GROSSKHANE
(numeriert)

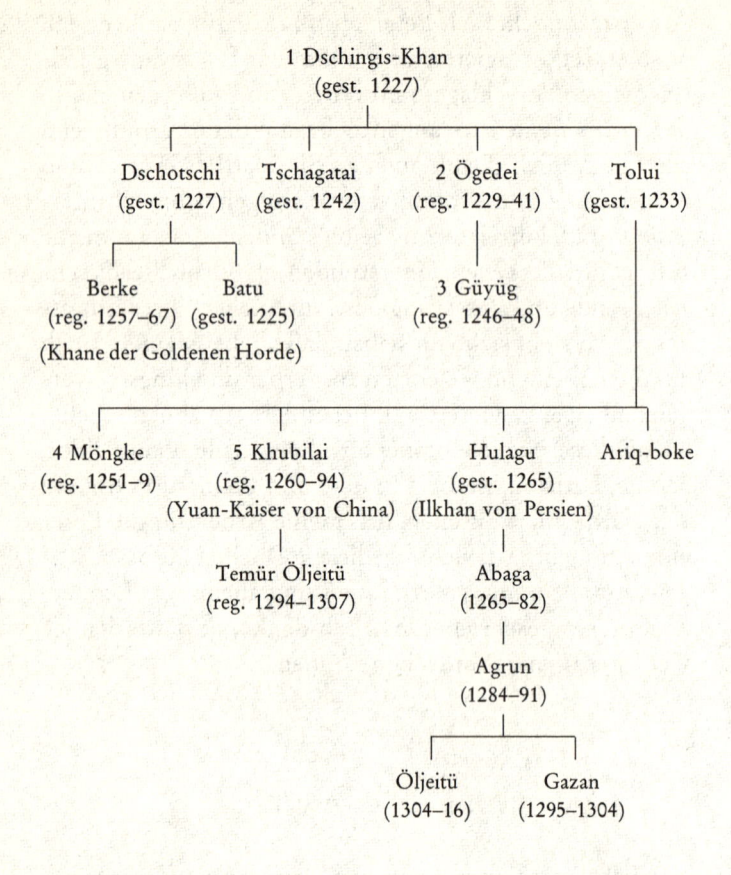

1 Dschingis-Khan
(gest. 1227)

- Dschotschi (gest. 1227)
- Tschagatai (gest. 1242)
- 2 Ögedei (reg. 1229–41)
- Tolui (gest. 1233)

Von Dschotschi:
- Berke (reg. 1257–67)
- Batu (gest. 1225)

(Khane der Goldenen Horde)

Von Ögedei:
- 3 Güyüg (reg. 1246–48)

Von Tolui:
- 4 Möngke (reg. 1251–9)
- 5 Khubilai (reg. 1260–94) (Yuan-Kaiser von China)
- Hulagu (gest. 1265) (Ilkhan von Persien)
- Ariq-boke

Von Khubilai:
- Temür Öljeitü (reg. 1294–1307)

Von Hulagu:
- Abaga (1265–82)
  - Agrun (1284–91)
    - Öljeitü (1304–16)
    - Gazan (1295–1304)

ANMERKUNGEN

Einführung

1 Colonel Sir Henry Yule, *The Travels of Marco Polo: the complete Yule-Cordier edition* (1903, 1920), New York 1993, Bd. 1, S. 4ff.
2 Herbert Franke, »Sino-Western Relations under the Mongol Empire«, in: *Journal of the Royal Asiatic Society Hong Kong Branch 6*, Hongkong 1966, S. 49–72; wiederabgedruckt in einem Sammelband mit Frankes Arbeiten: *China Under Mongol Rule*, Aldershot 1994. Zu bibliographischen Angaben vgl. H. Watanabe, *Marco Polo Bibliography 1477–1983*, Tokio 1986.

1. Die Fakten

1 Dieses und alle folgenden Zitate aus dem Buch Marco Polos stammen aus Ronald Lathams Übersetzung der *Entdeckung der Welt*: Ronald Latham, *Marco Polo: The Travels,* Harmondsworth 1958.
A. d. Ü.: Für die deutsche Übersetzung wurde die Ausgabe von Elise Guignard, *Marco Polo: Il Milione – Die Wunder der Welt*, Zürich 1983 (⁶1994) herangezogen, die auf Luigi Foscolo Benedettos vollständiger Textausgabe von 1928 basiert, aber nicht alle Textvarianten enthält, die Latham wiedergibt. In solchen Fällen sind Zitate frei übersetzt. – Zur Jahresangabe »1260«: Die dt. Ausg. (S. 8) gibt nach der

Handschrift »1250« an, Latham aber hat aus Gründen der Chronologie auf 1260 korrigiert; entsprechend wird die Ankunft der Brüder Polo bei ihrer ersten Rückreise in Akka (Acri; ebd., S. 15: »1260«) auf April 1269 datiert, und der Aufbruch der nunmehr drei Polo zu ihrer zweiten Reise – nach zwei Jahren Wartezeit (ebd.) – wäre also 1271 erfolgt. Diese Datierung korrespondiert auch mit dem im Text angesprochenen Problem der Papstwahl (ebd., S. 15, 17f.): Clemens IV. starb Ende November 1268, Gregor X. (Tebaldo Visconti) folgte ihm erst im September 1271 nach.

2. Wozu in die Ferne schweifen?

1 F. Fernandez-Arnesto, *Columbus,* Oxford 1991, S. 39.
2 Ronald Latham, *Marco Polo: The Travels,* Harmondsworth 1958, S. 217 (vgl. Luise Guignard, *Marco Polo: Il Milione,* Zürich 1983, S. 245).
3 Donald Lach, *Asia in the Making of Europe,* Chicago 1965, Bd. 1, S. 20.
4 Ebd., Bd. 1, S. 15.
5 Ebd., Bd. 1, S. 21.
6 *The Silk Book,* London 1951, S. 14 und 90.
7 Roberto Sabatinio Lopez, »China Silk in Europe in the Yuan Period«, in: *Journal of the American Oriental Society 72,* New Haven 1952, S. 75.
8 A. C. Moule und Paul Pelliot, *Marco Polo: The Travels,* London 1938, Bd. 1, S. 524, und J. R. S. Phillips, *The Medieval Expansion of Europe,* Oxford 1988, S. 93.
9 J. Keay, *The Honourable Company,* London 1993, S. 18, 52f., 61.
10 Aubrey Singer, *The Lion and the Dragon,* London 1992, S. 181.
11 Jacques Heers, *Marco Polo,* Paris 1982, S. 30f.
12 L. Petech, »Les marchands italiens dans l'empire Mongole«, in: *Journal Asiatique,* Paris 1962, S. 551.
13 Petech, »Les marchands«, S. 552, und John Crichtley, *Marco Polo's Book,* Aldershot 1992, S. 48f.

14 Petech, »Les marchands«, S. 556.
15 F. Rouleau, »The Yangchow Latin tombstone as a landmark of medieval Christianity in China«, in: *Harvard Journal of Asiatic Studies 17*, Cambridge, Mass. 1954, S. 363.
16 Igor de Rachewiltz, *Papal Envoys to the Great Khans*, London 1971, S. 182.
17 Singer, *The Lion*, S. 4.
18 Colonel Sir Henry Yule, *Cathay and the Way Thither*, London 1916, S. 291f.
19 Petech, »Les marchands«, S. 557.
20 R. Gallo, »Marco Polo, la sua famiglia ed il suo libro«, in: *Nel VII centario della nascità di Marco Polo*, Venedig 1955, S. 447–452.
21 Moule und Pelliot, *Marco Polo*, Bd. 1, S. 316 (vgl. Guignard, *Marco Polo*, S. 234).

3. Missionare – und kein Ende

1 J. P. Desroches, *Visiteurs de l'Empire Celeste*, Paris 1994, S. 72–77. Alastair Lamb meint, eine der brauchbarsten Untersuchungen über die religiösen Beziehungen und die geistlichen Aktivitäten der Yuan-Periode sei Christopher Henry Dawsons *The Mongol Mission: Narratives and Letters of the Franciscan missionaries to Mongolia and China in the 13th and 14th centuries*, London und New York 1955.
2 Samuel Couling, *Encyclopaedia Sinica (1917)*, Hongkong 1983, S. 327.
3 C. R. Beazley (Hg.), *The Text and Versions of John de Plano Carpine and William de Rubruquis*, London 1903, S. 107.
4 Igor de Rachewiltz, *Papal Envoys to the Great Khans*, London 1971, S. 90.
5 Ebd., S. 92.
6 David Morgan, *The Mongols*, Oxford 1986, S. 137ff., und J. R. S. Phillips, *The Medieval Expansion of Europe*, Oxford 1988, S. 69.

7 *Grand Larousse Encyclopédique*, Paris 1964, Bd. 10, S. 833f.
8 Peter Jackson, *The Mission of William of Rubruck*, London 1990, S. 42.
9 Ebd., S. 51.
10 Ebd., S. 221.
11 A. C. Moule und Paul Pelliot, *Marco Polo: The Travels*, London 1938, Bd. 1, S. 524, und Phillips, *Medieval Expansion*, S. 93.
12 Ronald Latham, *Marco Polo: The Travels*, Harmondsworth 1958, S. 92 Anm.
13 Colonel Sir Henry Yule, *Cathay and the Way Thither*, London 1916, S. 197–209. Jack Dabbs hält ihn für Johannes Vitodoranus, s. Dabbs, *History of the Discovery and Exploration of Chinese Turkestan*, Den Haag 1963, S. 19.
14 Latham, *Marco Polo*, S. 234, und Yule, *Cathay*, S. 106f. (vgl. Elise Guignard, *Marco Polo: Il Milione*, Zürich 1983, S. 264f.).
15 Yule, *Cathay*, S. 144ff. Dieses Farnkraut stammt offenbar aus China, s. Mark Jones (Hg.), *Fake? The Art of Deception*, London 1990, S. 85.

4. Priester Johannes und die drei Weisen aus dem Morgenland

1 R. W. Southern, *The Making of the Middle Ages*, London 1967, S. 67 (zit. nach dt. Ausg.: *Gestaltende Kräfte des Mittelalters*, Stuttgart 1960, S. 61).
2 John Goodall, *Heaven and Earth: 120 album leaves from a Ming encyclopedia*, London 1979.
3 Leonardo Olschki, *Marco Polo's Asia*, Berkeley 1960, S. 382.
4 Donald Lach, *Asia in the Making of Europe*, Chicago 1965, Bd. 1, S. 25f.
5 Olschki, *Marco Polo's Asia*, S. 383.
6 Igor de Rachewiltz, *Papal Envoys to the Great Khans*, London 1971, S. 31.
7 Ebd., S. 35.

8 Ronald Latham, *Marco Polo: The Travels*, Harmondsworth 1958, S. 93–96 (vgl. Elise Guignard, *Marco Polo: Il Milione*, Zürich 1983, S. 92 ff.).
9 Rachewiltz, *Papal Envoys*, S. 42.
10 Paul Pelliot, *Notes on Marco Polo*, Paris 1959–63, Bd. 2, S. 850.
11 Latham, *Marco Polo*, S. 106 (vgl. Guignard, *Marco Polo*, S. 111).
12 Ebd., Einleitung, S. 22.
13 Olschki, *Marco Polo's Asia*, S. 192.
14 Ebd., S. 228.
15 Latham, *Marco Polo*, S. 274 ff. (vgl. Guignard, *Marco Polo*, S. 325–328).
16 Olschki, *Marco Polo's Asisa*, S. 228 f.
17 Rachewiltz, *Papal Envoys*, S. 117 f.
18 Latham, *Marco Polo*, S. 58 f (vgl. Guignard, *Marco Polo*, S. 43 ff.).
19 A. C. Moule und Paul Pelliot, *Marco Polo: The Travels*, London 1938, Bd. 1, S. 350 (vgl. Guignard, *Marco Polo*, S. 266 f.).
20 S. N. C. Lieu, *Manichaeism in the Later Roman Empire and Medieval China*, Tübingen 1992, S. 297 f.
21 Olschki, *Marco Polo's Asia*, S. 204.
22 Sir Stephen Runiciman, *The Medieval Manichee*, Cambridge 1947.
23 John Critchley, *Marco Polo's Book*, Aldershot 1992, S. 148–157.

5. Kein Reisebericht

1 Vgl. z. B. Jin Buhong, *In the Footsteps of Marco Polo*, Peking 1989.
2 Ronald Latham, *Marco Polo: The Travels*, Harmondsworth 1958, S. 51 (Elise Guignard, *Marco Polo: Il Milione*, Zürich 1983, S. 34).
3 Ebd., S. 62 (ebd., S. 48).
4 Ebd., S. 87 (ebd., S. 83).

5 Ebd., S. 330 (ebd., S. 412f.).
6 Ebd., S. 165 (ebd., S. 171).
7 Ebd., S. 259 (ebd., S. 303).
8 Colonel Sir Henry Yule, *The Travels of Marco Polo: the complete Yule-Cordier edition* (1903, 1920), New York 1993, Bd. 2, S. 107.
9 Ebd., Bd. 2, S. 117.
10 Ebd., Bd. 2, S. 130.
11 *A. d. Ü.*: Der für die Beschreibung Madagaskars benutzte Name (Mogedaxo) wird inzwischen auch dem heutigen Mogadischu (Somalia) zugeordnet; vgl. dazu auch Kap. 7.
12 Latham, *Marco Polo*, S. 312 (Guignard, *Marco Polo*, S. 302).
13 Francis Woodman Cleaves, »A Chinese source bearing upon Marco Polo's departure from China and a Persian source on his arrival in Persia«, in: *Harvard Journal of Asiatic Studies 36*, Cambridge, Mass. 1967, S. 181–203.
14 Yang Zhijiu, »Make Pouo li hua de yi duan hanwen jicai«, in: Xu Shixiong, *Make Poluo jieshao yu yanjiu*, Peking 1983, S. 169–178.
15 Cleaves, »A Chinese source«, S. 192.
16 Im allgemeinen sind die Texte in kurze Abschnitte unterteilt, doch um der besseren Übersicht willen orientierte ich mich an der Abfolge der Kapitelüberschriften, die Latham in seiner Ausgabe, *Marco Polo: The Travels*, eingeführt hat. *A. d. Ü.*: Anders als Latham hat Guignard in ihrer deutschen Ausgabe die Einteilung nach Benedetto in 234 numerierte Abschnitte beibehalten. Zur leichteren Orientierung sind deshalb in Klammern die Nummern der Abschnitte bei Guignard angegeben, die jeweils den Kapiteln bei Latham entsprechen.
17 Latham, *Marco Polo*, S. 46 (vgl. Guignard, *Marco Polo*, S. 27; Zit. nicht in dt. Ausg.).
18 Ebd., S. 58 (ebd., S. 43).
19 Ebd., S. 60 (ebd., S. 45).
20 Ebd., S. 65 (ebd., S. 53).
21 Ebd., S. 77f. (ebd., S. 70).
22 Nach Yule »ein Ausdruck, der seit Ramusios Zeit nicht geklärt werden konnte«. Nichtsdestotrotz definiert er ihn

als »eine Art Stahl von überragendem Wert und ausgezeichneter Qualität«; s. Yule, *The Travels*, Bd. 1, S. 93.
23 Latham, *Marco Polo*, S. 89 (Guignard, *Marco Polo*, S. 86).
24 Ebd., S. 89f. (ebd., S. 86f.).
25 Ebd., S. 92 (ebd., S. 90).
26 Ebd., S. 163 (ebd., S. 169).
27 Ebd., S. 189 (ebd., S. 208).
28 Ebd., S. 201 (ebd., S. 226).
29 Ebd., S. 199 (ebd., S. 222).
30 Ebd., S. 206 (ebd., S. 234).
31 Ebd., S. 207 (ebd., S. 235f.).
32 Ebd., S. 213.
33 Jacques Gernet, *Daily Life in China on the Eve of the Mongol Conquest*, Stanford 1970, S. 19, 30, 38.
34 Latham, *Marco Polo*, S. 240 (Guignard, *Marco Polo*, S. 272).
35 Ebd., S. 254 (ebd., S. 295).
36 Ebd., S. 266 (ebd., S. 314).
37 Ebd., S. 69 (ebd., S. 58).
38 A. C. Moule und Paul Pelliot, *Marco Polo: The Travels*, London 1938, Bd. 2, S. XVf. (zit. nach Guignard, *Marco Polo*, S. 66).
39 Ebd., S. VI (vgl. ebd., S. 29).
40 Ebd., S. VIII (vgl. ebd., S. 34).
41 Italo Calvino, *Die Unsichtbaren Städte*, München 1985, S. 7.

6. DER GHOSTWRITER UND DER ERSTE BEWUNDERER

1 Ronald Latham, *Marco Polo: The Travels,* Harmondsworth 1958, S. 33f. (Elise Guignard, *Marco Polo: Il Milione,* Zürich 1983, S. 8). Barbara Wehr, die Tochter eines renommierten Arabisten und Spezialistin für Romanische Sprachen, hat vor kurzem das Thema »Sprache und Übertragung in Polos Werk« aufgegriffen. Was Rustichello und das Ghostwriting betrifft, erfuhr ich, daß ein deutscher Gelehrter die Meinung vertritt, Rustichello könnte die Figur Marco Polos erfunden haben.

2 Colonel Sir Henry Yule, *The Travels of Marco Polo: the complete Yule-Cordelier edition* (1903, 1920), New York 1993, Bd. 1, S. 58, und John Critchley, *Marco Polo's Book*, Aldershot 1992, S. 2–8.
3 Luigi Foscolo Benedetto, *Il Milione*, Florenz 1928, S. XVIII.
4 Michael Prestwich, *Edward I*, London 1988, S. 6.
5 Ebd., S. 118.
6 Ebd.
7 Ebd., S. 120.
8 Leonardo Olschki (Hg.), *Il Milione*, Florenz 1928.
9 Yule, *The Travels*, Bd. 1, S. 5f. Vgl. auch Sir Edward Denison Ross, »Marco Polo and his Book«, London 1935.
10 Latham, *Marco Polo*, S. 33 (Guignard, *Marco Polo*, S. 8).
11 Jacques Heers, *Marco Polo*, Paris 1982, S. 277–278.
12 Ramusio, zit. nach Yule, *The Travels*, Bd. 1, S. 4.
13 Autor des *Imago mundi*, einer aus dem 13. Jahrhundert stammenden Sammlung von Reiseberichten, zit. nach Luigi Foscolo Benedetto, *Il Milione*, Florenz 1928, S. CXCVI.
14 Latham, *Marco Polo*, Einleitung, S. 24.
15 A. C. Moule und Paul Pelliot, *Marco Polo: The Travels*, London 1938, Bd. 1, S. 509–520, und Shinobu Iwamura, *Manuscripts and Printed Editions of Marco Polo's Travels*, Tokio 1949.
16 Benedetto, *Il Milione*, S. XXXIX.
17 Latham, *Marco Polo*, Einleitung, S. 24f.
18 Benedetto, *Il Milione*, S. LXXV. Seine Auflistung einschließlich des Toledo-Manuskripts ist ebenfalls abgedruckt in Moule und Pelliot, *Marco Polo*, Bd. 2, S. 509.
19 Benedetto, *Il Milione*, S. CIX. Ramusio behauptet, diese Version sei 1320 entstanden, Yule hingegen – der sich auf Pipino stützt – meint, sie könnte bereits ein wenig früher geschrieben worden sein, zwischen 1315 und 1320. Vgl. hierzu Yule, *The Travels*, Bd. 1, S. 25.
20 C. W. R. D. Moseley (Hg.), *The Travels of Sir John Mandeville*, Harmondsworth 1983, S. 9.
21 Jack Beeching (Hg.), *Richard Hakluyt: Voyages and Discoveries*, Harmondsworth 1983, S. 19.

22 Latham, *Marco Polo*, Einleitung, S. 16.
23 Ebd., S. 58 (vgl. Guignard, *Marco Polo*, S. 42; nicht in dt. Ausg.).
24 Ebd., S. 96 (vgl. ebd. 93 f.).
25 Moule und Pelliot, *Marco Polo*, Bd. 1, S. 205 und 206.
26 Ebd., Bd. 1, S. 49.
27 Latham, *Marco Polo*, Einleitung, S. 25 f.
28 Critchley, *Marco Polo's Book*, S. 12 ff.
29 J. P. Desroches, *Visiteurs de l'Empire Celeste*, Paris 1994, Tafel 18.
30 R. Wittkower, »Marco Polo and the pictorial tradition of the Marvels of the East«, in: R. Wittkower, *Allegory and the Migration of Symbols*, London 1977.
A. d. Ü.: Guignard präsentiert in ihrer deutschen Ausgabe eine Auswahl der Illustrationen der erwähnten Handschrift aus der Bodleian Library, Oxford (MS Bodley 264).

7. DIE SPRACHE DES TEXTES

1 Hugh Murray, *The Travels of Marco Polo*, Edinburgh 1847, S. 27.
2 Jacques Heers, *Marco Polo*, Paris 1982, S. 293.
3 Ebd., S. 293.
4 M. G. Capuzzo, »La Lingua del Divisament dou Monde di Marco Polo, 1, Morfologia Verbale«, in: *Biblioteca degli Studii Mediolatini e Volgari* (Neue Folge), Pisa 1980, S. 33, und John Critchley, *Marco Polo's Book*, Aldershot 1992, S. 12–19. Vgl. auch Robert Hughes, *Barcelona*, London 1992, S. 58 f.
5 Peter Hopkirk, *Foreign Devils on the Silk Road,* London 1980. Peter Hopkrik verdanke ich viel Ermutigung. Er war überrascht, als ich erstmals meine Zweifel daran äußerte, daß Marco Polo bis China gekommen sei, und er hat seit nunmehr fast 20 Jahren meine Arbeit mit Interesse begleitet.
6 Die Zitate und der Inhalt dieses Kapitels stützen sich

hauptsächlich auf Paul Pelliot, *Notes on Marco Polo*, Paris 1959–63.
7 Leonardo Olschki, *Marco Polo's Asia*, Berkeley 1960, S. 81.
8 Ebd., S. 86f.
9 A. C. Moule und Paul Pelliot, *Marco Polo: The Travels*, London 1938, Bd. 3, S. 349 (vgl. Elise Guignard, *Marco Polo: Il Milione*, Zürich 1983, S. 265).
10 Igor de Rachewiltz, *Papal Envoys to the Great Khans*, London 1971, S. 102.
11 Ebd., S. 103.
12 J. R. S. Phillips, *The Medieval Expansion of Europe*, Oxford 1988, S. 77.
13 Pelliot, *Notes*, Bd. 1, S. 805–812.
14 I. und J.-L. Vissière (Hg.), *Lettres édifiantes et curieuses de Chine par des missionaires jésuites 1702–1776*, Paris 1979, S. 183.
15 Pelliot, *Notes*, Bd. 1, S. 808.
16 Ronald Latham, *Marco Polo: The Travels*, Harmondsworth 1958, S. 317f. (vgl. Guignard, *Marco Polo*, S. 389f.; in dt. Ausg. mit »Seide« übersetzt).
17 Pelliot, *Notes*, Bd. 1, S. 831.
18 Latham, *Marco Polo*, S. 319 (vgl. Guignard, *Marco Polo*, S. 391).
19 *Cihai*-Wörterbuch: Daß Vater und Sohn in diesem Werk aufgeführt sind, läßt darauf schließen, daß sie in der chinesischen Populärhistorie eine prominente Stellung innehatten, vielleicht wegen ihrer gelegentlichen anti-mongolischen Äußerungen.
20 Pelliot, *Notes*, Bd. 1, S. 781.
21 Latham, *Marco Polo*, S. 132 (nicht bei Guignard, *Marco Polo*).
22 Pelliot, *Notes*, Bd. 1, S. 781.
23 Latham, *Marco Polo*, S. 244 (vgl. Guignard, *Marco Polo*, S. 278; hier: Abatan).
24 Moule und Pelliot, *Marco Polo*, Bd. 1, S. 93 (vgl. Guignard, *Marco Polo*, S. 27).

8. Auslassungen und Einschliessungen

1 Herbert Franke, »Sino-Western relations under the Mongol Empire«, in: *Journal of the Royal Asiatic Society Hong Kong Branch*, 6, Hongkong 1966, S. 49–72.
2 Böttger von der Meissener Porzellanmanufaktur gelang es schließlich Mitte des 18. Jahrhunderts. Vgl. Margaret Medley, *The Chinese Potter*, Oxford 1980, S. 261.
3 A. C. Moule und Paul Pelliot, *Marco Polo: The Travels*, London 1938, Bd. 2, S. 352 (vgl. Elise Guignard, *Marco Polo: Il Milione*, Zürich 1983, S. 270f.).
4 Shelag Vainker, *Chinese Pottery and Porcelain*, London 1991, S. 143.
5 Rose Kerr und Penelope Hughes-Stanton, *Kiln Sites of Ancient China*, London 1980, S. 22–38.
6 Ebd., S. 26–29.
7 Vgl. John Ayers, »Blanc de Chine«, in: *Transactions of the Oriental Ceramic Society* 51, London 1986–1987, S. 16f.
8 Moule und Pelliot, *Marco Polo*, Bd. 1, S. 238 (vgl. Guignard, *Marco Polo*, S. 163f.; andere Textprägung in dt. Ausg.).
9 Colonel Sir Henry Yule, *Cathay and the Way Thither*, London 1916, Bd. 4, S. 113.
10 Tsien Tsuen-hsuin, »Paper and Printing«, in: J. Needham (Hg.), *Science and Civilization in China*, Bd. 5, Teil 1, Cambridge 1985, S. 299.
11 Moule und Pelliot, *Marco Polo*, Bd. 1, S. 238 (vgl. Guignard, *Marco Polo*, S. 154ff.).
12 Peter Jackson, *The Mission of William of Rubruck*, London 1990, S. 203.
13 Ebd.
14 Leonardo Olschki, *Marco Polo's Asia*, Berkeley 1960, S. 139.
15 M. Rossabi, *Khubilai Khan*, Berkeley 1988, S. 154.
16 D. C. Twitchettt, *Printing and Publishing in Medieval China*, London 1983, S. 12.
17 Rossabi, *Khubilai Khan*, S. 15.
18 Herbert Franke, »Could the Mongol Emperors read and write Chinese?«, in: *Asia Major*, New series 3/1, London 1932, S. 30.

19 Moule und Pelliot, *Marco Polo*, Bd. 1, S. 337 (vgl. Guignard, *Marco Polo*, S. 259).
20 Twitchett, *Printing and Publishing in Medieval China*, S. 45–52.
21 Jacques Gernet, *Daily Life in China on the Eve of the Mongol Conquest*, Stanford 1970, S. 49.
22 Lathma, *Marco Polo*, S. 217 (vgl. Guignard, *Marco Polo*, S. 246; andere Textfassung in dt. Ausg.).
23 Vgl. P. B. Ebrey, *The Innter Quarters: marriages and the lives of Chinese women in the Sung Period*, Berkeley 1993.
24 Ebd., S. 26 f.
25 Yule, *Cathay*, Bd. 1, S. 153.
26 Ebd.
27 C. W. R. D. Moseley (Hg.), *The Travels of Sir John Mandeville*, Harmondsworth 1983, S. 187.
28 Sir John Barrow, *Travels in China*, London 1804, S. 506 f.
29 Yule, *Cathay*, Bd. 1, S. 112.
30 Barrow, *Travels in China*, S. 75 ff.
31 Sir George Staunton, *An authentic account of the embassy from the King of Britain to the Emperor of China*, Dublin 1798.

9. Eiscreme und Spaghetti

1 Aeneas Anderson, *A Narrative of the British Embassy to China*, London 1795, S. 81.
2 Mündliche Mitteilung von Dr. Albertine Gaur.
3 Für das Buch *The Food of Italy*, London 1989.
4 Claudia Roden, *The Food of Italy*, S. 176–179.
5 Ebd., S. 26.
6 Chang Kwang-chi, *Food in Chinese Culture*, New Haven 1977, S. 7.
7 W. Watson (Hg.), *The Genius of China*, London 1973, S. 133.
8 Zum mongolischen Vokabular für Speisen vgl. Yan-shuan Lao, »Notes on non-Chinese terms in the Yuan imperial dietary compendium *Yinshan zhengyao*«, in: *Bulletin of the*

Institute of History and Philology, Academia Sinica, Bd. XXXIX, Taipeh 1969, S. 399–416, und Herbert Franke, »Additional notes on non-Chinese terms in the Yuan imperial dietary compendium *Yinshan zhengyao*«, in: *Zentralasiatische Studien 4*, Wiesbaden 1979, S. 7–16.

9 Caroline Liddell und Robert Weir, *Ices*, London 1993, S. 10.
10 Ebd., S. 10f.
11 Ebd., S. 11.

10. Mauern über Mauern

1 L. Sickman und A. Soper, *The Art and Architecture of China*, Harmondsworth 1971, S. 400 und 410–420.
2 Ronald Latham, *Marco Polo: The Travels*, Harmondsworth 1958, S. 128 (Elise Guignard, *Marco Polo: Il Milione*, Zürich 1983, S. 143). Franke stellt fest, daß Weiß zwar für die Chinesen eine unglückbringende, für die Mongolen aber eine glückbringende Farbe darstellt und vor allem in der Weißen Pagode (Baita si), die 1279 in Peking geweiht wurde, zur Geltung kommt; vgl. Frankes Artikel hierzu in *Asia Minor* (erscheint demnächst).
3 Latham, *Marco Polo*, S. 128.
4 J. Needham (Hg.), *Science and Civilization in China*, Bd. 2, Cambridge 1985, S. 360.
5 Latham, *Marco Polo*, S. 126 (vgl. Guignard, *Marco Polo*, S. 132; andere Textfassung in dt. Ausg.).
6 Ebd., S. 126 (ebd., S. 132).
7 Ebd., S. 125 (ebd., S. 131).
8 A. C. Moule und Paul Pelliot, *Marco Polo: The Travels*, London 1938, Bd. 2, S. 255f. (zit. nach Guignard, *Marco Polo*, S. 169).
9 Ebd., S. 256 (vgl. ebd., S. 169; andere Textfassung in dt. Ausg.).
10 Colonel Sir Henry Yule, *The Travels of Marco Polo: The complete Yule-Cordier edition* (1903, 1920), New York 1993, Bd. 2, S. 6.

11 Latham, *Marco Polo*, S. 212 (nicht bei Guignard, *Marco Polo*).
12 Ebd., S. 212 (Guignard, *Marco Polo*, S. 243).
13 Yule, *The Travels*, Bd. 2, S. 183.
14 Dies jedoch nur in dem immer recht hilfreichen Toledo-Manuskript und in einer venezianischen Handschrift: s. Moule und Pelliot, *Marco Polo*, Bd. 1, S. 327 (vgl. Guignard, *Marco Polo*, S. 244 ff.).
15 Yule, *The Travels*, Bd. 2, S. 194.
16 Jacques Gernet, *Daily Life in China on the Eve of the Mongol Conquest*, Stanford 1970, S. 124.
17 Ebd., S. 31.
18 Yule, *The Travels*, Bd. 2, S. 210.
19 Gernet, *Daily Life*, S. 31.
20 Ebd., S. 34.
21 A. B. Freeman-Mitford, *The Attaché at Peking*, London 1900, S. 61.
22 Gernet, *Daily Life*, S. 31 f.
23 Ebd., S. 34 f.
24 Demao Kong, *The Mansion of Confucius*, London 1989, S. 113.
25 Von Jacques Gernet in *Daily Life*.
26 Latham, *Marco Polo*, S. 206 (Guignard, *Marco Polo*, S. 234).

11. DIE GRÖSSTE MAUER ENTGING IHM

1 Arthur N. Waldron, »The problem of the Great Wall«, in: *Harvard Journal of Asiatic Studies 43/2*, Cambridge, Mass. 1983, S. 645.
2 James Boswell, *The Life of Johnson*, London 1933, Bd. 2, S. 193 (dt. Aus. in Auswahl: *Dr. Samuel Johnson. Leben und Meinungen*, Zürich 1981; Zit. hier nicht enthalten); s. auch Fan Tsen-chung, »Dr. Johnson and Chinese Culture«, in: *Nine Dragon Screen*, London 1945, S. 15–18. Er meint, Johnson habe sich von du Halde inspirieren lassen.
3 Sir George Staunton, *An authentic account of the embassy*

from the King of Great Britain to the Emperor of China, Dublin 1798, Bd. 2, S. 73.
4 Ebd., Bd. 2, S. 78
5 Ebd.
6 Waldron, »The problem of the Great Wall«, S. 643–663.
7 Ebd., S. 656.

12. Nicht der einzige Europäer und gewiss kein Fachmann für Belagerungen

1 Herbert Franke, »Sino-Western relations under the Mongol Empire«, in: *Journal of the Royal Asiatic Society Hong Kong Branch* 6, Hongkong 1966, S. 54f.
2 Leonardo Olschki, *Guillaume Boucher: A French artist at the court of the Khans,* Baltimore 1946. Von ihm stammen die Rubruck-Zitate. Leonardo Olschki verfügte über breit gespannte Fachkenntnisse, was leider zu wenig bekannt ist. Sein Werk *Guillaume Boucher* verdient eine Neuauflage – daß es kurz nach Kriegsende erschien, bedeutet, daß zu wenige Bibliotheken ein Exemplar davon besitzen. Ich danke seinem Neffen Mr. Rosenthal, daß er mich auf Arthur R. Evans' Artikel aufmerksam machte: »Leonardo Olschki, 1885–1961«, in: *Romance Philosophy, XXXI/1,* Stanford 1977.
3 David Morgan, *The Mongols,* Oxford 1986, S. 137f., und J. R. S. Phillips, *The Medieval Expansion of Europe,* Oxford 1988, S. 61.
4 Ebd., S. 125.
5 Leonardo Olschki, *Marco Polo's Asia,* Berkeley 1960, S. 67.
6 Morgan, *The Mongols,* S. 116.
7 Die Rubruck-Zitate und die Beschreibung des weinspendenden Apparats stammen aus Olschki, *Guillaume Boucher.*
8 Chen Yuan, *Western and Central Asians in China Under the Mongols,* Los Angeles 1966, S. 221.
9 Ebd., S. 219.
10 C. P. Fitzgerald, *Barbarian Beds: the origin of the chair in China,* London 1965.

11 Chen, *Western and Central Asians*, S. 221.
12 Ebd., S. 221.
13 Morgan, *The Mongols*, S. 84.
14 E. O. Reischauer und J. K. Fairbank, *East Asia: the Great Tradition*, Boston 1960, S. 266.
15 M. Rossabi, *Khubilai Khan*, Berkeley 1988, S. 125.
16 Ebd., S. 86.
17 Ronald Latham, *Marco Polo: The Travels*, Harmondsworth 1958, S. 207–208 (Elise Guignard, *Marco Polo, Il Milione*, Zürich 1983, S. 235 ff.).
18 A. C. Moule und Paul Pelliot, *Marco Polo: The Travels*, London 1938, Bd. 1, S. 27.
19 J. A. G. Boyle, *The Successors of Genghis Khan*, New York 1971, S. 290 f.
20 C. W. R. D. Moseley (Hg.), *The Travels of Sir John Mandeville*, Harmondsworth 1983, S. 144.
21 Morgan, *The Mongols*, S. 160.
22 Michael Prestwich, *Edward I*, London 1988, S. 330. Vgl. auch Sir E. A. Wallis Budge, *The Monks of Kublai Khan. On the historiy of the life and travels of Rabban Sauma*, London 1928.

13. Wer war die Familie Polo?

1 Ein geographisches Sammelwerk, das von einem Beinahe-Zeitgenossen Marco Polos erstellt wurde.
2 British Library, Additonal MS 12475.
3 Colonel Sir Henry Yule, *The Travels of Marco Polo: the complete Yule-Cordier edition* (1903, 1920), New York 1993, Bd. 1, S. 78.
4 A. C. Moule und Paul Pelliot, *Marco Polo: The Travels*, London 1938, Bd. 2, S. 17 ff.
5 Ebd.
6 Ebd., Bd. 2, S. 15–19.
7 Leonardo Olschki, *Marco Polo's Asia*, Berkeley 1960, S. 100.
8 J. R. S. Phillips, *The Medieval Expansion of Europe*, Oxford 1988, S. 20.

9 Sir Mark Aurel Stein, *Ruins of Desert Cathay*, London 1912, New York 1987, S. 518. Zu den Problemen bzgl. der Pferdezucht s. Austin Coates, *China Races*, Hongkong 1994, S. 3; bzgl. der Schafzucht s. Jack Dabbs, *History of the Discovery and Exploration of Chinese Turkestan*, Central Asiatic Studies VIII, Den Haag 1963, S. 92.
10 Sir Mark Aurel Stein, ebd., S. 518.
11 David Morgan, *The Mongols*, Oxford 1986, S. 23.
12 Moule und Pelliot, *Marco Polo*, Bd. 1, S. 82.
13 Yule, *The Travels*, Bd. 1, S. 351–356.
14 Marco Polo, *Il libro di Marco Polo detto Milione*, Turin 1954, S. 5, 13.
15 Aldo Ricci (Übers.), *The Travels of Marco Polo*, London 1931, S. 17.
16 Yule, *The Travels*, Bd. 1, S. 353.
17 William Dalrymple, *In Xanadu: a quest*, London 1990, S. 298 f.

14. War es China?

1 Ronald Latham, *Marco Polo: The Travels*, Harmondsworth 1958, S. 122 (Elise Guignard, *Marco Polo, Il Milione*, Zürich 1983, S. 128).
2 Ebd., S. 122 f. (vgl. ebd., S. 128 f.; nur teilweise in dt. Ausg.). Herbert Franke merkt an, daß Marco Polo auch hier wieder einiges durcheinandergebracht haben könnte, denn die Mongolenkhane heirateten immer (als erste Ehefrau) Mädchen aus dem Oonggirad-Stamm (Polos »Ungrac« bzw. Kungurat); eine Form der Verbindung durch Heirat, die auf das 12. Jahrhundert zurückging und bis 1368 andauerte. Die Herkunft der Konkubinen war nicht auf eine bestimmte Gegend beschränkt.
3 Ebd., S. 135 (ebd., S. 135).
4 Ebd., S. 136 (vgl. ebd., S. 136; andere Textfassung in dt. Ausg.).
5 Ebd., S. 141–145 (vgl. ebd., S. 143–149; hier: 500 [!] Vögel).
6 M. Rossabi, *Khubilai Khan*, Berkeley 1988, S. 215 (vgl. dazu Guignard, *Marco Polo*, S. 200–205; hier: 1272).

7 Latham, *Marco Polo*, S. 176f., 194f.; 201f., 209, 228 (vgl. Guignard, *Marco Polo*, S. 190, 215, 231, 233, 238f., 255).
8 Ebd., S. 178, 204f. (vgl. ebd., S. 190, 231, 233).
9 Ebd., S. 173, 176 (vgl. ebd., S. 184, 188).
10 Jacques Gernet, *Daily Life in China on the Eve of the Mongol Conquest*, Stanford 1970, S. 80–81.
11 Latham, *Marco Polo*, S. 42 (Guignard, *Marco Polo*, S. 22; hier: »Herrscher über das Ostreich«; das »Westreich« entsprach in Polos Zuordnung dem Khanat der »Goldenen Horde«).
12 Luigi Foscolo Benedotto, *Il Milione*, Florenz 1928, S. CX–CIII.
13 Leonardo Olschki, *Marco Polo's Asia*, Berkeley 1960, S. 103.
14 A. C. Moule und Paul Pelliot, *Marco Polo: The Travels*, London 1938, Bd. 2, S. 73f.
15 Ebd., S. 35.
16 Ebd., Bd. 2, S. 29, 35.
17 Herbert Franke, »Sino-Western relations under the Mongol Empire«, *Journal of the Royal Asiatic Society Hong Kong Branch 6*, Hongkong 1966, S. 49–72.
18 Moule und Pelliot, *Marco Polo*, Bd. 2, S. 37.
19 Leonardo Olschki, *Marco Polo's Asia*, Berkeley 1960, S. 104–105.
20 Colonel Sir Henry Yule, *The Travels of Marco Polo: the complete Yule-Cordier edition* (1903, 1920), New York 1993, Bd. 1, S. 67.
21 Moule und Pelliot, *Marco Polo*, Bd. 1, S. 30.
22 Ebd., S. 539.
23 Ebd., S. 542.
24 R. Vaughan, *The illustrated chronicles of Matthew of Paris*, Stroud 1993, S. IX.
25 David Morgan, *The Mongols*, Oxford 1986, S. 57.
26 Ebd., S. 142, 160–163, 124.
27 Latham, *Marco Polo*, S. 101 (Guignard, *Marco Polo*, S. 103).
28 Jacques Heers, *Marco Polo*, Paris 1982, S. 34f.
29 Moule und Pelliot, *Marco Polo*, Bd. 1, S. 555.
30 Olschki, *Marco Polo's Asia*, S. 157.

31 John Gittings, *A Chinese View of China,* London 1973, S. 43–50.
32 Peter Jackson, *The Mission of William of Rubruck,* London 1990, S. 217.
33 Ich bin Sir Matthew Farrar zu Dank verpflichtet, weil er sich für die Anzahl dieser Goldtäfelchen interessierte, worauf ich mich erneut mit den verschiedenen Textausgaben beschäftigte, was wiederum die Verwirrung bezüglich ihrer Zahl noch vertiefte.

15. Wo man vergebens sucht

1 Herbert Franke, »Sino-Western relations under the Mongol Empire«, *Journal of the Royal Asiatic Society Hong Kong Branch* 6, Hongkong 1966, S. 5.
2 In einem Aufsatz von Professor Yang Zhijiu in: Xu Shixiong (Hg.), *Make Poluo jieshao yu yanjiu (Introduction and research into Marco Polo),* Peking 1983, S. 280–281.
3 *Ershisishi jizhuan renming suoyin,* Peking 1980.
4 *Yuan shi, juan* 205.
5 Paul Pelliot, Besprechung zu Charignons Neuauflage von Pauthiers *Le Livre de Marco Polo,* in: *T'oung Pao 25,* Leiden 1927, S. 157, und Leonardo Olschki, »Une question d'onomatolgoie chinoise«, in: *Oriens 3,* Leiden 1950, S. 158.
6 Eigentlich sollte ich Matthews nicht im selben Absatz wie Paul Pelliot erwähnen, denn den Sinologie-Studenten wird beigebracht, das Wörterbuch des Missionars möglichst zu meiden. Fairerweise möchte ich anmerken, daß Matthews' berühmte Ungenauigkeiten hauptsächlich von seiner Prüderie und dem daraus resultierenden Widerwillen herrühren, Sex oder das Konkubinat zu erwähnen, so daß Konkubinen als Ehefrau, Schwestern oder Großnichten erscheinen, was zu Verwirrungen bezüglich der Verwandschaftsverhältnisse führen kann.
7 Olschki, »Une question d'onomatologie chinoise«, S. 189.
8 Ebd.
9 Herbert Franke, »Europa in der ostasiatischen Geschichts-

schreibung des 13. und 14. Jahrhunderts«, in: *Saeculum 2*, Freiburg 1951, S. 65–75.

10 J. A. G. Boyle, »Rashid al-Din and the Franks«, in: ders., *The Mongol World Empire*, London 1977.

11 Francis Woodman Cleaves, »A Chinese source bearing upon Marco Polo's departure from China and a Persian source on his arrival in Persia«, *Harvard Journal of Asiatic Studies 36*, Cambridge 1976, S. 181–203.

12 Yang Zhijiu, »Make Poluo yu Zhongguo«, in: Xu Shixiong (Hg.), *Make Poluo jieshao yu yanjiu*, S. 52–60.

13 John Haeger, »Marco Polo in China? Problems with internal evidence«, *Bulletin of Sung-Yuan Studies 14*, New York 1979, S. 22–30.

14 Craig Clunas, »Did Marco Polo get to China?«, *The Times* vom 14. April 1982.

Schlussbetrachtungen

1 Clarence Dalrymple Bruce, *In the Footsteps of Marco Polo*, London 1907, S. 171.

2 Übersetzt von Juan Gil, *Testimonio*, Madrid 1986.

3 C. W. R. D. Moseley (Hg.), *The Travels of Sir John Mandeville*, Harmondsworth 1983, S. 9–10.

4 Ebd., S. 9.

5 Ebd., S. 9, 33.

6 Ebd., S. 19.

7 Colonel Sir Henry Yule, *Cathay and the Way Thither*, London 1916, S. 125.

8 Herbert Franke, »Sino-Western relations under the Mongol Empire«, *Journal of the Royal Asiatic Society Hong Kong Branch 6*, Hongkong 1966, S. 54.

9 Ins Französische übersetzt von Abbé Renaud in seinem Werk *Anciennes Relations de l'Inde at de la Chine de deux voyageurs Mahoumetans qui y allèrent dans le IXe siècle*, 1917, s. Yule, *Chathay*, S. 125.

10 J. A. G. Boyle, »Rashid al-Din and the Franks«, in: ders. *The Mongol World Empire*, London 1977.

11 Herbert Franke, »Some Sinological remarks on Rashid al-Din's History of China«, *Oriens 4/1*, Leiden 1951, S. 21.
12 Ebd., S. 23. Für weitere Einzelheiten bzgl. Rashid al-Dins historischen Schriften vgl. auch Bernard Lewis, *The Muslim Discovery of Europe*, London 1994, besonders S. 150–157 (vgl. dt. Ausg.: *Die Welt der Ungläubigen. Wie der Islam Europa entdeckte*, Frankfurt a. M. 1983).
13 Franke, »Some Sinological remarks on Rashid al-Din's History of China«, S. 23.
14 Yule, *Cathay*, S. 112.
15 Ebd., S. 110–113.
16 Ebd., S. 110.
17 Ebd., S. 129–137.
18 Ronald Latham, *Marco Polo: The Travels*, Harmondsworth 1958, S. 234 (vgl. Elise Guignard, *Marco Polo: Il Milano*, Zürich 1983, S. 264f.).
19 Ursula Sims-Williams, mündliche Mitteilung.
20 John Critchley, *Marco Polo's Book*, Aldershot 1992, S. 10 (vgl. dazu auch Guignard *Marco Polo*, S. 430–436).
21 Jarl Charpentier (Hg.), *The Livro de Seita dos Indios Orientais of Father Jacobo Fenicio*, Uppsala 1993, S. XI. Dank auch an Maurice Smith, der mich auf Herodot aufmerksam machte und mir andere ähnlich nützliche Hinweise gab, als ich ihn in chinesischer Literatur unterrichtete.

BIBLIOGRAPHIE

Anderson, Aeneas, *A Narrative of the British Embassy to China*, London 1795.

Ayers, John, »Blanc de Chine«, *Transactions of the Oriental Ceramic Society 51*, London 1986/87.

Barrow, Sir John, *Travels in China*, London 1804.

Beazeley, C. R. (Hg.), *The Text and Versions of John de Plano Carpine and William de Rubruquis*, London 1903.

Beeching, Jack (Hg.), *Richard Hakluyt: Voyages and Discoveries*, Harmondsworth 1983.

Benedetto, Luigi Foscolo, *Il Milione*, Florenz 1928.

Boswell, James, *The Life of Johnson*, London 1933 (dt. Ausg.: *Dr. Samuel Johnson. Leben und Meinungen*, Zürich 1981).

Boyle, J. A. G. »Rashid al-Din an the Franks«, in: ders., *The Mongol World Empire*, London 1977.

– *The Successors of Genghis Kahn*, New York 1971.

British Library, Additional MS 12475.

Bruce, Clarence Dalrymple, *In the Footsteps of Marco Polo*, London 1907.

Budge, E. A. Wallis, *The Monks of Kublai Khan. On the history of the life and travels of Rabban Sauma*, London 1928.

Calvino, Italo, *Die Unsichtbaren Städte*, München 1977.

Capuzzo, M. G. »La Lingua del Divisament dou Monde di Marco Polo, 1, Morfologia Verbale«, *Biblioteca degli Studii Mediolatini e Volgari* (Neue Reihe), Bd. V, Pisa 1980.

Chang Kwang-chih, *Food in Chinese Culture*, New Haven 1977.

Charpentier, Jarl (Hg.), *The Livro de Seita dos Indios Orientais of Father Jacobo Fenicio,* Uppsala 1933.

Chen Yuan, *Western and Central Asians in China Under the Mongols,* Los Angeles 1966.

Cleaves, Francis Woodman, »A Chinese source bearing upon Marco Polo's departure from China and a Persian source on his arrival in Persia«, *Harvard Journal of Asiatic Studies 36,* Cambridge, Mass. 1976.

Clunas, Craig, »Did Marco Polo Get to China?«, *The Times* (14. April 1982).

Coates, Austin, *China Races,* Hong Kong 1994.

Couling, Samuel, *Encyclopaedia Sinica* (Shanghai, 1917), Hong Kong 1983.

Critchley, John, *Marco Polo's Book,* Aldershot 1992.

Dabbs, Jack A., *Historiy of the Discovery and Exploration of Chinese Turkestan,* Central Asiatic Studies VIII, Den Haag 1963.

Dalrymple, William, *In Xanadu: a quest,* London 1990.

Dawson, Christopher Henry, *The Mongol Mission: narratives and letters of the Franciscan missionaries to Mongolia and China in the 13th and 14th centuries,* London/New York 1955.

Desroches, J. P., *Visiteurs de l'Empire Celeste,* Paris 1994.

Ebrey, P. B., *The Inner Quarters: marriage and the lives of Chinese women in the Sung period,* Berkeley 1993.

Evans, Arthur R., »Leonardo Olschki 1885–1961«, *Romance Philosophy,* Bd. XXXI/I, Stanford 1977.

Fan Tsen-chung, »Dr Johnson and Chinese culture«, in: *Nine Dragon Screen,* London 1965.

Fernandez-Arnesto, F., *Columbus,* Oxford 1991.

Fitzgerald, C. P., *Barbarian Beds: the origin of the chair in China,* London 1965.

Franke, Herbert, »Could the Mongol Emperors read and write Chinese?« (*Asia Major,* New series 3/1, London 1932); wiederabgedruckt in: ders., *China Under Mongol Rule,* Aldershot 1994.

– »Europa in der Ostasiatischen Geschichtsschreibung des 13. und 14. Jahrhunderts«, *Saeculum 2,* Freiburg 1951.

- Sino-Western relations under the Mongol Empire« (*Journal of the Royal Asiatic Society Hong Kong Branch 6,* Hong Kong 1966); wiederabgedruckt in: ders., *China Under Mongol Rule,* Aldershot 1994.
- »Some Sinological remark son Rashid al-Din's History of China« (*Oriens 4/1,* Leiden 1951); wiederabgedruckt in: ders., *China Under Mongole Rule,* Aldershot 1994.
- »Additional notes on non-Chinese termes in the Yuan imperial dietary compendium *Yinshan zhengyao*«, *Zentralasiatische Studien 4,* Wiesbaden 1970.

Freeman-Mitfod, A. B., *The Attaché at Peking,* London 1900.

Gallo, R., »Marco Polo, la sua famiglia ed il suo libro«, *Nel VII centario della nascità di Marco Polo,* Venedig 1955.

Gernet, Jacques, *Daily Life in China on the Eve of the Mongol Conquest,* Stanford 1970.

Gil, Juan, *El libro de Marco Polo anotado por Cristobal Colon,* Madrid 1987.

Gittings, John, *A Chinese view of China,* London 1973.

Goodall, John, *Heaven and Earth: 120 album leaves from a Ming encyclopaedia,* London 1979.

Grand Larousse Encyclopédique, Paris 1964.

Guignard, Elise (Übers.), *Marco Polo: Il Milione – Die Wunder der Welt,* Zürich 1983.

Haeger, John, »Marco Polo in China? Problems with internal evidence«, *Bulletin of Sung-Yuan Studies 14,* New York 1979.

Heers, Jacques, *Marco Polo,* Paris, 1982.

Hopkirk, Peter, *Foreign Devils on the Silk Road,* London 1980.

Hughes, Robert, *Barcelona,* London 1992 (dt. Ausg.: *Barcelona. Stadt der Wunder,* München 1992).

D'Israeli, Isaac, *Amenities of Literature,* London 1842.

Iwamura, Shinobu, *Manuscripts and Printed Editions of Marco Polo's Travels,* Tokio 1949.

Jackson, Peter, *The Mission of William of Rubruck,* London 1990.

Jin Buhong, *In the Footsteps of Marco Polo,* Peking 1989.

Jones, Mark (Hg.), *Fake? The Art of Deception,* London 1990.

Keay, J., *The Honourable Company,* London 1993.

Kerr, Rose, und Penelope Hughes-Stanton, *Kiln Sites of Ancient China*, London 1980.
Kong, Demao, *The Mansion of Confucius*, London 1989.
Lach, Donald, *Asia in the Making of Europe*, Chicago 1965.
Lao Yan-shuan, »Notes on non-Chinese terms in the Yuan emperial dietary compendium *Yinshan zhengyao*«, *Bulletin of the Institute of History and Philology, Academia Sinica*, Bd. XXXIX, Taipeh 1969.
Latham, Ronald, *Marco Polo: The Travels*, Harmondsworth 1958.
Lewis, Bernard, *The Muslim Discovery of Europe*, London 1994 (dt. Ausg.: *Die Welt der Ungläubigen. Wie der Islam Europa entdeckte*, Frankfurt a. M. 1983).
Liddell, Caroline, und Robin Weir. *Ices.* London 1993.
Lieu, S. N. C., *Manichaeism in the Later Roman Empire and Medieval China*, Tübingen 1992.
Lopez, R. S. »China Silk in Europe in the Yuan period«, *Journal of the American Oriental Society 72*, New Haven 1952.
Medley, Margaret, *The Chinese Potter*, Oxford 1980.
Morgan, David, *The Mongols*, Oxford 1980.
Moseley, C. W. R. D. (Hg.), *The Travels of Sir John Mandeville*, Harmondsworth 1983.
Moule, A. C., und Paul Pelliot, *Marco Polo: The Travels*, London 1938.
Murray, Hugh, *The Travels of Marco Polo*, Edinburgh 1847.
Needham, Joseph (Hg.), *Science and Civilization in China*, Cambridge 1954.
Olschki, Leonardo, *Guillaume Boucher: a French artist at the court of the Khans*, Baltimore 1946.
– (Hg.), *Il Milione*, Firenze 1928.
– *Marco Polo's Asia*, Berkeley 1960.
– »Une question d'onomatologie chinoise«, *Oriens 3*, Leiden 1950.
Pelliot, Paul, *Notes on Marco Polo*, Paris 1959–63.
– Besprechung zu Charignons Neuausgabe von Pauthiers *Le Livre de Marco Polo*, in: *T'oung Pao 25*, Leiden 1927.
Petech, L., »Les marchands italiens dans l'empire Mongole«, *Journal Asiatique*, Paris 1962.

Phillips, J. R. S., *The Medieval Expansion of Europe*, Oxford 1988.
Polo, Marco, *Il libro di Marco Polo detto Milione*, Turin 1954.
Prestwich, Miachel, *Edward I*, London 1988.
Rachewiltz, Igor de, *Papal Envoys to the Great Khans*, London 1971.
Reischauer, E. O., und J. K. Fairbank, *East Asia: the Great Tradition*, Boston 1960.
Ricci, Aldo (Übers.), *The Travels of Marco Polo*, London 1931.
Roden, Claudia, *The Food of Italy*, London 1989.
Ross, Sir Edward Denison, »Marco Polo and his Book«, London 1935 (= Annual Italian lecture of the British Academy, 1934).
Rossabi, M., *Khubilai Khan*, Berkeley 1988.
Rouleau, F., »The Yangchow Latin tombstone as a landmark of medieval Christianity in China«, *Harvard Journal of Asiatic Studies 17*, Cambridge, Mass. 1954.
Runiciman, Sir Stephen, *The Medieval Manichee*, Cambridge 1947.
Sickman, L., und A. Soper, *The Art and Architecture of China*, Harmondsworth 1971.
Silk and Rayon Users Association (Hg.), *The Silk Book*, London 1951.
Singer, Aubrey, *The Lion and the Dragon*, London, 1992.
Southern, R. W., *The Making of the Middle Ages*, London 1967 (dt. Ausg.: *Gestaltende Kräfte des Mittelalters. Das Abendland im 11. und 12. Jahrhundert*, Stuttgart 1960).
Staunton, Sir George, *An authentic account of the embassy from the King of Great Britain to the Emperor of China*, Dublin 1798.
Stein, Sir Mark Aurel, *Ruins of Desert Cathay* (London, 1912), New York 1987.
Tsien Tsuen-hsuin, »Paper and Printing«, in: Joseph Needham (Hg.), *Science and Civilization in China*, Bd. 5/1, Cambridge 1985.
Twitchett, D. C., *Printing and Publishing in Medieval China*, London 1983.
Vainker, Shelagh, *Chinese Pottery and Porcelain*, London 1991.

Vaughan, R., *The illustrated chronicles of Matthew of Paris*, Stroud 1993.

Vissière, I. und J.-L. (Hgg.), *Lettres édifiantes et curieuses de Chine par des missionaires jésuites 1702–1776*, Paris 1979.

Waldron, Arthur N., »The problem of the Great Wall«, *Harvard Journal of Asiatic Studies 43/2*, Cambridge, Mass. 1983.

– *The Great Wall of China*, Cambridge 1992.

Watson, W. (Hg.), *The Genius of China*, London 1973.

Wittkower, R. »Marco Polo and the pictorial tradition of the Marvels of the East«, in: ders., *Allegory and the Migration of Symbols*, London 1977.

Yang Zhijiu, »Make Poluo li hua de yi duan hanwen jicai«, in: Xu Shixiong (Hg.), *Make Poluo jieshao yu yanjiu*, Peking 1983.

Yule, Colonel Sir Henry, *Cathay and the Way Thither*, London 1916.

– *The Travels of Marco Polo: the complete Yule-Cordier edition* (London 1903, 1920), New York 1993.

Personenregister

Abaga Khan 200
Abakan 85 f.
Acqui, Jacopo da 62 f., 156, 176, 195, 199
Ahmad 83 f., 86
Ala al-Din 150
Alaqan 85
Albert von Aix 152
Alexander der Große 39, 51, 70
Alexander III., Papst 38
Ament (Rev.) 123
Anderson, Aeneas 107 f.
Andreas von Longjumeau 145
Argun, Ilkhan 16, 49, 153 f., 175 f., 191
Artus 60
Ascelinus 41
Atahai 85
Augustinus, Hl. 43

Bacon, Roger 31
Bajan 54
Baldelli Boni, G. B. 71
Barrow, John 106
Basil 144, 146

Batu Khan 30
Benedetto, Luigi Foscolo 60, 65, 70
Berke (Mongolenherrscher) 14
Bernaketi 201 f.
Berry, Duc de 70
Blackmore, Charles 161
Bodun 85
Bolod Aqa 189
Bonocio di Mestre 178
Boucher, Guillaume 32, 146 f.
Brome, Richard 197
Bruce, Clarence Calrymple 195

Caesarius von Heisterbach 152
Calvino, Italo 56
Cenchu 84
Chepoy, Thibault de 64 f., 153
Cleaves, Francis W. 191
Clemens IV., Papst 164
Clunas, Craig 11, 205
Cogatai 84 f.

Coleridge, Samuel Taylor 166f.
d'Entrecolles, Pierre Joseph 78
D'Israeli, Isaac 59
Diderot, Denis 138
Dschingis-Khan 14, 30, 38, 51, 67f., 114, 144f., 149, 179, 201

Edward I. 59f., 153
Eleonore de Provence 59f.

Fan Wenhu 85f.
Frampton, John 64
Franke, Herbert 91, 111, 143, 190, 199, 202ff., 208
Franz von Assisi 29
Frobisher, John 66

Gama, Vasco da 8, 17
Gao Xi 85
Gazan, Ilkhan 16, 49, 153
Georg (Ongutherrscher) 39, 209
Girardo, Paolo 22
Gregor X., Papst 164
Guignard, Elise 69
Guinevere 60
Güyüg Khan 30, 76

Haeger, John 208
Haggard, Henry Rider 37
Haiton von Armenien 152
Hakluyt, Richard 66
Hall, Joseph 197
Han-Dynastie (206 v. – 220 n. Chr.) 95, 100, 136, 174, 188f.

Heers, Jacques 62, 177
Herodot 210
Hulagu, Ilkhan 14, 16
Ibn Battuta 95, 200, 202ff.
Innozenz IV., Papst 29, 41, 76, 145
Ismail 150

James I. 19
Jiang Jiusi 85
Jin-Dynastie (265–420) 37, 141, 165, 189, 201
Johannes (Priester-König) 29, 36–39, 43, 51, 67, 209
Johannes der Täufer 79
Johannes von Marignolli 28, 37, 79
Johannes von Montecorvino 23, 32f., 39f., 88
Johannes von Plano Carpini 29ff., 51, 76, 80f., 145, 207
Johnson, Samuel 79, 137f.
Julian (Dominikaner) 38
Justinian, oström. Kaiser 19
Juwayni 201

Khubilai Khan 14f., 46, 49, 51, 56, 83, 85, 99, 106, 116, 120, 143, 149f., 166f., 169–173, 186, 200, 205f.
Kolumbus, Christoph 8, 17f., 66, 196f.
Konfuzius 103, 131
Kyrill (Patriarch) 39f.

Lao, Yan-shuan 111
Latham, Ronald 69

Liao-Dynastie (907–1125) 37, 88, 140, 149, 165
Li Tan 81 ff., 86
Lin Zexu 180
Li Quan 81
Lu Yu 100
Lucalongo, Petrus de 23, 33
Ludwig der Große v. Ungarn 93
Ludwig IX. 31, 145

Macartney, George 21, 105 f., 108, 138, 195
Magellan (Magalhães), Fernão de 8
Mandeville, John 65, 104, 152, 195 ff.
Mangu Khan 146
Mani 42
Manuel I. Komnenos 38
Mar (Nestorianer) 153
Matthäus von Paris 179
Ming-Dynastie (1368–1644) 10, 82, 103, 114, 116, 118, 121, 125, 137 f., 140, 142
Mongatai 82 f.
Morgan, David 30
Moule, A. C. 69, 73, 84, 124, 129, 158, 177, 181

Nasir al-Din 172
Nayan 177
Nestorius (Patriarch) 39 f.
Nianchang 202
Nikolaus IV., Papst 153
Nogai 205
Norwich, John Julius 195

Odorich von Pordenone 24, 33 f., 65, 70, 87 f., 104 f., 127, 129 f., 152, 197, 209
Ögedei Khan 30
Öljeitü, Ilkhan 153, 200
Olschki, Leonardo 75, 98, 189
Otto von Freising 37
Ouyang Xiu 134
Ouyang Xun 149

Paquette 146
Pauthier, Gaston 188
Pegolotti, Francesco 23 f., 79, 208
Pelliot, Paul 69, 73, 77 ff., 80 ff., 84–87, 89 ff., 93, 173, 189, 199, 201
Philipp IV., der Schöne 64, 153
Pipino de Bologna 182
Pipino, Francesco 65 f.
Plinius 36
Polo (Familie) 16, 20 ff., 23, 27 f., 32, 35 f., 39 f., 42, 45 ff., 49 ff., 53, 55, 61, 70, 77, 86, 101, 103, 139 f., 142 ff., 151 f., 154, 157 f., 161, 165 ff., 169, 172 ff., 178, 180, 183 ff., 190, 208 f.
–, Bellela 178
–, Fantina 178, 180
–, Giovanni 22
–, Maffeo (Onkel) 7, 13, 15, 20, 51, 53 f., 151, 158 f., 162 ff., 172, 182, 207
–, Marco (d. Ä.) 20, 22, 158, 166

–, Moreta 178
–, Niccolo (Vater) 7, 13, 15, 20, 22, 51, 53f., 151, 157ff., 162ff., 177, 207
–, Stefano 22

Qaidu 79
Qin-Dynastie (221–206 v. Chr.) 88, 140
Qin Shi Huangdi 136
Qing-Dynastie (1644–1911) 104, 116, 121, 124, 142

Rabban Sauma 152ff.
Ramusio, Giovanni Battista 7, 61f., 66ff., 69, 71, 74, 83f., 102, 123, 128, 156ff., 164, 170, 176f., 197f.
Rashid al-Din 49, 81, 83f., 87–90, 152, 189, 190, 195, 200–205, 208f.
Roden, Claudia 109
Ross, Edward Denison 68f.
Rustichello von Pisa 58ff., 61f., 64, 67f., 71f., 79, 102, 105, 111, 153, 155, 177, 197f., 205, 209

Scott, Walter 58f.
Shakespeare, William 36
Shang-Dynastie (16. Jh. v. – ca. 1066 n. Chr.) 118, 142
Shi Tianze 82
Sira 85
Song-Dynastie (960–1297) 53, 81f., 94f., 100, 102f., 125, 130ff., 140f., 150, 152, 174, 201

Stanley, Edward Henry 130
Staunton, George 106, 138ff.
Stein, Marc Aurel 161, 210
Sui-Dynastie (581–618) 133
Suleiman (arab. Reisender) 78
Suliman, Petrus 179f.

Tang-Dynastie (618–907) 92, 95, 98, 100, 112, 132, 140, 199f.
Temür Öljeitü Khan 200
Thomas, hl. 37, 40, 48
Togtai 205
Tschagatai Khan 79
Turgan 84

Valois, Charles de 64, 153
Vanchu 83f.
Vasirulo, Alberto 22
Vergil 19
Victoria, Königin 180
Vilioni, Domenico de 23f.
–, Johannes 24
–, Katerina de 23ff., 34
Vinzenz von Beauvais 31, 152, 195, 197
Vonsamcin 81, 85

Waldron, Arthur N. 141
Wang Zhu 81, 90, 192, 201, 204f.
Wassaf 127
Weir, Robin 112
Wilhelm von Rubruck 31ff., 39f., 51, 77, 80f., 87, 92, 97f., 143, 145ff., 154, 163f., 181, 207, 209

Wilhelm von Tripolis 152

Xia-Dynastie (ca. 21.–16. Jh. v. Chr.) 201

Yan (Familie) 83
Yang Zhijiu 185f., 191ff., 194, 204f.
Yelu Chucai 149

Yelu Dashi 37f.
Yuan-Dynastie (1279–1368) 9f., 94f., 130, 149, 173, 187, 189
Yule, Henry 34f., 47, 123, 127, 157, 164f., 193, 199

Zurficar 51

Ortsregister

Abessinien 48
Aden 18, 48
Afrika 78
Ägypten 87, 158
Akka 15, 59, 87, 164
Alexandria 39
Altai 30, 88, 140, 162
Amerika 66
Andamanen-Inseln 48, 87
Antwerpen 23
Arabien 48
Arabisches Meer 48
Armenien 17, 50, 56, 86
Äthiopien 37
Ayas 23, 176

Badaling 137
Baffin Bay 66
Bagdad 18, 46, 56, 87, 153, 209
Balashan 51
Banakat 83
Basra 56, 87
Belgrad 146, 163
Bengalen 18, 47, 52, 87, 139
Böhmen 33
Burma 47f., 86, 172

Ceylon 48, 176
Chang'an 199
Charchan 46
Chengdu 47
China 8ff., 15f., 21, 23f., 32f., 35, 37, 42, 47, 53, 55, 74, 78, 81f., 86, 88, 91f., 95ff., 98, 100f., 103f., 106–112, 114f., 117, 120, 125, 129, 132, 137f., 141f., 148ff., 152, 154f., 160, 169, 173ff., 178ff., 181, 185ff., 190ff., 193f., 199ff., 202ff., 205f., 208, 210

Dadu 87, 148
Dali 90
Dalmatien 156
Dehua 94
Dnjepr 30
Dongpingfu 82f., 87
Dunhuang 46, 142

Edessa 37
England 59
Er hai 90
Erzincan 56

Europa 8f., 17, 19f., 24, 27f.,
   35, 38, 45, 63, 75, 78, 88,
   92f., 96f., 100, 105, 107,
   112, 124, 137, 190

Fabriano 96
Fancheng 150
Frankreich 59
»Frauen-Insel« 48
Fujian 33, 42f., 47, 93f.,
   100ff., 107
Fuzhou 42, 54, 69, 75, 87,
   199

Gabala 37
Ganges 139
Gansu 51, 127, 180
Ganzhou 46, 51
Gascogne 59
Gelber Fluß 47
Genua 58, 110f.
Georgien 17
Glastonbury 60
Gobi 110, 137, 161, 210
Goldene Horde 29f., 190
Große Mauer 135–142, 155
Guangdong 96
Großer Kanal 125ff., 133
Guilin 105

Hamadan 200
Han 150
Hangzhou 18, 47, 53f., 67,
   69, 99ff., 102, 107, 115,
   125, 127ff., 130f., 133, 135,
   141, 202
Heiliges Land 23, 28, 31, 38,
   60, 75, 153

Hezhongfu 89
Hormuz 48

Indien 18, 33, 37f., 40, 47f.,
   55f., 86, 132, 150, 160,
   175f.
Irland 60
Italien 9, 16, 59, 96, 107ff.,
   110, 207

Japan 48, 81, 85f., 115, 132,
   192, 196, 198f., 204
Java 18, 87
Jerusalem 28, 87, 154, 179
Jiangsu 125
Jiangzhou 89
Jiezhou 89
Jinan 82f.
Juyongguan 141

Kaifeng 103, 141
Kaipingfu 87
Kanton 33, 131, 199f.
Karakorum 14f., 23, 27,
   29ff., 32, 35, 40, 46, 143,
   145ff., 150, 161ff., 167,
   181, 207f.
Kaschgar 18, 87, 139
Kaspisches Meer 14
Kaukasus 14
Kerman 48
Khotan 46, 87
Kitan 37, 88
Konstantinopel 13f., 19ff.,
   22, 31, 39, 49, 86, 158f.,
   206, 208f.
Korčula 156, 176
Korea 87f.

Kreta 22
Krim 20, 75, 158f., 206, 208
Kuba 196
Kuh-banan 56
Kungarat 169

La Meliora 58
Lanji 89
Laos 48
Levante 16, 29
Libanon 36
Liuli 123
London 18, 23
Lop 46, 161
Lothringen 32
Lucca 74
Luoyang 140

Maabar 47, 55
Madagaskar 48
Madras 40
Malabar 33
»Männer-Insel« 48
Mittelmeer 29
Mogadischu 87
Monoglei 27ff., 31f., 35, 39, 97, 111, 145, 160, 162

Nanjing 47, 115, 119, 140
Ningxia 140
Nowgorod 143, 184

Ongut 39

Palästina 38
Paris 153
Pamir 160
Peking 9, 23, 26, 32f., 46f., 52, 74, 86, 88f., 114, 116f., 119, 121f., 124, 130, 137, 140, 142, 153f., 160, 168, 170, 192, 207f., 210
Pem 46
Persien 13f., 16, 18, 29, 36, 41, 45, 48, 50, 56, 109, 111, 113, 150, 153, 160, 191, 195
Persischer Golf 18, 49, 195
Perugia
Pingyangfu 47, 87
Pisa 58
Prag 33

Qiantang 127, 132
Quanzhou 25, 42f., 132, 135, 199
Qufu 131

Rom 19, 153
Rudbar 50
Ruicheng 120
Rußland 13, 29, 48, 69, 165, 198f.

Saint Denis 31, 145f.
Samarkand 37, 139
Sansibar 18, 48
Saveh 50
Schwarzes Meer 13, 20, 158, 209
Sevilla 196
Sewastopol 13
Shaanxi 139
Shandong 82f., 131, 174
Shangdu 46, 114, 143, 166f.
Shanxi 120, 139

Shazhou 46
Sichuan 18, 47, 174
Sizilien 109, 111
Socotra 48
Spanien 96, 109
Sudak 13, 20ff., 31, 158f.
Sumatra 49, 55, 77, 86
Suzhou 47, 99, 101, 115, 125ff., 133
Syrien 37

Täbris 18, 23f., 49, 67
Tai-See 126
Taiyuan 47
Taligan 56
Tanger 202
Tangut 18
Taschkent 83
Tianjin 96
Tiayuanfu 87
Tibet 47, 189, 174
Tiflis 17
Tingui 93
Toledo 68
Tongan 94
Trabzon 49, 87
Tschagatai 29
Türkei 13, 17
Turkestan 29, 47f.

Uiguristan 18

Venedig 7, 15f., 22, 49, 61f., 68, 94, 107, 127, 156f., 158f., 164, 166, 176f., 178, 195, 198
Vietnam 48

Viterbo 37

Wanping 89
Westsee
Wien 28, 163
Wolga 14, 30, 35
Wuzhou 89

Xi'an 136, 140, 142
Xi'anfu 87
Xiangyang 53, 71, 150, 152f., 185
Xinzhou matou 87

Yangtse 47, 114, 125f., 203
Yangzhou 23ff., 26, 34, 47, 53, 82, 115, 133ff., 173, 185ff., 188
Yanping 89
Yanzhou 87
Yarkand 46
Yazd 46
Yongding 119, 122
Yongzhang 47
Yunnan 15, 47, 78, 86, 89, 174, 188, 201
Yunnanfu 90

Zentralasien 17f., 27, 37f., 46f., 52, 75, 86, 88, 110, 160, 207
Zhangye 51
Zhejiang 174
Zhengzhou 142
Zhouzhou 87
Zigong 174
Zypern 23

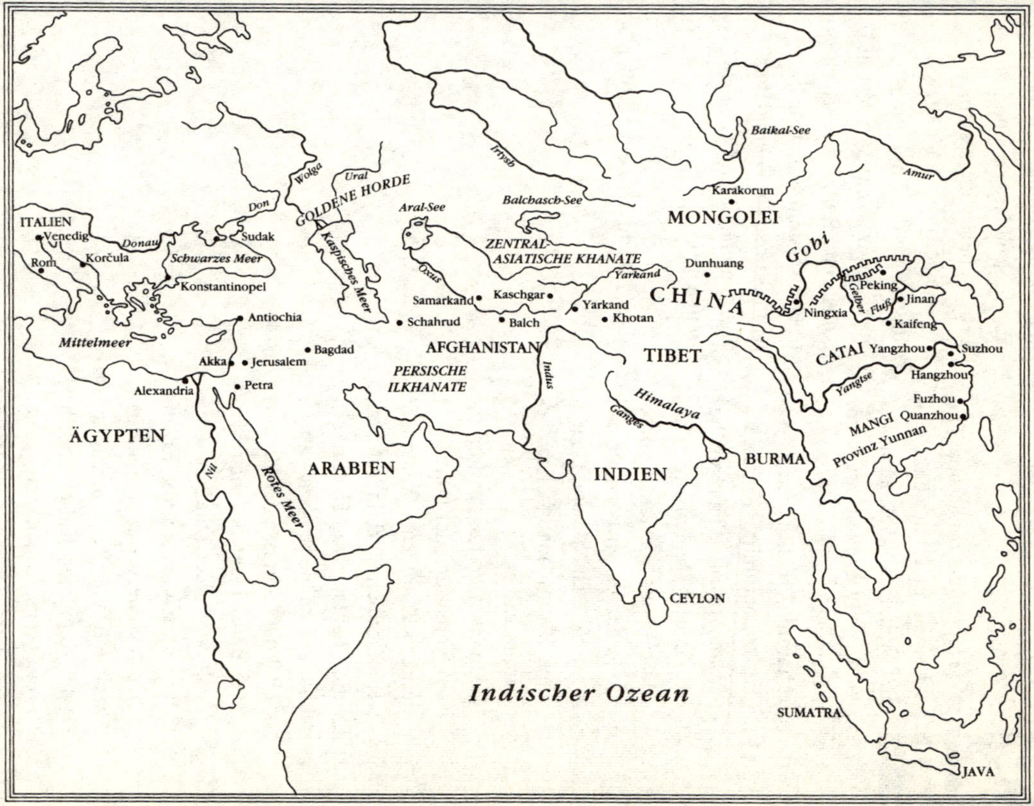

ITALIEN
Venedig
Rom
Korčula
Donau
Schwarzes Meer
Konstantinopel
Sudak
Don
Wolga
Ural
GOLDENE HORDE
Kaspisches Meer
Mittelmeer
Antiochia
Akka
Jerusalem
Petra
Alexandria
Bagdad
ÄGYPTEN
Nil
Rotes Meer
ARABIEN
Aral-See
Oxus
Samarkand
Schahrud
Kaschgar
Balch
AFGHANISTAN
PERSISCHE
ILKHANATE
Irtysh
Balchasch-See
ZENTRAL-
ASIATISCHE KHANATE
Yarkand
Yarkand
Khotan
Indus
Baikal-See
Karakorum
MONGOLEI
Dunhuang
Gobi
CHINA
Ningxia
Peking
Gelber Fluß
Jinan
Kaifeng
Amur
TIBET
Himalaya
Ganges
INDIEN
CEYLON
CATAI
Yangzhou
Suzhou
Hangzhou
Yangtse
Fuzhou
Quanzhou
MANGI
Provinz Yunnan
BURMA
Indischer Ozean
SUMATRA
JAVA

SERIE PIPER

Reinhard Raffalt

Große Kaiser Roms
290 Seiten mit 11 Abbildungen.
SP 499

Wie lebten die römischen Kaiser? Wie regierten sie ihr großes Weltreich? Welche Strategien entwickelten sie zur Machtentfaltung und Machterhaltung? In elf Porträts werden so berühmte Kaiser wie Cäsar, Augustus, Tiberius, Nero, Hadrian, Marc Aurel, Diokletian oder Konstantin vorgestellt, und es wird erzählt, wie sie die Geschichte und Bedeutung Roms maßgeblich bestimmt haben.

Glanz und Verfall des Imperium Romanum, der politischen und kulturellen Weltmacht Rom, haben jahrhundertelang die Phantasie von Historikern und Erzählern beschäftigt. Galt das Interesse der Historiker meist mehr den sich wandelnden Herrschaftsstrukturen, so zeigten sich die Erzähler fasziniert von den unterschiedlichen Persönlichkeiten der römischen Kaiser und ihrer wechselvollen Schicksale. Reinhard Raffalt, ein großer Kenner der römischen Geschichte, gibt in diesen Porträts den großen Kaisern Roms individuelle Lebendigkeit und staatsmännisches Profil. Er schildert das höfische Leben ebenso interessant wie die Regierungs- und Verwaltungsarbeit des Imperium Romanum. Er kennt sich aus in Kunst- und Religionsgeschichte und versteht es, aus trockenen historischen Daten lebendige, anschauliche Geschichte zu machen.

»Das Buch ist ein großer Wurf.«
Bayerischer Rundfunk

Biographien

James Cleugh

Die Medici

Macht und Glanz einer europäischen Familie. Aus dem Amerikanischen von Ulrike von Puttkamer. 489 Seiten mit 149 Abbildungen. SP 2321

Die Chronik einer Familie, die wie keine andere die Kultur der Renaissance verkörperte.

Die Medici gehören zu den großen Familien, die die europäische Geschichte und Kultur entscheidend geprägt haben. Sie waren Bankiers, Feldherren, Päpste, Herzöge, Königinnen, Despoten, aber auch geniale Förderer von Kunst und Wissenschaft. Unter ihrer Führung wurde Florenz zum kulturellen Mittelpunkt Europas.

Unter den großen Familien, die den Lauf der europäischen Geschichte prägen, hat wohl kaum ein Name helleren Glanz als jener der Familie Medici. Ob als Bankiers, Feldherren, Päpste, Herzöge, Despoten oder geniale Förderer von Kunst und Wissenschaft – die Medici haben auf vielen Gebieten Weltruhm erlangt. Sie gaben der römischen Kirche zwei Päpste und Frankreich zwei Königinnen. Der Welt schenkten sie als großzügige Mäzene der Kunst unvergleichliche Meisterwerke. Im Mittelpunkt dieser Familienchronik steht deshalb auch die strahlende Gestalt Lorenzos des Prächtigen, des Staatsmannes und Dichters – die ideale Verkörperung des Renaissance-Menschen. Er war Förderer von Leonardo, Botticelli und Michelangelo. Unter seiner Führung wurde Florenz zum intellektuellen Zentrum Europas. James Cleugh erzählt von den Verwicklungen der Renaissance-Politik, den Intrigen, Liebschaften, Kriegen und Morden der Medici, und er befreit die Überlieferung von Legenden und halben Wahrheiten. Das Ergebnis ist eine einzigartige Chronik einer Familie, die dreihundert Jahre in Florenz herrschte und deren Vermächtnis den menschlichen Geist noch jahrhundertelang bewegt hat.

SERIE PIPER

Biographien

Vincent Cronin
Katharina die Große
Biographie. Aus dem Englischen von Karl Berisch. 423 Seiten.
SP 2319

Vincent Cronin porträtiert die schillernde Persönlichkeit der russischen Kaiserin, ihr ereignisreiches Privatleben und ihre großen Leistungen als Regentin – gerade auch bei der Verwirklichung weitreichender Sozialreformen.

Im Jahre 1762 bestieg die deutsche Prinzessin Sophie Friederike von Anhalt-Zerbst in Moskau den Thron der russischen Zaren und wurde Katharina II. Die Geschichte verlieh ihr den Beinamen »die Große«. Bis zu ihrer Thronbesteigung hatten erschreckende Brutalität, derbe Ausschweifungen und Günstlingswirtschaft das Leben am Zarenhof geprägt. Doch dann lenkte Katharina während einer glänzenden Regierungszeit von mehr als dreißig Jahren ihr Land mit politischem Weitblick. Das russische Volk verdankt ihr Reformen in Justiz und Verwaltung, die Verbesserung der sozialen Wohlfahrt und die Neuordnung des Bildungswesens. Katharina die Große war es auch, die 32 000 deutsche Bauern an der Wolga ansiedelte und ihnen je 142 Morgen Land gab. Unter Verwendung neuer Quellen korrigiert Vincent Cronin ein falsches Geschichtsbild und läßt vor dem Hintergrund von Katharinas widerspruchsvollem Leben die bewegte Epoche der europäischen Aufklärung und des höfischen Rokoko lebendig werden.

»Cronins Werk ist *das* Musterbeispiel einer geglückten ʼLebensbeschreibung überhaupt.«
Die Welt

Prinz Roman Romanow
Am Hof des letzten Zaren
1896–1919. Herausgegeben von Prinz Nikolai und Prinz Dimitri Romanow. Aus dem Dänischen von Lothar Schneider. 480 Seiten mit 32 Seiten Abbildungen.
SP 2460

Eine interessante Innenansicht der prächtigen, streng abgeschirmten, fast mystischen Welt der Zarenfamilie.

Biographien

Dirk Van der Cruysse

»Madame sein ist ein ellendes Handwerck«

Liselotte von der Pfalz – eine deutsche Prinzessin am Hof des Sonnenkönigs. Aus dem Französischen von Inge Leipold. 752 Seiten. SP 2141

Ein unvergleichliches Bild ihrer Zeit hat Liselotte von der Pfalz in ihren 60000 Briefen hinterlassen. In diesen Universalreportagen beschreibt sie ihr Leben am Hof ihres Schwagers, des Sonnenkönigs Ludwig XIV., freimütig, spöttisch, oft derb. Die Intrigen und Ränkespiele, die politischen Krisen und die glänzenden Feste bei Hof fanden in »Madame«, der Tochter des Kurfürsten Karl Ludwig von der Pfalz, eine kluge und geistreiche Beobachterin.

»Van der Cruysses Werk berichtet so frisch, wie es seinem Objekt zukommt.«
Die Zeit

»Dirk Van der Cruysse gelang es in bravouröser Weise, diese ungewöhnliche Frau zu rehabilitieren.«
Die Welt

Friedrich Weissensteiner

Franz Ferdinand

Der verhinderte Herrscher. 246 Seiten mit 77 Abbildungen. SP 1532

Eine bekannte Figur auf der geschichtlichen Bühne ist Franz Ferdinand vor allem durch seinen Tod. Die Schüsse von Sarajewo haben den Plänen ein gewaltsames Ende gesetzt, die dieser markanteste Kopf der ausgehenden Donaumonarchie für sein Land entworfen hatte.

Die rote Erzherzogin

Das ungewöhnliche Leben der Tochter des Kronprinzen Rudolf. 228 Seiten mit 27 Abbildungen. SP 1527

Reformer, Republikaner und Rebellen

Das andere Haus Habsburg-Lothringen. 320 Seiten. SP 1954

Die »anderen« Habsburger, das sind die Aufklärer und Liberalen im Erzhaus seit Joseph II.

Große Herrscher des Hauses Habsburg

700 Jahre europäische Geschichte. 384 Seiten mit zahlreichen Abbildungen. SP 2549

SERIE PIPER